主持人即兴口语训练

impromptu speech training for program hosts

（第3版）

◎ 应天常　王婷　著

中国传媒大学出版社
·北京·

图书在版编目(CIP)数据

主持人即兴口语训练 / 应天常，王婷著. -- 3 版. -- 北京：中国传媒大学出版社，2020.6（2024.6 重印）

ISBN 978-7-5657-2696-5

Ⅰ. ①主… Ⅱ. ①应… ②王… Ⅲ. ①主持人—语言艺术 Ⅳ. ①G222.2

中国版本图书馆 CIP 数据核字(2020)第 052151 号

主持人即兴口语训练(第 3 版)

ZHUCHIREN JIXING KOUYU XUNLIAN(DI-SAN BAN)

著　　者	应天常　王　婷		
策划编辑	李水仙		
责任编辑	李水仙		
责任印制	李志鹏		
封面设计	魏　东		
出版发行	中国传媒大学出版社		
社　　址	北京市朝阳区定福庄东街 1 号	**邮　　编**	100024
电　　话	86-10-65450528　65450532	**传　　真**	65779405
网　　址	http://cucp.cuc.edu.cn		
经　　销	全国新华书店		
印　　刷	三河市东方印刷有限公司		
开　　本	787mm×1092mm　1/16		
印　　张	16.75		
字　　数	328 千字		
版　　次	2020 年 6 月第 3 版		
印　　次	2024 年 6 月第 5 次印刷		
书　　号	ISBN 978-7-5657-2696-5/G·2696	**定　　价**	49.00 元

本社法律顾问：北京嘉润律师事务所　郭建平

目 录

第3版修订说明

《主持人即兴口语训练》出版10年，第2版做了修订，现再次修订。

责任编辑告知本书这些年发行顺畅，颇受欢迎。感谢出版社推介，感谢读者鼓励和厚爱，也看到网评的美言嘉许，给了作者修订本书不小的动力。

这一次修订的背景是：作者对“即兴口语”能力形成规律有一些新的思考；媒介生态出现新的变化（媒介融合、自媒体传播、网络主播现象等）；社会语言生活空前活跃（例如“段子”现象、“网语”现象、“话术”现象等）；某些高校和培训机构反馈了一些建议；青年读者要求增加适应艺考的内容……这些新认识、新情况和建议、要求，是形成本次修订思路的基础。

在此，对有些情况作一些说明。

第一，关于理论阐述的问题。修订时，删繁去冗，做了必要的压缩，但考虑到语言训练不只是“技术”问题，全书50多个“训练设计”，编辑成册也不能是“入门大全”，技能的养成需要案例的启发和指引，从知其然到知其所以然，是能力和素养提升的必然途径；同时，本书读者多半是高中生和大学生，他们也可能有这方面探究的兴趣，故虽作删减，但整体未动，个别处有所补遗。

第二，“例话”问题。“例话”是语言学著述必备要件，是陈望道先生的教诲。本书“例话”（含“题例”）共130多个。有网评说，喜欢本书就是从阅读例话开始的，这就给“例话”添了一个导读的功能。修订中注意“例话”选用的典型性和新鲜感，作了38处替换或增补。但鉴于名主持人等公众人物“各领风骚”的年限长短不一，本书例话的选用基本遵循不“因人废言”的原则。

第三，为满足读者需求，修订中增加了“即兴成篇”“即兴修辞”“即兴评述”“即兴语智”等有助于艺考的内容。由于对其他部分作了删减和压缩，让出了一定的增补空间，故修订后全书总体容量没有太大变化。

具体地说：

一、关于删除与合并的内容

1.第一章第六节“台本加工讲述”、第九节“动态语境适应”删除；

2.“即兴修辞”这一章第一节“口齿清晰　语清意明”与第二节“响度适中　富有活力”合并，合并后标题为“口齿清晰　嗓音悦耳”；

3.“即兴语智”这一章第二节“克己适彼　语脉接引”与第三节“顺应语势　实话实说”合并，合并后标题为“顺应语势　语脉接引”；

4.第九章第二节“即兴播讲　控制语脉”删除。

二、关于增加的内容

1.“即兴修辞”这一章增加“语音修辞　朗诵艺术”(第六节)；

2.“即兴成篇”这一章增加“思路坐标　扩展成篇”(第一节)、“即席讲话　公式成篇”(第三节)、“模式即评　快捷成篇”(第十一节)；

3.“即兴评述”这一章增加“即兴评述　哲理思辨”(第七节)；

4.“即兴语智”这一章增加“破解话术　开发语智”(第一节)。

三、关于标题与顺序的修改

1.第二章“即兴成篇”与第三章“即兴修辞”顺序对调；

2.第五章“即兴解说”标题改为“即兴讲解”；

3.第七章第四节“听话是人生的艺术”标题改为“‘倾听’的交际功能”；

4.第十二章“超越常规　妙语引趣”标题改为“超越常规　段子引趣”。

四、关于附录

本书初版之时，中国播音学学科体系的创立者张颂先生欣然作序，给予热情的肯定和鼓励；两年后，先生驾鹤西去。本次修订，特附录本书作者《纪念张颂先生》一文，以表深切的怀念和敬意。

应天常

2019年10月22日

序　言

应天常、王婷教授合著的《主持人即兴口语训练》即将出版，我应约撰写这篇序言，只是表达我的一片心意：感谢和祝贺。

一

我同应天常教授相交甚早，他1993年出版第一本著作《CCTV主持人艺术风采》是我写的序言。我们在不同的场合多次见面，相谈甚欢，十分融洽。我对他是很敬佩的，因为他为主持人和主持人节目出版过数本专著，在这个领域研究相当深入，学术水平很高。他数十年的执着追求和埋头写作，成果丰硕，受到了业界的推崇和尊重。他的学术品格、学术态度，是摒弃了当下的浮躁和低俗，蔑视着那些趋炎附势之徒和利欲熏心之辈的。他的学术主张坚持了“厚积薄发”“勤学苦练”，凸显了“话语活力”“言为心声”。总体上说，应天常的著述对于主持人的学习和引导，产生了积极的影响。

当然，毋庸讳言，我们之间也存在着学术观点上的差异，我认为这是很正常的。在学术观点上“各抒己见”又“畅所欲言”，恰恰说明学术氛围的宽松活跃、学术自由的平等愉悦、学术态度的认真负责、学术作风的率真质朴。因为我们相信，我们对客观世界的认识永远处于相对真理的进程之中，是非曲直要由历史和实践去澄清，即使表述不够准确，也并非怀有背离真理的目的。这样的交往，确实感到真挚而欢快。

当然，遇到另外的情况就不同了。出于某种个人目的，采取“欲加之罪，何患无辞”的做法，断章取义，恶语伤人，必欲置之死地而后快，对此，就应该毫不留情，“以子之矛攻子之盾”，揭破到让世人认清其哗众取宠的“泡沫”，否则，难以继承发扬老一辈的优良传统，难以使后来者少走弯路。

应天常教授的著述，成为我们学科理论宝库的一个亮点，是同他的学术视野宽阔、理论造诣深厚分不开的。值此新著《主持人即兴口语训练》出版之际，我向他表示深深的谢意！

二

在我们的播音理论中,饱含着多少人的呕心沥血、多少人的辛苦劳作和提炼升华。我自己就见证过,亲历过。

1984年在中央电视台的研讨会上我提出的“有稿播音锦上添花,无稿播音出口成章”,就不是心血来潮。面对文字稿件,有声语言表达就应该使原文增色,这叫作“把文字语言转化为有声语言”;而面对即兴话题,就应积极敏锐地反应,调动所有的知识储备,组织好词语序列,说出话来头头是道、言简意赅、辞约义丰,那就叫作“把内部语言外化为有声语言”。我们认为,播音是一种创作,迥异于日常生活中的谈话,所以不能称之为“有稿说话”“无稿交谈”。

所以,播音必然包括两个组成部分:有稿和无稿。将来广播电视发展到任何时候,这两种能力都是必不可少的。只要具备了这两种能力,就会“无往而不适”,甚至“无往而不胜”。

在播音员、主持人的语言功力训练中,我一直坚持恩格斯的“非说不可”、毛泽东的“非下苦功不可”这两条根本原则。就是说,首先,要有“说”的愿望和要求,不能僵冷和勉强,而“说”的样式、体式、风格、形态也绝不局限在“自然谈话”;其次,要刻苦锤炼语言功力,语言的功力包括:观察力、理解力、思辨力、感受力、表现力、鉴赏力、调检力、回馈力,而不应懈怠和敷衍。我们播音专业的教学,特别重视训练,要求“从难、从严,科学地大运动量地训练”,不能找窍门、走捷径。

在有声语言表达的过程中,思维方法、词语序列和语言技巧是不能分开、割裂的。它们之间的关系是血脉贯通的、牵一发而动全身的、互补互动的。而那基础,正是“成于内而形于外”的畅达引发。所谓“思接千载”“视通万里”“情动于衷”“有的放矢”,都是涵化在“声情并茂”“形神兼备”的表现力之内的。

正因为如此,我们尤其要注重话语主体的人文修养和知识储备。阅读名篇佳作、当众朗读/朗诵一定要“积铢累寸”“集腋成裘”;捕捉新鲜话题、提高写作能力一定要“眼观六路”“下笔千言”。

在培养即兴口语能力时,不能轻视朗读在播音主持创作中“潜移默化”“视域融合”的巨大功能,不要以为“口语至上”是唯一态势。“大声朗读文稿可让你看出哪些词可以省略、哪些应该强调、句子有没有表达清楚、句与句之间连接得是否顺畅。……广播电视新闻稿的最佳评判者是耳朵而不是眼睛。”[①]因此,只有提高朗读水平,才能够准确、鲜明、生动地播报新闻,也才能够清晰、流畅、灵动地主持好节目。

---

① 怀特.广播电视新闻写作与报道[M].吴风,丁未,田智辉,译.北京:新华出版社,2000:12.

三

规范、鲜活、充满理趣和情趣的有声语言，当然也必须进行刻苦训练。但是，我们要分析如何进行训练的有效途径，而不是简单地给出一些规律。

《主持人即兴口语训练》这本著作，基本融合了实践中的经验与理论上的概括，把“即兴口语”的形成机制和练习方法条分缕析，并结合例证，打造成模块，既激发了兴趣，又导引了步骤，显得精细和通达。虽然，具体情况会比较复杂，可是如果坚持下去，总能在实践中找到适合自身特长和解决存在问题的方法，并且显现出应有的效果。

必须认清的是，对于自身的估计与判断往往会进入某种误区，务必做到“自知之明”。例如有的人“耳高口低”，听别人的缺点很多，而自己却感觉良好；有的人“口高耳低”，自己说话相当不错，但听别人的却找不出问题。这样，训练就应该加强针对性，把最薄弱的环节作为重点，步步为营地加大训练力度。没有针对性，训练便空洞浮泛，会事倍功半。

当然，所谓即兴口语，绝非“信口雌黄”，更不是“口是心非”。我们仍然要坚持“真实的身份、真诚的态度、真挚的感情、真切的语气”，杜绝一切虚假和造作。如果我们只是训练“能说会道”，内心缺少文化底蕴，那样的即兴口语又会到哪里去发挥作用呢？广播电视的语言传播，是一种责任重大的引导和教化，必须把芜杂、混乱、零散、肮脏的词语过滤掉，必须精选明确、通俗、深刻、优美的词语加以组合，弘扬老百姓喜闻乐见的中国作风、中国气派，高质高效地传播信息，达到“信息共享、认知共识、愉悦共鸣”的目的。

四

人们从牙牙学语开始，就在家庭、学校和社会的影响下使用语言，认识语言，乃至研究语言。语言的社会性、人文性日益凸显，仅仅把它作为“交际和交流思想的工具”，那就矮化、窄化了它的文化价值和历史意义。语言，不管是文字语言还是有声语言，都属于人类精神的层面，是作为“社会结节点”的人抒发性灵、表达爱憎、由己达人、言志传神的“心灵的总书写”和“诗意的生存”。民族共同语沿着“书同文”的前进步伐，顺理成章地展现“语同音”的时代风貌，必将昭示作为一个民族发展史的精神写照和血脉传承。我们的国家通用语言——普通话，不但是走向全民语言规范的通衢大道，而且是催生民族语言典范的黄钟大吕。其中所包孕着的，正是中华民族兴旺发达的内在原动力与和谐价值观。

因此，有声语言的功力锤炼，绝不只是“语言应用”的熟能生巧，更是对历史文化“去粗取精”的扬弃。这应该是我们毕生的追求。前贤已率先垂范，后生要奋起直追，一支由新生力量组成的大军，正在争先恐后地向上攀登，一定能够“会当凌绝顶，一览众山小”。

五

《主持人即兴口语训练》涵化了应天常教授对播音与主持的理解，也阐释了他对主持人语言生态的观点，当然并非没有值得商榷的地方。在学术上“虚怀若谷”“海纳百川”恰是境界高远的表现。任何学术认识，都可以在探索中不断深化，这是规律。观点的分歧，可以在多次讨论中、在各抒己见时，求同存异，这是进步。让我们都参加这种研讨，丰富理论宝库，促使我们的理论日臻完善。在这个方面，应天常教授功不可没。

可为序？偏颇之处，就正于读者，是所切盼。

草于“三书屋”

2009年2月17日

〔张颂(1939—2012)，中国传媒大学教授，博士生导师。中国播音教育创始人之一，中国播音学学科体系创立者，国家级教学名师。〕

引 言

当你看到有的主持人或优秀的自媒体主播不用文稿，即兴发挥，面对镜头侃侃而谈、新意迭出，一张口就出语不凡，使观众如沐春风的时候；

当你看到有的主持人或优秀的自媒体主播主持节目，出口成趣、妙语生辉，几句相时而动的神来之语就引起满堂欢腾、连声喝彩的时候；

当你看到有的人在人际交往中用语得体、谈笑风生、应付裕如，几句简洁的应对，就轻松化解令人困扰的人际纠葛的时候；

……

这时，你可能惊叹他们的干练和智慧，夸赞他们的才华和魅力，但是，你最惊羡的，肯定是他们即兴口语的表达才能。

何必只是自叹弗如地惊羡、赞叹呢？

古人云："为之，则难者亦易矣；不为，则易者亦难矣"，下决心训练即兴口语能力吧！不畏艰苦地练起来，持之以恒地练起来——就从现在开始！

但是，即兴口语是复杂的语言现象，有时难免良莠莫辨。比如——

虽伶牙俐齿却喋喋不休、语无伦次，说是即兴表达却令人生厌，而惜言如金、只语片言却意蕴丰富、快若霜刀，那才可能是高质量的即兴口语；

虽言简意赅却故作高深、用语晦涩，说是即兴表达却让人不忍卒听，而深入浅出、通俗易懂、言简意明，那才可能是高质量的即兴口语；

说话强词夺理、擅用诡辩，虽口若悬河、滔滔不绝，却让人如坠五里云雾，而举重若轻、合乎逻辑、以理服人，才可能是高质量的即兴口语；

说话堆砌辞藻、官话套话连篇，虽语流顺畅却只是陈词滥调，而见解独到、言之有物、遣词精当、用语得体，才可能是高质量的即兴口语；

说话哗众取宠、戏言挖苦，虽入木三分却趣味低级、丧失语德，而与人为善、和风细雨、幽默风趣，才可能是高质量的即兴口语；

说话花言巧语、擅用心术，虽用情至深，实则摇唇鼓舌设置“话术陷阱”，可耻可鄙，只有诚于中，形于外，才是值得提倡的即兴口语。

即兴口语是“人类精神层面的写照”，体现的是一种综合素质。

它是口才，也是“思”才；是“耳”才，也是“眼”才……它反映了人的语言才能。同时，也是人的品格、气质、才情、智慧的统一和谐的流露。

即兴口语是一种语言的艺术，它相时而动，瞬即而成——有时片言偶发，爽朗明快；有时淋漓尽致，激情洋溢；有时委婉含蓄，清新隽永；有时朴实无华，通俗平白；有时略有文采，诙谐典雅；有时如悬河之水，注而不竭；有时语惊四座，一语中的；有时，只是一两句很平常的话，却能轻描淡写地说得神韵兼备、恰到好处，有“咳唾落九天，随风生珠玉”的神奇……

即兴口语能力是思辨之才。表达者要发觉复杂事物的纤微末节，敏锐而缜密地做出评估和判断，并摆脱常规思路的束缚，机智适应瞬息万变的现实话题。

即兴口语能力是捷辩之才。表达者要能在动态语境中让思维与表达同步进行，在不失时机的应变性表达中，既自圆其说又常有妙语精言随口而出。

即兴口语能力是善辩之才。表达者要审时度势，随机应变，挥洒自如地剖解，辩驳各种疑难而言之成理，展现出“骏马跃栏不失蹄”的灵动和机敏。

现在，随着时代的进步和观念的更新，随着媒介生态的变化、节目创作流程和节目形态的改变，直播形式在广播电视和自媒体节目中的广泛运用，培养主持人和自媒体主播的即兴口语能力，已成为一件十分紧迫的事情。

任何主持人和自媒体主播主持的节目都是以言语为框架创作的媒介产品；他们的口头语言表达能力如何是节目成败的关键。即兴口语能力正在成为衡量媒体主持人专业能力的重要标尺——这已是媒体工作者的共识。

为了适应广播电视、网络媒介、文化产业的发展，近些年我国高等院校的专业设置发生了不小的变化。据不完全统计，现在全国已有 200 多所高等院校设有播音主持艺术专业、编导专业、表演专业等，这些专业的考核和培养都离不开即兴口语。

当代中国，人们的“人才观”也在发生着变化，许多用人单位已经把即兴口语能力作为衡量开拓型、创新型人才的一个必要检测项目。

这是因为，即兴口语能力也是对一个人的才干与活力、素养与智慧等综合素质的检验。在现代社会中，即兴表达和即兴应对，已经成为参与公共生活的普遍需要了。

——我们可以毫不夸张地说，一个学习、运用、发挥、展现即兴口语表达才能的时代，已经到来！

高速发展的现代社会，催迫着人们分秒必争地重新塑造自己。

你想在人生的理想追求中获得成功吗？

你想成为出色的节目主持人或网络主播吗？

你想拥有你的海洋、你的太阳、你的世界、你的未来吗？

那么，就从即兴口语能力的训练开始吧！

即兴口语训练，是一个艰苦而有趣的过程。

你在训练过程中流下的汗水，将浇灌艳丽的成功之花！

你在“即兴口语训练”这座熔炉中经受锻炼，必将成为一块充满自信的合金，成为一个令人刮目相看的人、一个出类拔萃的人！

第一章　即兴语流

——训练目标:知而能言　言之能顺

我们常会遇到这样的情况:面对听众,脑子里要说的内容已经有了,但真正说起来却结结巴巴不顺畅。这是什么原因呢?

这是因为从"想"到"说"有一个转化的过程,"想"只为表达提供了必要条件,但"说"是靠流动不息的"语言链"表达意思的,这种前后连贯、相对完整的"语言链"就是"语流"。

表达能力不强而又缺乏训练的人,在语出于口的短暂时刻,如果言语知觉迟钝、内部语言编码不顺、言语表达定势没有形成、动态语境适应力不强,说话时就会吞吞吐吐、前后脱节、说半截子话、说"车轱辘话"了。

语流不畅是常见的"语言障碍"现象,经过训练是可以矫正的。

据文献记载,曾有语言障碍的著名人物很多,比如作家沈雁冰(茅盾)、历史学家顾颉刚、著名铁路工程师詹天佑、诗人柳亚子甚至光绪皇帝、英国前首相丘吉尔,说话都有些"口吃"。但是,经过训练和实践都逐渐矫正过来了。钱厚心曾是一个严重的口吃患者。由于不能流畅地说话,不能自如地发表自己的见解,在学习、生活、工作中常碰钉子,被人嘲笑。后来他下决心,通过持之以恒的刻苦训练,不仅说话流畅,富有口才,而且还成了一位口吃矫正专家。

例话

撒贝宁:热爱是最好的老师

主持人撒贝宁毕业于北京大学法学院,1999年1月,他和开创了中国法制节目新形态的《今日说法》一同走入了观众的视野。他现在已经是电视观众十分喜爱的节目主持人了。

撒贝宁的成功来自"热爱"。他说:"我喜欢演讲,因为我爱上了那种站在舞台上,当着所有人的面儿直抒胸臆的感觉。演讲给我自信,演讲锻炼了我的心理素质和应变能力，演讲对我人生的发展进步起到了巨大的推动作用。”

撒贝宁的成功之路是不间断的训练。他说，他4岁就一个人站在舞台上表演儿歌，毫不怯场；11岁一个人在家“策划”一台“晚会”。从初二到高一这短短的几年时间里，他参加了十余次市、区级的演讲比赛，没有一次空手而归，同学们还送给他一个绰号，叫作“演讲终结者”。后来，他把“场景”设在了学校里、教室里，和同学们一道训练口才，切磋演讲的技巧。

如今的撒贝宁活跃在许多综艺节目里：央视《了不起的挑战》、网综《明星大侦探》等。其因为语言幽默，获封“综艺魔王”的称号。从法制节目的主持人，到如今行走在综艺节目里的“老司机”“段子手”“主持界的薛之谦”，人们不得不佩服撒贝宁犀利的口才、睿智的头脑、诙谐风趣的谈吐。

（据“魅力校园”网）

第一节 强化言语知觉

人们在说话时结结巴巴，主要是碰到了如下两种情况：

第一种情况：“语料”跟不上话语产生的瞬即性，就会出现语流断档，这时表达者就可能用超限的“附加语”以及“口头禅”延宕时间，一边“填补”一边“找”话说，这就是有人爱说“那么”“这个”“然后”……的原因。

第二种情况：当大脑形成某种命题映象时，“个人语库”里一时找不到相应的词语，这就需要进行搜索，或搜索而得或创造而得，也可能终无所得，这就形成了结结巴巴的“表达焦虑”。

一、语流形成需要灵敏的言语知觉

以上两种情况的主要根源，是言语知觉迟钝。

言语知觉是接受触媒刺激后的言语反应。即兴口语能力差的人有一个共同的弱点，就是很难快速地把看到的、听到的，或脑子里想到的，很顺畅地说出来。从心理语言学的角度看，在他们的感觉和认知系统中，语声制导物感、制导声义感不灵敏，他们的语声联觉、关系统觉都要比别人“慢半拍”，思维语言编码的速度比别人迟缓；有的时候，甚至会突然出现言语知觉的短暂茫然，即所谓“脑子一片空白”——这些，都是言语知觉迟钝的表现。

二、灵敏的言语知觉来自良好的心理素质

为什么有些人的言语知觉很迟钝？它的根源是一个字：“怕”。

这些人在公开场合说话有畏怯感，或者顾虑很多，犹豫不决，生怕用语不当得罪人

或让别人笑话,这样说起话来就会吞吞吐吐了。其实这些表达焦虑是多余的,越怕别人笑话,越是自己在制造"笑话",倒不如丢掉一个"怕"字,换上一个"敢"字,壮起胆子坦率地说起来。

例话

萧伯纳:"我固执地当众出丑"

英国戏剧大师萧伯纳的口才是有口皆碑的。但是,他年轻时却胆小木讷,拜访朋友时都不敢敲门,有时甚至会"在门口徘徊20多分钟"。

后来他鼓起勇气参加了"辩论学会",不放过一切机会和对手争辩。

他练胆量,练语言,练机智,千锤百炼终成口才家。

他的演说,他的妙言,传诵至今。

后来,有人问萧伯纳是怎么练口才的,他这样说:"我是以自己学溜冰的办法来做的——我固执地、一味地让自己当众出丑,直到我习以为常。"

(据《交际与口才》)

三、运用"回映"强化言语知觉

什么是言语"回映"?打个比方说,一面镜子可以完整准确地回映一片阳光、回映一个物体的形象,如果人的话语也能像镜子回映阳光、回映物象一样,快速地说出所见所闻所想的具体内容,那就是口语的回映。当然,这里说的"回映"只是基本不走样地做出表述。

虽然人们都具备这个能力,但水平各有不同。因为人的感觉器官在受到外界刺激以后,转瞬之间脑屏幕上出现的可能只是一些零碎的物象或语词,这就是所谓"命题映像",将这些散乱、断续的思维语符迅速地转换为完整、准确的言语表述,水平就各有高低了。缺乏这种能力的人,心里虽有想法,说起话来却力不从心,心口误差比较大,有时急不择言,就说得琐碎、走样。

视觉材料回映,看后就说,是对言语知觉的最好训练方式之一。

训练设计(1)

(一)准确感知、闪像讲述

用投影仪在屏幕上闪现图像,闪现时间3~5秒,视画面复杂程度而定。画面短暂显示以后,要求立即说出所看到的内容,讲得越细致越清晰越好。

(二)触发言语知觉的训练

试用一个词语或词组快速回答一个问题:马克思在写作《资本论》期间,利用少有的工作间隙，回答了他女儿的提问，这就是著名的《马克思的自白》。

请用同样的方式回答同样的问题，回答必须快速而肯定。

马克思的自白

您认为一般人最宝贵的品格——纯朴。

您认为男人最好的品德——刚强。

您认为女人最值得珍重的品格——柔弱。

您的特点——目标始终如一。

您对幸福的理解——斗争。

您对不幸的理解——屈服。

您能原谅的缺点——轻信。

您最讨厌的缺点——逢迎。

您最讨厌的人——马丁·塔波尔。

您喜欢做的事——啃书本。

您喜爱的诗人——莎士比亚、埃斯库罗斯、歌德。

您喜爱的颜色——红色。

您喜爱的名字——劳拉、燕妮。

您喜爱的菜——鱼。

您喜爱的格言——人所具有的，我都具有。

您喜爱的座右铭——怀疑一切。

训练提示

1.“闪像讲述”难度较大，是视觉形象快速转换为直观性口头语言的强化训练方式。可以从易到难地进行训练：先选单幅，如风景画、宣传画或漫画；先作轮廓性回映，然后对其形态、方位、色泽、意境等进一步细致讲述。待有了进步后，再选多幅组合的富有情节或富有意境的绘画作品进行训练。

2.“闪像讲述”是言语知觉的限时性训练。心理学研究证明，成人在 1/10 秒内能注意四个不相关联的对象，但这个“潜在注意力”是会退化的，而且只有心绪稳定状况下才可能被开掘出来。因此要正确回映，就必须培养注意力的稳定性和注意力的分配能力。主持人主持节目时面对一个现象、一个场面，只看上一眼就要能说出自己看到、感受到了什么，所以提高即兴回映能力具有实践价值。

第二节　快速言语生成

“快速言语生成”包括表达动机出现、表述意图确定、内部语言编码、言语表述扩展几个环节，也就是调取、组合、更换、增补、选择几个步骤。

一、即兴口语生成的五个环节

1. 调取。是指表达者为表述一个现象或看法，从“个人语料库”中直接调取与之相应的语词和语言结构的过程。主持人在边想边说的过程中，内部语言被动地推出成为外部语言，瞬间成为言语的现实，所以“调取”必须快速完成，而且必须与言语组合同步进行。

2. 组合。组合是指在调取语料和表达结构模式的基础上组句、组段或组篇的过程。它有两个层面：一是完全为了达意，从语义的角度考虑语义分量的轻重、范围的适当与否、表述能否顺畅；二是为获得积极修辞效果，从语境的适应角度对遣词造句、语体风格予以选择与变通的处理。

3. 更换。更换是在发现调取不当、组合不成时的应急性操作。如果尚能把握自己的表达，调取与组合可能会同步进行；如果处于“表达盲点”，调取与组合只能分步进行，这样就会中止表达，即要求“让我想一想”。

4. 增补。言语生成是将内部语言直接推向外部语言的过程，因为来不及进行完善性加工，难免会出现疏漏，所以适度“补说”有时是言语生成的重要环节，属正常修辞行为。当然，增补的位置要适当(后面将会论及)。

其实“增补”在书面语中也经常出现，只不过处于隐性的“默语”状态罢了。为什么“出口成章”难以成“章”，水平高的人做报告也要“根据记录整理”？这里的“整理”就包含隐性的“追加”和“增补”。

5. 选择。选择是在言语生成过程中对两个或两个以上“同义形式”的取舍抉择。比如“片面”一词与“只见树木，不见森林”就是形式不对等的同义形式。表达者根据需要在语出于口时会进行取舍。“选择”是在言语表述过程中与其他环节同步进行的，只有语汇丰富的人才可能一次调取就准确成功。

在以上言语即兴生成的五个环节中，“调取”与“组合”是最重要的言语生成环节，而“更换”、“增补”和“选择”是为提高和完善“调取”“组合”的质量所做的修辞性努力。

例话

主持人大赛中某选手的即兴讲述

在中央电视台举办的“荣士达杯节目主持人大赛”复赛中，一位名叫许可的安徽选手被要求用“数学、春节、护照”三个词当场说一个故事。

这位选手是这样说的：

“这是一个文学成绩很好，作文写得很好的高中生，可是她的数学成绩非常差，但是这个女孩呢，在高三那一年发生了师生恋，她的数学老师爱上了她，她觉得非常烦恼，不知道该怎么办。就正在这个时候——在春节那时候，她的父母从澳大利亚回来了，告诉她，已经给她办好了出国的护照，她就带着这些烦恼和麻烦事儿离开了这个……因为她的外语学得不错，而澳大利亚是个英语国家，有利她的生活，于是她就离开了这个烦恼的学校，到澳大利亚一所大学读她的大学，在今年的奥运会上，她还为中国运动员加油呢！”

（据节目录音整理）

这位选手现场言语生成比较流畅、比较成功，首先得力于选手心绪稳定，这对于表达者命题表述的有效自控，对于言语思维的流畅、变通是非常必要的。

现场言语生成的大忌是“表达焦虑”，焦虑浸漫于意识系统，就不可逆转地形成沮丧和无奈的情绪，造成言语思维网络通道的阻塞。这位选手在接受信息刺激以后，在快速的言语组织过程中，通过检索、提取、激活、扩展，形成“心理语码”，然后，在边表达边监察的过程中检查言语的失当之处，进行及时的增补和修正。这就是表达过程中的“自纠”，体现的是表达者的一种机敏。

比如这位选手一开口说“这是一个文学成绩很好”时，可能想到现在中学没有“文学”这门功课，于是马上修正为“作文写得很好”，属于追加性“改口”；“她的外语学得不错”属于“补说”（后面说她出国），这样及时“补救”是使言语更为周全的口语修辞行为，对整体表达效果不会有负面影响。

二、推动言语生成应注意的问题

任何人在特定的场合说话都会有言语生成的过程。为什么有的人“知而能言，言之能顺”甚至“言之成篇”呢？这是由于：

第一，把话语限制在一定的范围之内，因为没有限制就不可能有语脉清晰的表达；同时，选取的角度宜小，议论应求准求精。

第二，在有限的时间内必须对话题做出快速反应，重在一个“快”字。说话时要准确地牵住语脉线索，然后让思维与表达同步进入讲述。

第三，现场言语生成不是信口开河，不是“生产”语言垃圾。应该清醒地把握语脉走向，既注意不同意义层面的展开，又要注意纵向的语意深入，做到言之有物，有一定的信息密度。

第四，语言表达的本质是沟通与交流，因此需要积极、沉稳的情绪；同时还需要与语境的“同化”，审时度势地根据具体情况进行应变性调整。

训练设计(2)

（一）即兴续讲的训练

下面是几段即兴讲述的开头，虽然只起了个头，但话题已经提出，请接着往下讲，使其成为完整的语段或语篇。

(1)“幸福”是一个诱人的字眼,古往今来多少人追求、探求,但是大千世界、茫茫人海,对幸福的理解、对幸福的追求是不尽相同的……

(2)谁能用一个字来概括我们青年和祖国的关系?我认为这种关系概括起来,就是一个“根”字……

(3)男人的视野是宽阔广袤的,他可以为了治水,三过家门而不入,他可以征战疆场,马革裹尸而无悔……

(4)伟大诗人歌德曾有一句著名的诗句:“生命之树常青”。是的,生命是阳光带来的,我们应该在阳光下生活……

(二)即兴接龙的训练

几位同学就下面的话题一人讲一分钟,要求接着讲的内容能够承接前言、言之成理,使话题有所拓展。

(1)我们需要“雷锋精神”

(2)口才是现代社会的必备之才

(3)在生活中发现“美”

(三)丰富语汇的训练

“滚雪球”

训练方法:先确定储词范围,平时有意识地进行搜集,定期分类积存于“储词本”上。例如确定积累用“ABB”的叠词方式表达欢乐和喜悦的词,过一段时间后,就可能积存到这样一些词:喜洋洋、喜滋滋、兴冲冲、乐呵呵、乐悠悠、乐陶陶、乐颠颠、乐融融、笑呵呵、笑眯眯、笑哈哈、笑吟吟……

“堆宝塔”

训练方法:进行趣味储词训练——几个朋友在一起,就一个储词范围每人说一个,一轮一轮进行,看看能积累多少个词。

例如,要求每人讲一个带“步”的成语或短语,可能提出这样一些词:步伐矫健、步入疑阵、昂首阔步、扶床学步、寸步难行、大步流星、步履蹒跚、健步如飞、高视阔步、闲庭信步、步人后尘、亦步亦趋、步入歧途、一步登天、步入险境、步步为营、移步就位、举步维艰、五十步笑百步……

1. 请做连锁接成语的练习:

包含“自”的成语:自食其力、自力更生……

包含“一”的成语:一言为定、万无一失……

包含“不”的成语:美不胜收、贪心不足……

首字为序的成语:一步登天、二龙戏珠……

末字连锁接成语：喜从天降、降龙伏虎……

2. 快速说出下列词语的近义词和反义词：

下贱	贫困	平滑	肤浅
忠厚	改革	毒草	卑鄙
平稳	甜蜜	倔强	贫乏
困难	活泼	紧密	明净
温和	忽悠	希望	意外

答题参考 1

3. 说出形容一个人富有口才的 10 个以上同义词和近义词：

出口成章　语惊四座……

4. 在 2 分钟内说出 10 个包含“看”的意思的双音词，如“观察”……

在 2 分钟内说出 10 个包含“看”的意思的单音词，如“看”……

在 2 分钟内说出 10 个包含“死”的意思的近义词，如“去世”……

训练提示

1. 著名戏剧家曹禺先生说：“只有对语言着了魔的人，才能登堂入室，成为语言的富翁。”在即兴口语训练中要“着了魔”地丰富自己的语汇。

2. 续讲训练提供的只是“这个”未完成语段的铺垫，可以依据所提供的语言线索，重新立意。注意不要在中心语义没有确定前开讲。

第三节　坦率真诚表述

即兴口语的流畅表达，首先要解决的是表达心理、表达态度的问题。

良好的表达心理和表达态度是怎样的呢？

张颂教授曾指出：“所谓即兴口语，绝非‘信口雌黄’，更不是‘口是心非’。我们要坚持的是‘真实的身份、真诚的态度、真挚的感情、真切的语气’,杜绝一切虚假和造作。”这是剀切中理的正确判断。

这也表明,“朴实真诚”是即兴口语表达应有的标准。

一、记住苏格拉底的教诲

公元前 4 世纪,雅典有许多教人说话的修辞学校,其中最有名的是苏格拉底办的学校。苏格拉底经常强调,指导如何说话“不只是传授用来作法庭辩论或公开发言的技巧,而是一种能帮助公民品质和德行成长的普适教育”。

苏格拉底指出,光教人说话而不教人说真话,会把受教者引入歧途。学说话要有进步,不光是动嘴的天赋,重要的是说话人的自然秉性,要真诚地说话。

我们常说“艺高人胆大,胆大艺自高”,这里的“胆”其实指的就是心态,一种朴实真诚的心态。具有这种心态是语流顺畅的前提。

例话

从内向羞涩到镇定自若

原教育部新闻发言人王旭明,曾受到广泛的赞誉。这位在记者面前言辞畅达的新闻发言人,坦陈自己原是个“内向、羞涩”的人。

组织上决定让他担任新闻发言人,在参加了短期培训班后他就匆匆上岗了。

他说,当时没指望他的工作会受到大家的肯定和赞扬。在首场新闻发布会上,他把“紧张埋在心底”,但是他坚持坦诚率直,所以给人的感觉是反应敏锐、镇定自若。比如,在接受白岩松采访被问及“范跑跑事件”(范是“5·12”汶川大地震发生时丢下学生最先跑出教室的老师,后被网民戏称为“范跑跑”)时,王旭明脱口而出:“人可以不崇高,但不可以无耻!”

王旭明朴实真诚的言辞,剀切中理,流传甚广。

(据新华网)

这也说明,勇气来自正直坦诚,坦诚不仅有助于言语流畅,也可以赢得观众。因此,说话不要吞吞吐吐,要勇于亮出自己的观点;声音要响亮一些,有助于心理稳定,也有助于思路先行,这时,表达可能会进入良性循环的轨道。

二、心理稳定,消除表达焦虑

表达者还需克服“表达恐惧”和“表达焦虑”的问题。如果讲述时无可挽回地语不成句了,也不必慌张,要相信听众是友好的,他们对一个“无可挽回”地陷入窘境的人是宽容的,甚至会赞赏他的真诚和真实。因为在这个到处充斥着“语言表演”的世界,真诚、真实的表达可能会受到意外的尊重和欢迎。

例话

拉里·金的麦克风恐惧症

拉里·金(Larry King)是美国家喻户晓的谈话节目主持明星。

他学历并不高,1951 年他 18 岁时高中毕业,因成绩太差没能进入大学,打了 4 年零工后进入电台当 DJ,却发现自己有“麦克风恐惧症”。

但是经过 14 年的奋斗,他成为广播电视界的明星。

拉里·金至今还记得最初进入一家电台工作时的情景。

当时电台经理西蒙对他说:“好的,你叫拉里·金,你主持的节目叫《拉里·金秀》。”拉里·金庆幸终于有了一份工作,一份他向往已久的工作。

他正襟危坐在播音间开始直播。可是,放完开始曲后“嘴巴干得像塞了棉花一样”。于是他只能一遍一遍地放开始曲,一次一次面对话筒张口无声,紧张得大汗淋漓。拉里·金记得,当时他脑子里想的是“拉里,你太抬举自己了,你不过是个口齿还算伶俐的家伙,根本没见过大场面,你真的行吗……”开始曲进入尾声,他就不由自主地颤抖起来。

这时,播音间的门被经理西蒙先生一脚踹开,大声吼道:“拉里·金,你听着,这是传播事业!”说完,西蒙把门重重地关上,走了。

就在那一刻,拉里·金“奋不顾身”地倾身对着麦克风开口说出毕生头一回主持节目的开头语:

“各位早安,我叫拉里·金,今天是我这辈子头一回来主持广播节目。我一直梦想成为广播节目主持人,也花了整个周末的时间准备,15 分钟前电台给了我一个节目的名字,我也选了新的开始曲,可是我的嘴干得不得了,我紧张得要命,刚才我们经理一脚把门踢开,对我说‘这是传播事业’……”

这是拉里·金头一回“靠嘴巴吃饭”的经历。

未曾想到的是,电台很快就接到许多赞赏这位结结巴巴主持人的电话,听众说“这是真诚可信的声音”“我们希望天天听到他的声音”。

从此,他懂得“言为心声”的可贵,信心倍增,“一发而不可收”,渐渐走向成功,直至 1978 年重金受聘于共同广播公司(MBS),主持夜间广播谈话《拉里·金节目》,从 25 个电台到 250 多个电台加盟,听众达 500 多万,最后推向全美国,成为一位将政治与娱乐、电视新闻与谈话节目结合起来的传奇节目主持人。

(据《影视美学》改写)

第四节 语料转化语流

将提供的语言材料转化为语流，是复现性口语训练。

语料复现大量地渗透于我们的语言生活之中，只是我们很少感觉到而已。

这种复现以“元语言”(metalanguage)的形式随处可见。所谓“元”(meta)这个前缀，在希腊文中是“在……之后”的意思。所有对语言、语意不同方式的重现，例如我们比较准确地转述(复述)别人的话、引用别人说的话、解释或加工别人的话、简化浓缩别人的话、翻译别人的话等，都属于“元语言能力”。主持人“文本操作”式的语言加工或复制需要这个能力。为了准确体现媒体意志、体现节目意图和主旨，提升“元语言能力”是十分必要的。

我们可以从将书面语言材料转化为语流的训练开始。

一、“讲述”方式的新闻播报

语料转化为“语流”，常见的是主持人或播音员用“讲述”的方式播报新闻。念稿子或使用“复读机”，那不是“语流”，是有声的“文字流”。虽然采用“讲述”的方式播报新闻，从新闻节目归类的角度看，它还不是真正意义的“说新闻”，只是新闻播报方式的改变，但是“讲述”元素的渗透已是播音技巧的一大进步。

这样的“语料转化”是将“播读式”语言规整、吐字干净利落的特点“移植”到日常口语体的播出语言中。现在“播”中有“说”、“播”中有“讲”的播报方式，是新闻播音的常态样式，使用范围很广。

但是严格地说，采用“讲述”方式播报新闻稿件还不是纯粹的“口语”，它只是弱化了书面语“规整、庄重、严谨”的色彩，注入了自然语言的轻松自如。它与传统新闻播音具有许多共同点，比如用声取中，基调准确，吐字清晰，节奏松紧有度，语流富有弹性，通俗明快，等等。为了增强“面对面”的交流感，摆脱“播音腔”，在增强新闻的“讲述感”的同时，它的语速相对比较快。

增强播报的口语“讲述感”，从技术处理方面说，有如下几点：

第一，要对文稿进行“适听性加工”。“说新闻”是为“听”而“说”的，想让人一听即明，就要尽量不用或少用文言词或半文半白的词语(比如“该校”要改为“这个学校”，“未必”改为“不一定”，等等)。少用形容词和副词，多用动词、人称名词。形容词和副词是句子的附加成分，这些词一多，句子必然加长，书面语色彩就浓厚，播出的“直达性”就会打折扣。所以要尽量使用短句，少用长句，较长的句子要分解为几个短句。

虽然“说新闻”语体风格多样，有的严肃新闻需要带有一定的书面语色彩，但这和对新闻稿进行“适听性加工”并不矛盾。

第二，准确把握整体节奏，抓住新闻稿的信息点，注意突破新闻稿件中标点符号的限制，重新设置停顿和连接，适度加大层次和语句之间的主次、疏密度的对比。原则是：突出主要信息，带过次要信息，形成活泼的节奏。具体地说：

1. 多用“直连”“曲连”。所谓“直连”“曲连”，就是对有些逗号、顿号，用较弱的语气快速带过。

2. 多用“挫”，慎用“停顿”。有些句号，也可淡化处理；导语和新闻主体之间，层次与层次之间，可以用抢气、偷气和气息升降或语气的变化，形成一个“坡度”，以加快转换，提升语言的密度。

3. 善于“带过”、敢于“带过”。所谓“带过”，是将大密度的语流在推进的语势中快速流动而过。“带过”针对的是次要内容，这样的处理是为了让主要内容“立”起来；“带过”的部分不过分讲究“字正腔圆”，但是“带过”要避免气息储备不足，削弱“从容度”；要“快而不黏”，避免“吃字”。

4. 慎重处理长句，要理解语意和句子的语法及逻辑关系，安排好停连，精选重音。另外，要注意在语流的曲线中运用“挫”直奔目的词句，使语句的表述富有节奏、一气呵成。总之，长句的处理既要善用“停顿”，也要善用“挫”。所谓“挫”是似停非停、似连非连，声停气不停的连接。

例话

增强新闻的“讲述感”

（提示符号：“______”表示直连；“‿”表示曲连；“|”表示停顿；“V”表示抢气；“.”表示强调；“～～～～”表示带过；“↗”表示起势；“↘”表示落势；“/”表示“挫”）

《人民日报》记者曹焕荣/从巴黎发回消息说：↗马赛球迷骚乱发生以后，V法国世界杯各个赛场所在城市/纷纷采取新的安全措施，/防止类似事件的发生↘。

马赛市规定，|在比赛前后的日子里，禁止酒类销售。V所有酒吧、咖啡馆按规定，/均不得超时营业。

↗英格兰足球队将于下周一晚上/在图卢兹与罗马尼亚队比赛。为此，/当地政府要求：|周日和周一两天，关闭酒吧、餐馆、咖啡馆。|同时，/各大超市、杂货店限制含酒精饮料的出售。/原定的/在比赛前一天晚上举行的大型音乐会，被延至7月11日举行。/已经设立在市中心的大型屏幕电视，/将不再播映。↘

↗朗斯在6月25、26日也有两场音乐会。/由于英格兰与哥伦比亚的比赛这期间在此举行，/地方当局取消了音乐会的安排。↘

训练设计(3)

(一)坦率表述训练

山东菏泽农民歌手朱之文到北京参加《星光大道》选秀节目,一曲《滚滚长江东逝水》技压群芳,一举成名,被誉为“中国的苏珊大叔”。2012年,他登上了中央电视台春节联欢晚会的舞台。唱完回到后台,他趴在桌上显得很痛苦,嘀咕着“我不适合出名,太累了”。好奇的记者采访了他。

请思考:他一席朴实无华的话,为什么能获得人们的称赞?

农民歌手朱之文不想出名

农民歌手朱之文凭借一曲《滚滚长江东逝水》一举成名。但是,他操着浓重的山东乡音苦涩地说:“俺要是知道出名这么苦,当初就不来参加比赛了。”

记者问:“现在人人都想出名,你说说,出名有什么不好?”

朱之文说:“他们不知道出名的苦。我几个月都回不了家,见不到老婆孩子,照顾不了庄稼,地里的麦子都要旱死啦!好不容易回了趟家,庄里、家里、院子里挤满了记者,吃饭有人照相,上厕所有人跟,没自由,再这样下去,命都保不住了……”

记者奇怪,出了名,怎么会有“生命危险”?

朱之文说:“我以前从来没得过病,现在成药罐子了。一会儿气管炎,一会儿感冒肺炎,去医院看病打点滴。我最不习惯的就是吃饭。我在家一天只吃两顿饭,现在可好了,一天要吃五六顿饭,这个请了那个又请,不去就说不给面子,一顿饭起码花3个小时,我哪有时间?我根本吃不惯鲍鱼海参,我想喝粥吃萝卜菜。人家不给,说你这么大的腕儿咋能让你吃那些。结果,才一年我就吃出了‘三高’和脂肪肝。在家里我爱喝水,现在一出名也不敢多喝水了,天天这么多人围着你,喝多了没法上厕所。老不喝水还要经常憋尿,我又得了肾结石。大旅馆的席梦思我也不习惯,一躺下去就埋得看不见人影,睡一夜下来腰疼得直不起来,白天又被粉丝围着挤。那么多人一推一挤就挤着我的腰啦,疼得我站不住啊,站着唱歌总觉得一个腿长一个腿短……”

确实,曾有粉丝在网上发帖说“大衣哥在演出时突然晕倒在地。最近感冒发烧、肺炎,打点滴”。记者问他:“如果有一天没人追捧你了,你怎么办?”

朱之文说:“如果(央视)今天不让我演了,我回家就买几挂鞭炮放了,好好庆祝一下。如果没人喜欢我,我就还回家种地。”

记者说:“你挣那么多钱,就不用种地了。”

朱之文说:“你不让我种地只让我唱歌,我得少活10年。我离不开土地。”

记者问:“人们都喜欢在北京安家,你不想在北京买房子安个家?”

朱之文说："我可不习惯待在北京。北京空气太坏，人太多，在这里我不能练唱。在北京一年多，我根本没有练唱。以前我在农村走哪唱哪，再苦再累我也不觉着。可在北京，不习惯的地方太多了。没有受不了的罪，可享不了这个福。可现在这么多粉丝喜欢我，我又不忍心离开他们，让他们伤心。"

答题参考 2

看来，"大衣哥"朱之文真有些骑虎难下、进退两难了。

（摘自《中国电视报》）

（二）语言材料转化为语流的训练

用"讲述"的方式播报如下新闻，要求摆脱"念书腔""播音腔"，增强口语的"讲述感"，语速可以较快一些。

↗据本台记者报道，｜一批批"打工仔""打工妹"不再飞往东南沿海Ⅴ，纷纷涌向湖南衡山深处安营扎寨。｜据不完全统计，/今年衡山县迎来近万名外地"打工仔""打工妹"。

↗衡山是革命老区/，由于地势偏僻，经济落后，/每年有几万人背井离乡，去沿海一带打工赚钱学技术Ⅴ。今年以来｜，县委、县政府解放思想/，先后建起了席草、香莲、网箱养鱼、湘黄鸡等十大商品基地Ⅴ，鼓励农民从事种、养、加工一条龙生产Ⅴ，形成了一乡一品的规模经济Ⅴ。同时，县里引进外资 3935 万元，/新办厂矿、商店、宾馆 2900 多个，/吸收了大批剩余劳力。｜衡山县祝融乡因地制宜，种植席草 7400 亩，/实行农工商贸一体经营Ⅴ。｜今年席草加工业兴旺，/仅加工机械就有 4100 多台Ⅴ，本地劳力远远满足不了需要，/于是，外地人纷纷涌向这里打工、谋职。｜目前，祝融乡的"打工仔"有 2100 人，/相当于本地村民的五分之一。｜这个乡的柏树村农民李春华家有两台机器，仅两个劳力Ⅴ，一次/便从外地请来 6 个"打工妹"。↘

↗衡山县/不仅吸引了众多外地"打工仔""打工妹"Ⅴ，近百名家在衡山的"打工仔""打工妹"/在外地学到技术后Ⅴ也先后返回家乡办厂，为振兴家乡经济出力。｜紫楼村青年廖立新/到广东一个基建队打工，/发现砂卵石需求量很大Ⅴ，于是今年春节过后，他便回乡办起了一个沙石厂，/今年 1 至 9 月就创利 8 万多元。↘

二、"文本操作"的一般形式

主持人"文本操作"的常见形式是"复述文本"，即将特定的语言文字材料转化为语流。复述者会对复述的内容注入某些主观情感，不可能"不走样"地保持原貌，因此主持人和主播的"文本操作"有展现个性和创造的空间。

主持人“文本操作”注重对现有材料的加工，或详细，或简要，或变换人称，或变换顺序，或渗透自己的体验和想象，以使表达更切合语境，更有吸引力。

主持人的“文本操作”，需要对文本加以理解和记忆。除了机械记忆外，有时需要运用“速记”的方法。著名主持人叶惠贤经常运用的“记意法”值得借鉴，那就是：通读全文→理解大意→强记要点→化为自己的语言。

1. 详细复述，是对原材料进行“不走样”的“机械复制”，一般出现在新闻、科技等节目中，它的要求是忠于原材料的内容和结构，将其转化为口语讲述。

2. 概要复述，是简明扼要地复述原材料，比如“说新闻”、转述一个论点或事实等。它的要求是：把握总体，理清线索，抓住中心，舍去旁枝，保留主干，既反映全貌又缩减语量。

3. 扩展复述，是对原材料进行适当丰富扩充的文本复述。它在不违背原意和基本框架的基础上，通过合理的再造想象，有重点地加以扩展，通过渲染、描摹，使讲述的内容更丰富、更生动。

4. 变式复述，其特点在于复述中的变化。一般是根据不同的语境，变换角度、变换人称、变换结构(如顺叙变倒叙、增设插叙或悬念、进行有详有略的随机性处理等)，有时还需要变换语体。

5. 加工复述，这类复述的特点是走出“机械复制”的模式，必须注意对原有材料进行创造性的加工和改造，以利于体现自己的表述风格。尤其是主持人，经常要根据自己的理解和节目语境的需要，对文本进行创造性加工。

训练设计(4)

(一)概要复述训练

请选择一篇比较通俗、不太拗口的文章，运用“记意法”，连续读数遍。读时不强求对思想感情的细腻表达，但必须断句合理、字字清晰。然后强记梗概，进行“适听性加工”，将内容讲一遍。讲时可以用文章中的句子，也可以用自己的话进行表述，但一定要句式完整，句句连贯，不改原意。

下面是几则训练材料：

床罩的故事

床罩的历史可以追溯到14世纪的法国。据记载，发明者是一个普通的法国高卢妇女，一个红脸颊、满脸雀斑的姑娘，名叫迪迪。

迪迪与同村的马夫路易幽会了三个月以后正式举行了婚礼。

不幸的是，一直到新婚后的第一个早晨，年轻的妻子才发现这位马夫有遗尿的毛病——他把婚床和被褥当成尿布了。这时，祝贺新婚的客人已陆续到来。在门外，他们大声笑闹，捶打木门，眼看更换床褥已经来不及了。

聪明的妻子望着神情沮丧的丈夫，忽然灵机一动，从衣橱里取出一条白色的大号床单，迅速地铺在臊臭潮湿的被褥上，然后开门迎客。

客人们按惯例为新郎、新娘祝福，并参观这对新人的新居室。突然客人中有个人指着床单惊奇地叫道："多么奇妙的布置呀，这洁白的'床罩'！它一定是巴黎上流社会的新玩意儿吧？"新娘看了新郎一眼，微微一笑，不置可否。

客人们发出啧啧的赞叹："哦！这多么时髦，多么漂亮！"

于是，在他们离开之后，由近及远，一种崭新的铺床法就迅速在法国各地传播开来。三年之后，法国宫廷正式采用这种方法，按那位客人所说的那样命名它为"床罩"，并且把它载入《宫廷起居事典》。几个世纪以后，随着法国军队的步伐和法国文化的传播，床罩这个发明走向了世界。

齐白石收徒

齐白石是已故著名国画家。有一次，他因事去北京城南，在街旁地摊看见一个人在卖齐白石的画作，走近一看，全是假画。齐先生认为这人损害了他的声望，便厉声质问："你为什么冒充我的名字卖假画骗人？"

那人笑了笑，郑重答道："齐先生，你好不懂道理！不错，这都是些假画。但是你可要知道，凡是大画家没有不被别人造假的。造假的人越多，说明他的名气越大；如果是无名之辈，谁也不造他的假画。再说我这些画卖得便宜，有钱人还是会买你的真画，没钱人才来买我的假画。这一点也不妨碍有钱人买你的真画，你又何必动气呢？"这一番话让齐先生无话可说。

停了一会儿，齐老先生从地下捡起一幅画，说："我看看你画得怎么样。"看罢说："咳，你画的还有点儿意思。我收你做徒弟吧！"

那人一听，趴下就给齐白石先生磕头。

（二）详细复述训练

阅读数遍后，进行"适听性加工"，做基本不走样的流畅复述：

名人演讲如何备稿

法国总统戴高乐发表演讲从来不用讲稿。1969 年，他在为来访的美国代表团举行的国宴上，即席发表了流畅热情的祝酒词。

美国总统尼克松的秘书大表赞叹。

戴高乐坦率地说："这没什么，把讲稿写了记在脑子里，然后把稿纸扔了。"

后来人们将它归纳为备稿演讲"三部曲"：写、记、扔。

关键是"扔"。扔掉讲稿，就是既依据演讲稿又不受制于演讲稿，而用自己的现场语言做详细复述,并根据现场需要予以适度调整,这样效果更佳。

比如美国前总统布什有一次到匈牙利访问,按照日程安排要发表广场演讲。演讲那天雨下个不停,国会大厦前的广场已是一片伞的海洋。布什走上讲台,先挥手致意,然后从衣袋里掏出讲稿,双手举过头顶,嚓嚓几下撕成碎片。他说讲稿太长了,为让大家少淋雨,讲短些,不按讲稿讲了。

他这一"扔",人群中爆发出热烈的掌声和欢呼声。

(三)扩展复述训练

请将下面的几则新闻扩展成生动的故事,可以适当发表几句议论:

外卖小哥深夜迷路

一天深夜下着小雨,长沙一位外卖小哥接到一份来自阳明山殡仪馆的订单。他硬着头皮去送餐,不慎在半山腰迷了路,找不到殡仪馆的方向,怀疑"鬼打墙",手机也没了信号。外卖小哥濒临"崩溃"时,顾客下山取餐,并表示感谢。

宝马车主略施小计

南京一位老人骑三轮,蹭了停在路边的宝马车,惶然无措。这时一个人走过来问他:"你赔得起么?"老人说赔不起。那人说:"赔不起还不跑,等人家来找你啊?"老人欲言又止,最后一步三回头走了。见老人走远,那人拿出钥匙,开车走了。

网络暴力酿人命

广东18岁女孩安琪被某服装店店主怀疑偷窃,店主将安琪在店内的监控录像发到微博上,称"穿花花衣服的是小偷,求人肉"。安琪住址被曝光,网上充斥着对她的羞辱与谩骂。几天后人们在附近的河道里发现了安琪的尸体……店主蔡某已被刑拘。

三、"文本操作":台本加工讲述

有经验的节目主持人,经常在尊重编导意图的前提下,对节目的台本进行必要的修改或创造性加工。有的编导也很重视发挥主持人的聪明才智,并不限定主持人一定要依据台本说话,而是给予主持人一定的发挥空间。

例话

著名主持人加工性讲述举例

1. **原节目台本**:"语言是人类交流的基本工具,但是对于那些因患喉癌做了手术的人来说,他们最大的痛苦就是有口难言。"

敬一丹的加工性复述：“观众朋友，在我这样说着，你这样听着的时候，我们的交流就开始了。这在我们看来很平常的交流方式，对于那些因为患喉癌做了手术的人来说，却不可能，他们最大的痛苦是有口难言……”

2. **原节目台本：**“年逾花甲的王姨为了别人而终日操劳，她要求的回报仅仅是一句话。然而在咱们中国老百姓中间，能让大伙儿都说‘这个人不错’，恐怕是对她人生价值的最高赞誉了。”

沈力的加工性复述：“王姨最大的愿望，就是当别人提到她的时候，能说一句‘这个人不错’她就知足了。这是一句多么朴素的语言！听了让人感动，让人心酸。这就是中国老百姓的质朴本色和高贵的品格。”

3. **原节目台本：**“邻居是什么？邻居是互相帮助的朋友，是困难的时候可以向他求援的伙伴，是生活中不可缺少的友情，邻居是你生活中相互给予的人们。”

倪萍的加工性复述：“邻居是什么？是你正在炒菜，发现酱油瓶子是空的，于是你就敲门要点酱油的那家儿；是你出差了可以让他帮你看看门锁是否被人撬开的那家人；是你家房子冒烟了能第一个去打 119 的那些人……”

这几段修饰性加工复述，反映了主持人的创造意识。她们将原来典雅的文学语言转化为生活化的口头语言，并根据自己的生活感悟与体验，注入自己的想象。比如第二条原台本有点书面化，沈力舍弃“年逾花甲、终日操劳、人生价值、回报、赞誉”等词语，换为更加口语化的说法，让人觉得亲切真挚。

所以“元语言”复述是对原台本的“二度创作”。优秀的主持人经常以此体现“更民族化、更通俗化、更易被观众接受”的艺术追求。

沈力在这个方面堪称楷模。

在我国广播电视史中，沈力是最早以真诚感人的人格魅力获得观众拥戴的节目主持人。她反对在节目里“表演自己”，认为主持人应该“言如其人”。

她说：“在对待语言上，我始终坚持‘言为心声’，任何一句话都不能随随便便地说，这是新闻工作者的责任。我现在可以欣慰地说，在这么多年的节目主持中，对每个节目的每一词、每一句，我都从不马虎。这就是我的准则。”

第五节　“说新闻”训练

1998 年初，凤凰卫视的《凤凰早班车》由鲁豫“说新闻”开播。她每天早晨 5 点开始工作，阅读十多份早报，融汇编辑文字稿，边听新闻广播边写笔记，形成节目文案。她以过人的记忆力、综合能力和轻松流畅的表述方式“说新闻”。

第一天成功直播后，凤凰卫视总裁刘长乐十分满意，他预言：“鲁豫说新闻的风格将在中国电视史上占有自己的位置。”

如今,在我国广播电视的发展进程中,播音员的生存空间逐渐萎缩。中国传媒大学李晓华教授认为:“在目前中央电视台新闻栏目中,只有《新闻联播》还保持着播报体的新闻播音风格。”这是因为“播音形式特有的权威性与客观性,在显示一种分量的同时,在某种程度上也造成了与观众的距离”,因此“一些新闻节目的播音员已向主持人‘转轨’,这是时代的需要,是社会发展的必然”。

也正因为如此,“说新闻”为我国电视新闻改革注入了新的内容。

新世纪以来,从中央台到地方台,主持人们竞相效仿,从社会新闻、民生新闻、娱乐新闻、体育新闻等开始,“说新闻”蔚然成风,主流新闻播报也从中受到启发,开创了“播”中有“说”、“播”中有“讲”的新风格。

一、“说新闻”是对新闻信息的加工

鲁豫的“说新闻”不是将文字稿注入了自然语言轻松自如地“讲述新闻”,而是舍“播”为“说”的“说新闻”,是对新闻信息的加工性传播。

这样的“说新闻”使传播者的身份由“播音员”向“主持人”(主播)转换。

我们可以回顾一下广播电视的发展史。20世纪50年代初期,为了提高电视新闻的媒介竞争力,美国哥伦比亚广播公司(CBS)制片人唐·休伊特提出了一个富有创意的设想:借鉴广播新闻评论员的工作方式,变“分割式”新闻播报为将各方面的相关报道串联起来,由一人从“第三者全知角度”对错综复杂的新闻信息进行脱稿报道和评论,形成一个评述结合的整体的播报形式。

唐·休伊特指出,这个角色,好比接力赛跑最后一棒的运动员,即“Anchor”(原意“锚”)。后来,CBS的沃尔特·克朗凯特成功完成了这个试验,休伊特就将这个角色定名为“节目主持人”。由此可见,正是“说新闻”的传播形式推动了主持人的出现,也使播音员的新闻播报转变为主持人节目了。

由此看来,鲁豫的“说新闻”是从“第三者全知角度”对新闻信息进行加工报道的形式。这种信息加工,重在叙事方式的变革,强调新闻事件来龙去脉的情节性和故事性,这样的“说新闻”增加了信息的宽度、厚度和深度;这种信息加工是需要充分的前期准备的,已经不完全是文本的移植或复制。

“说新闻”依托于书面新闻稿,可以带有一定的书面语色彩,但是其格调应该是通俗紧凑、轻松明快的,并且在讲述中亦带有强烈的即兴表述的格调。

例话

新闻播报与“说新闻”之比较

1.原新闻播报稿:8月2日凌晨,一列满载游客的列车在印度东部西孟加拉邦西

里古里 80 公里以外的盖萨尔车站与一列邮车相撞后爆炸。目前,事故原因已经调查清楚。

“说新闻”稿:2 号凌晨,印度发生了一起历史上最为严重的火车相撞事故。官方证实有 250 人死亡。在印度东部西孟加拉邦西里古里 80 公里以外的盖萨尔车站,一列满载旅客的列车与一列邮车相撞,随即发生剧烈爆炸。目前,事故的原因已经调查清楚。

2. **原新闻播报稿:**为了加强对 OK 镜的监督管理,保证产品安全有效,国家药品监督管理局今天发布了《角膜塑形镜经营验配监督管理规定》。

“说新闻”稿:OK 镜又叫角膜塑形镜,这本是一种医疗器械,可是,在很长的一段时间里,它却被当成了商品,导致 OK 镜市场一度非常混乱。昨天,一项关于“角膜塑形镜经营验配”的监督管理规定出台了。值得注意的是,发布这个规定的是国家药品监督管理局,这就意味着,今后 OK 镜是要作为医药器械来经营的,只有取得《药品经营许可证》的医疗机构才能从事 OK 镜业务。

在以上两则新闻中:

第一则的“适听性加工”对新闻做了变序处理,将最重要的信息放在前面突出的位置,增强了新闻的情节性,语言也做了口语化处理。

第二则先释义,对流行的说法“OK 镜”进行通俗的解释;然后强调监督管理规定出台的背景,拓展了新闻容量,凸显了这条新闻的重点;最后的引申说明,增强了表述的通俗化和贴近性。

二、我国“说新闻”的操作流程

“说新闻”是最能检验主持人业务水平、专业能力的新闻传播形式。因为它需要较高的新闻敏感、准确的新闻判断力,即对新闻信息辨识的眼力;需要合理的知识结构,并具备良好的整体驾驭能力、出色的语言表述能力和非凡的记忆力。

为了将若干单条新闻有机地串联成一个整体,主播们一般都很注意对新闻的再加工,例如悬念设置、叙事铺垫、串词勾连等。在“说”的过程中,适度补充新闻背景、联系相关新闻事实,对新闻予以情节化处理,以及通过适度点评揭示新闻主题,等等。

目前,我国“说新闻”的操作流程,大致是这样的:

1. 新闻选择。麦克卢汉说“信息即选择”。选择哪些信息,舍弃哪些信息,对新闻侧重面的把握和整体控制,是主播要做的首要工作。

2. 编排顺序。新闻编排体现媒介的新闻态度,不可大意。

3. 新闻加工。补充背景信息,加入必要的评论,进行表述构思。

4. 语言设计。进行“适听性加工”,从调动收视兴趣出发,为每一条消息寻找最佳切入点,设计富有新意的导入语、串联语和点评语。

5. 流畅讲述。对播出要点逐条消化,概括要点,加深理解和记忆。

例话

欧阳夏丹"说新闻"格调清新

欧阳夏丹清新、明快并富有强烈交流感的播报风格赢得了受众的夸赞和喜爱。比如有一次她在《第一时间》周末版的开始这样说:

"享受充满资讯的早晨,欢迎收看《第一时间》。既然是周末,我们大家不用去上班了,我想各位可以比较完整地看完我们的节目了……首先想问问大家喜欢安徒生吗?其实我个人非常喜欢……前两天一项关于安徒生的调查结果挺让我意外的,我在想,难道安徒生童话真的过时了吗?真的不适合现在的孩子了吗?不知道电视机前的观众朋友你是怎么想的……"

欧阳夏丹这段话,把自己融入了节目,也把观众带进了节目,是很高明的。

另外,欧阳夏丹的"语感"很出色。她"说新闻"的语感体现在对稿件的"感之于外""受之于心"和表达时的"情动于衷""声形于外",而且能够控制情绪,做到"入而不陷""淡而不离"。她自如地将新闻内容的表述纳入日常说话的语流单位,给人的感觉是发自内心地想把事儿"说"给观众听,所以表现得特别自然畅达,而且富有青春的动感。

欧阳夏丹谈不上"资深",但是她自信而洒脱,这是"说新闻"必备的"精气神"。因为自信才"敢于"将自己的理解和感受渗透到表述的语言中,才能将生活中本真的说话状态适度地流露出来。当我们在欣赏欧阳夏丹荧屏形象时会发现,她的表情真诚而轻松,目光直率而稳定,给人"开诚布公"之感。

(据武慧媛《怎样才能"说"起来》改写)

训练设计(5)

(一)案例分析

请指出,下面的"说新闻"是如何进行"适听性加工"的,是如何加宽、加厚、加深新闻信息的,这样的处理有什么特点。

原新闻稿:最近,一只"苏门羚"闯进海丰县一位居民的家中。有人愿高价收买,遭到这位居民的拒绝。目前这只"苏门羚"已被省有关部门收养。汕尾市林业局呼吁市民保护野生动物,发现不明动物切莫宰杀或卖给不法商贩。

"说新闻"播出稿:

日前,一只奇怪的动物突然出现在广东海丰县一位居民的家中。撞进民居的这位不速之客竟然是只俗称"四不像"的"苏门羚"。

"苏门羚"是国家二级保护动物。它长有一对羚角,耳朵长得像驴耳,因此又被取名为“岩驴”。它的体型又跟羊相似，但项背长有硬毛。就是这种似驴似马的特点，民间称它“四不像”。“苏门羚”长年生活在环山陡峭的岩石上以及河谷中，主要分布在西北和西南等省区，在华南地区极为罕见。“苏门羚”在海丰出现极有可能是被人偷运至此后逃脱出来的。

据居民介绍，发现“苏门羚”的第二天，便陆续有人愿高价收买，但都被他拒绝。目前这头“四不像”已被省有关部门收养。汕尾市林业局呼吁广大市民要保护野生动物，发现不明动物时，切莫胡乱宰杀或卖给不法商贩。

（二）“说新闻”训练

1. 请选择近几天的 3～4 条国内国际新闻进行“说新闻”练习。
2. 请选择近几天的 3～4 条当地民生新闻进行“说新闻”练习。
3. 请选择近几天的 3～4 条文化娱乐新闻进行“说新闻”练习。
4. 请选择近几天的 3～4 条体育赛事新闻进行“说新闻”练习。

第六节　把握言语定势

即兴语流需要“言语定势”的正确导向，但是，当一个话题、一个表达意向出现，人们要在一个表达框架中进行比较系统的表达时，语言思维往往是波动的、散乱的，具有多向性和模糊性的特征。要使紊乱的语言思维线索系统化、条理化，尽快形成一个切合话题、切合语境、切合表达主旨的框架，确定“言语定势”就是即兴表达要做的第一件事情。

一、话语“递归性”生产语言垃圾

必须强调的是，在一个即兴表述单位中，如果“言语定势”消失，话语的“递归性”(recursiveness)就会出现。

所谓话语的“递归性”，是指口语表述不由自主地在一个限定的框架里面循环往复、一环套一环，说着说着，话就又说了回来。就这样毫无限制地说，一定会“生成”许多语言垃圾。

现在有些谈话节目主持人，张口就来，滔滔不绝，“语量”颇丰却淡如白水。广东有句民谚，说这些主持人说话是“口水多过茶”，真是绝妙的讽刺。

二、把握口语表达的“语义定势”

口语表达追求的是合理的表达结构。在即兴口语表达中，它是一种动态平衡结构。调控口语表达中的动态平衡，靠的是中心语义定势。只有形成语义定势，才会有合理的连贯后继的表达；失去语义定势就破坏了表达中的动态平衡，说话必然杂乱无章。

确定语义定势的训练,是提高语流质量的重点。

第一,首句导向定势。

如果把想说的话比作一团线,我们开口讲第一句话就是要抽出这团线的线头。抽准了,话就会越说越顺。“首句导向定势”实质上就是以“片言居要”的形式对一个句群确定走向,后继表述由此生发,毫不旁逸。

培养即兴口语表达中首句导向的“定势意识”,可以用一句提纲挈领的话为发端,围绕它说好一个语段。它也提示我们,在表达意向没有形成,在没有形成首句定势时,不要轻易开口,否则这团“线”会越抽越乱,话会越说越离谱。

第二,句间依存定势。

句间依存定势指的是口语表达中的“定向推进”意识。

在同一话题的表述中,中心语义定势制约着一连串语句和相对独立的语段。这时,如果以清醒的思路把握句与句之间的定向推进,就会形成比较稳定的句间依存定势,话就会说得顺畅、连贯。训练时,一方面要强调中心语义对表达的连贯、衔接所起的重要作用;另一方面要熟练运用起纽结作用的关联词和回指短语,以此显示句间的衔接和依存。

口语表达中句与句之间的依存关系,一般有:解说式依存、替代式依存、添加式依存、对比式依存、融合式依存、举例式依存、点睛式依存、连锁式依存、意念式依存、因果式依存、归纳式依存、省略式依存等。

第三,句群向心定势。

句群向心定势,是一种指向性确定的表达意念。

虽然句群的几个句子处于不同的地位,发挥不同的作用,然而都应该指向中心语义,也陈述中心语义。在首句不能发挥语义导向作用时,或者在表述跑题时,句群向心定势会对中心语义的表达起决定性作用。

因此,说话时切不要把两种表达意念搅在一起,因为中心语义只能有一个。为了增强表达者的向心组合意识,训练时宜从剖析表述录音入手。在陈述性表达中,可以在适当的地方直接点明中心语义,以此作为意核,组织表达的内容。

训练设计(6)

(一)台本加工案例分析

下面是著名主持人沈力对《夕阳红》节目原台本的加工性复述,请说说原台本的缺点,说说沈力为什么这样加工。

答题参考3

(1)**原台本**:“现在绿色食品、黑色食品很抢手,今天介绍两种香菇的做法。”

沈力这样加工:“现在大家常常说到黑色食品,据我了解,黑色食品这个词来自北美，他们认为黑色食品能增加人的智力。我们祖国医学也认为，黑色食品有固气、乌发、补血的功效。今天我们就向大家介绍黑色食品的一种——香菇的两种吃法。”

(2)**原台本**：“老年朋友们，看了这些由老年人自编自演、自娱自乐的舞蹈节目，你觉得开心吗?”

沈力这样加工：“观众朋友，我们看到了刚才表演舞蹈的这些老同志，论身材吧，并不那么苗条；论动作吧，也不那么规范。可看到他们操劳一生重新迸发出一种热情的时候，身材、动作又算得了什么呢！他们不是在追寻青春的脚步，而是在讴歌幸福的晚年。让我们的心伴着他们欢快的舞步，一起跳动吧！”

(二)把握言语定势训练

试分析下面一段话的句句依存关系：

(1)我们班视力不好的人很多，(2)我也是其中一个。(3)我们看不清黑板上的字，(4)只好借助镜片了。(5)戴上眼镜以后活动很不方便，(6)别说跳啊跑的了，(7)就连喝水也很不方便：(8)茶杯刚端到嘴边，(9)眼镜就弄得雾蒙蒙的了。(10)眼睛好的同学就不会受这份罪了。(11)所以我劝大家一定要爱护自己的眼睛，(12)“四只眼”毕竟比不上两只眼方便啊！

(三)续讲训练

续讲训练可先由一人就一个话题进行表述，然后另外一人沿着他的思路接着往下说，力求组合合理。在这一过程中，要求语言的中心语义定势稳定，表达语脉连贯。也可以将别人说了一半的话接着说下去。

训练提示

1.“句句依存”如何“依存”，其类别的划分，可以从语法、逻辑、修辞、表达意念及语言环境等多方面说明，划分的标准可以模糊一些，只要说得通就允许成立。规定得过于拘板反而容易使语言僵化。

2.特别要留意的是，在我们的交际口语中，“省略式依存”特别多，这是口语表达中的“脱落”现象；前言后语之间存在“心照不宣”的联系，并不是句与句之间没有依存。因此，要注意结合语境对句句依存关系加以判定。

第七节　适度运用追加

即兴口语往往比较粗糙，比较质朴，尤其是没有预案的讲述，容易出现表述不周的情况，这时在不妨碍整体表达的情况下，可以运用“追加”（即前文所说的“自纠”“增补”）这种口语修辞方式。本书第二章会专门讲“即兴修辞”专题，由于“追加”和语流紧密联系,所以把这个修辞的“辞则”放在此处介绍和训练。

一、“追加”是信息存在方式的调节、控制

所谓“追加”是根据语境的需要,对说过的话做追补或加工。它与说话啰唆不同,适度追加是积极调控意识支配下的修辞手段。它的修辞功能是:

——强调重点,引起对传播信息的关注;

——整理不规则表达,使之更完整;

——补充前述遗漏的地方,使之更周密;

——排除语境干扰,提高信息传播的有效性;

——对某些表述进行即时的更正,以免造成误解。

二、即兴口语表达中“追加”的类型

1. 重复性追加。即对说过的话不做什么改动,在适当的地方再强调一遍。主要有连续性重复追加、间隔性重复追加两种形式。

2. 复释性追加。对说过的话换一个角度或方式加以解释或强调。它不是同语反复,而是换一种说法(如“也就是说……”),以使语义表达更明确。

3. 归并性追加。对说过的话为了强化印象而进行的有选择的类聚性重复。

4. 修饰性追加。对于刚说过的话,随即补说几句,增添一点被忽略或遗漏的内容,或做一点必要的强化性修饰。

5. 自纠性追加。即所谓“改口”,在表述出现不妥时所做的补救性追加,瞬间更改说错了的词句。当然,这种追加应控制在听者“容错”范围内。

6. 示错性追加。在某些情况下,故意把话说错,然后自己纠正。这种追加,以“示错”的修辞方式出现,半遮半掩,以形成幽默的语用效果。

三、“追加”手段运用须适时适度

使用追加,不是下意识地重复,更不是随意制造冗余,填补语流的空隙。

当下有些主持人,尤其是许多自媒体主播大都是“无文本操作”,他们中许多人的播出语言充斥着复释性追加、重复性追加和自纠性追加。这些单调的惯性追加,没有任何修辞意义,它显示的是表达者思维的混乱,是语言能力低下的表现,同时也是对受众的不尊重。

必要的追加是积极的修辞手段,它体现语意表达的缜密和语义结构“侧重面”的强化。结合语境,运用多种方式的追加是对信息存在状态的一种控制。在即兴语流中,我们往往很难一下子说得很全面、很缜密,这时就需要恰当运用追加来完善表述。追加这一修辞手段的运用必须遵循适时、适度的原则。

训练设计(7)

(一)梳理语流的训练

训练方法:围绕一个话题,在心里想一会儿,先打个腹稿,然后自言自语地说出来。要说得连贯、完整、条理清楚。

训练参考话题:

(1)"天价明星"是我们的偶像吗?

(2)"光盘行动"好

(3)垃圾分类,势在必行

(二)案例分析

答题参考4

请说出下列语句运用了哪种类型的"追加":

(1)就拿东北地区来说吧,它的面积是83万平方公里,你别看它还占不到全国面积的1/7,但是同日本、英国的面积比一比,大约相当于两个多日本或者三个半英国那么大。

(2)壁虎样子很难看,不讨人喜欢,灰头灰脑的,你看它趴在墙壁上一动不动,像块脏布条儿。

(3)这时候,董存瑞扛起炸药包冲上去——他扛的不仅是个炸药包,他肩上扛的是人民战士光荣神圣的重任啊!

(4)前一段时间,不,大约一年以前吧,确切地说是去年3月份,当地政府为了整治"烂尾楼"现象,制定了一些惩罚性的行政条例……

第八节　矫治语流失畅

有些人有语言表达的天赋,他们语言知觉灵敏,说话滔滔不绝,但是往往是私下说话无拘无束,面对众人说话就"断弦儿"了。这是一个普遍的现象。

卡内基做过一个实验:他把一批人"困"在会议室,宣布凡愿意登台讲话的奖励30美元,不愿登台者则要"罚款"。最后80%的人宁愿挨罚也不愿登台。

语言障碍的突出表现是"语流失畅",它主要表现为这几个方面:

一是话语中出现大量的"呃……呃……""然后……"等附加语;

二是不断出现"断档",不断地"卡壳",说话断断续续;

三是长时间无语,讲者脑中一片茫然,满面惶恐。

因此,"语流失畅"的矫治十分重要。现在广州等地出现了"当众说话培训班",其实,这是不需要花钱培训的,关键在于自己的主观努力。如果时间充裕,希望大家从本章第一节“强化言语知觉”开始,按部就班地进行训练。如果时间紧迫,可以重点训练“快速言语生成”和“把握言语定势”这两节。

一、练“说”先练“胆”,“胆大皮厚”

考场是充满不确定因素的“动态语境”,这时,人的思维的流畅性、心理的稳定性和言语知觉的清醒度都会受到影响。动态语境适应力弱的人,说起话来就会语无伦次。俗话说“胆大吃胆小”,在动态语境中,我们要从表达心理、表达意识入手,加强表达过程中的心理调节,加强内部语言的控制、组合、调节训练,这样才会有质量较高的流畅表达。

著名语言学家张志公先生说过,练“说”先要练“胆”,甚至要“胆大皮厚”才能渐渐流畅地“说”。萧伯纳也说“我固执地、一味地让自己当众出丑,直到我习以为常”,就是这个意思。

自卑与胆怯是思维障碍、语流阻滞的温床,它所形成的“表达焦虑”和“失败心理暗示”很难逆转。我们要冲破它,要豁出去,要有放胆畅言的勇气。

二、打腹稿并用“自言自语”疏通语流

拿到考题或即将登台前,往往有几分钟的准备,这时“打腹稿”是重要一环。

本书第三章“即兴成篇”提供了多种语段的构成方式,可以参照以形成“腹稿”。在“腹稿”的基础上可以小声自言自语地说出来,要说得连贯、完整、条理清楚。

自言自语的好处是让“腹稿”(思维语言)初步变成话语现实。自言自语的“声波”也是一种反馈,能刺激自己的思维。这样,“自言自语”就成了不断调整思路、完善话语结构的过程。

具体地说就是:先用“自言自语”疏通思路;再用放慢的语速疏通语流;接着就可以“胸有成竹”地放胆畅言了。

三、松弛下来,尽快适应现场语境

进入考场,如临大敌,是危险的一种心理暗示。如果把评委看作自己的敌人,看作准备看你的笑话的人,是不可能进入最佳状态的。评委是友善的,期待你的正常表现,甚至希望看到你的超常发挥,你要做的就是松弛下来,尽快适应现场语境。

1.强制稳定心绪。说话心境不稳定,甚至感情冲动,容易出现思维与表达“接不上茬儿”的情况,即“脑子一片空白”,这时说话就“口将言而嗫嚅”了。因此,在动态语境中必须保持从容自信的松弛状态。

2.适度控制语速。性格比较急躁的人,想一股脑儿把话全说出来,这时思维意向定不下来、思维语言编码紊乱,随口说出的话就会越说越不成“话”了。因此,在即兴表达时,要将语速放慢一些,以争取调整思路的时间。

3.适度运用追加。即兴口语是“原生态”话语,说出来的话语不周全很常见,本章

第七节“适度运用追加”是适应动态语境的有效技巧之一。

4. 舍弃文稿意识。这一点很重要——许多考生“自己打败自己”，问题就出在这上面。进入考场，抽到考题，一般有几分钟准备的时间。我们主张“打腹稿”，有的人可能会写一个提纲，或写几个片段。有的“快手”竟然能“一挥而就”写出讲稿，这当然无可厚非，但是由于强烈的“文稿意识”使现场表达被“捆绑”在那几页讲稿上，反而容易造成语流失畅的情况。

本章第四节介绍名人备稿演讲的三部曲：写、记、扔，值得借鉴。

关键是“扔”。进入现场，就要全神贯注，一切服从现场，把现场的自我表现和表达效果放在第一位。这时要既依据讲稿又不受制于讲稿，如果一时想不起来，就要当机立断“重起炉灶”；如果想起了文稿就糅合在现场的讲述之中。

简言之就是——将“文稿意识”置换为“现场意识”。

四、摆脱语流“卡壳”的几点建议

1. 说话前使自己处于放松的愉悦状态。不妨运用“精神胜利法”，多想想自己曾获得的成功，想想自己的优势，自我肯定一番。在“我不比你们差”的心理定式形成后，甚至可以暂时“藐视”别人，将他们看作“一无所知”。

2. 登台前，情绪进一步放松。为了使大脑的兴奋灶不那么活跃，可以缓缓地吸气，使两肋张开；憋气数秒，再缓缓吐出来。深呼吸时什么都不要想。

3. 切莫分神，一心一意投入讲述。步上讲台那一刻，应该“万念俱空”，专心致志地围绕主题投入即兴讲述。切记：“专注度”是讲述成功与否的关键。因为只有专注才能排除头脑里的杂念和眼前的干扰；只有高度专注，才能有效控制中心语义定势、句群向心定势、句句依存定势，才能流畅地推进表达。

4. 出现口误或讲错某一句话时，谨防情绪波动。说错一句话并不意味着“满盘皆输”，迅速做一次性“追加”予以更正，无须致歉。如果预感要“卡壳”，可以提前减速，插入几句相关之语，力争“绕过暗礁”；也可以冻结“忘点”，想起来以后再“补证”。如果脑子里记忆信号或预设构想全乱了，就要当机立断，重起炉灶，重新组织表达。

第二章 即兴修辞

——训练目标:生动活泼　入耳动听

一切口语表达活动,都伴随着修辞行为,修辞是即兴口语表达的基础。

但是,口语修辞不只是"嘴上的功夫",它是有前提的。"修辞立其诚"(《周易·乾·文言》)是我国修辞学理论的基本原则。

孔子主张"情欲信,辞欲巧"(《礼记·表记》),他把"信"(诚)放在第一位,把"辞巧"放在第二位,有"巧"无"信"之言谓之"巧言令色鲜仁矣"。而《吕氏春秋》更将"修辞立其诚"与社会风气联系起来,认为"至治之世"必然"其民不好空言虚辞,不好淫学疏语"。这些都是对"立诚"原则的精确阐释。

我们理解"修辞立其诚",就是说话要有诚意,讲究"语德"。

例话

不要把口无遮拦当成真性情

说话是最容易的事,也是最难的事,说话的魅力并不在于说得多么顺畅,多么滔滔不绝,而在于表达是否真诚。

我国语言学家王力曾说:"泼妇骂街往往口若悬河,走江湖卖膏药的人,更能口若悬河,然而我们并不承认他们会说话。"

真诚是打开人心灵的钥匙,是吹开人心扉的春风。说话要走心,说话真诚就是把对方看在眼里,放在心里。

东汉时期,范式与邵元二人同在太学读书。二人学成回家,范式对邵元说,"两年后我一定去拜访你的父母",二人还约定了日期。

到了约定的日子,邵元请母亲做好准备迎接范式,邵元的母亲说:"两年前的约定,怎么能算数呢?"过了一会,范式果然如约而至。

老话说"说出去的话,泼出去的水",古人也说"覆水难收",讲过的话就像泼出去的水无法收回,所以说话要算数,一句话在出口前要想清楚。

语言给人带来的伤害是无形的，但并不能因为你看不见就选择忽视它。有时候你的一句话可能带给他人很大的伤害。

小时候听过钉钉子的故事：一个小男孩总是无缘无故地对他人发脾气，有一天他的父亲给了他一包钉子，告诉他每发一次脾气都在栅栏上钉一颗钉子。

钉子很快就没有了，后来小男孩渐渐学会了好好说话，他的父亲又让他拔下栅栏上的钉子，当小男孩拔完栅栏上的钉子时，却发现光溜溜的栅栏上留下了一串无法修复的小孔。

言语伤害一旦形成，不论你事后如何弥补，都会有痕迹存在。

话说出口前想一想，你的这句话是否会给别人带来伤害。不要把口无遮拦当成真性情。

（据《精典文摘》）

陈望道先生说："修辞原是传情达意的手段，主要为着意和情，修辞不过是使达意传情能够适切的一种努力。"（《修辞学发凡》）

为了实现"传情达意"的目的，我们应该掌握口语修辞的技巧。

例话

蔡康永的说话之道

台湾著名主持人蔡康永风趣幽默，妙语连珠，以儒雅之气立足。

后来他出了一本书，谈他的"说话之道"。

他说，说话一定要尊重对方，关注对方的存在。初次见面，当别人报上姓名时，你也应该报上自己的名字。虽然"我特别不喜欢跟别人介绍自己的名字，但是我必须这样做。说话时眼里有对方，让对方觉得被重视，因此眼神的交流很重要。虽然我有眼神交流恐惧症，往往碍于自己眼睛不大好看，惧怕对视。工作后，培训主管给我们上了几课，其中一课就是练习眼神交流。另外，说话时要乐于传达赞美和肯定。有人剪辑过陈鲁豫的访谈节目，剪辑后的片段里鲁豫一直睁大眼睛问'真的？''真的么？''会这样吗？'虽然剪辑在一起有点恶搞，但也说明，最简单的反问也能让对方感觉到你在关注他讲话"。

他说主持人提问也是一门学问。问题越具体，回答越省力。此处有两点要注意：一是问问题，最好有"退路"。即使对方卡住，你也可以拿出自己的故事跟对方分享。还有一点是，是非选择题比归纳题更受欢迎，因为不费脑力。此处的提问技巧是先问两三个是非选择的问题，把对方的兴趣范围问出来，再用申论题往下问。

他说："我有这样的大学朋友，在QQ上遇到会问一句'过得好吗'之类的问题。对这类问题我很是无语。因为这样的问题很容易让我联想到男女主角在经历过众多波折后重逢了,一方深情地问对方,'这么多年没见,你过得还好么?'不管好与不好,两人都要把这些年的事说个遍。但我不是女主角,他也不是男主角,我总不会空虚孤单寂寞到跟一个不怎么常联系的普通朋友在网络上倾诉衷肠吧?我想他也没耐心听。这位同学若真出于关心想跟我聊聊,若他留意到我在上海,问一句'去看世博了吗'也比'过得好吗'更能体现他的关心。"

他认为,会说话的人是不会逞口舌之利的,那会将自己逼上绝路。

当不敢苟同对方时,说话温婉些,可迂回提醒,可语带保留,也可一笑了之,而将无谓的胜利赠予对方,是聪明的。

最近很火的电视娱乐节目《非诚勿扰》里,面对24位女嘉宾犀利的点评,奋起解释的男嘉宾个个败得很囧。反倒是那些面带微笑不置可否的男嘉宾,给人很绅士的感觉,最终往往能熬到权利逆转,获得青睐,就是这个道理。

(据《蔡康永的说话之道》)

蔡康永的"说话之道"就是"达意传情能够适切的一种努力",属于"口语修辞"。口语修辞又称"口头语修辞",是我们在话说出口之前和在说的过程中对语义、语音、语态和表达策略等方面所做的修饰或调整。

口语修辞是即兴口语表达的必备环节,是将话说得准确、鲜明、生动、得体的必要条件,是使言语交际、节目主持更有成效的手段。

长期以来,我们对书面语修辞比较重视,也比较熟悉,对口语表达中的修辞现象比较生疏。其实,口语中的修辞现象无处不在。虽然书面语修辞与口语修辞有相通之处,但口语修辞的形式更丰富、更富于变化。例如,口语表达在切境、切旨前提下的语体选择、表意谋措、择词、句型的转换,尤其是语音形态(语气、语调、重音、停连)的多样化处理等,都是口语修辞方式的运用。

——可以这样说,人们口语表达的本质,就是口语修辞活动。

德国语言学家卡罗尔、阿诺德阐述了书面语修辞与口语修辞的差异:

口头语修辞,有两个主要而又特别的特征,使得它与一般的文学修辞不同,甚至与书面语修辞不同,即在传递信息与信息的混合功能以及身处在某一具体观众的个人的联合中这一点所带来的制约与机遇……口语修辞行为是活生生的人与人之间的交锋。[①]

"口语修辞行为是活生生的人与人之间的交锋",这是"口语修辞"的本质特征。根据卡罗尔、阿诺德的论述,可以归纳出口语修辞的如下特点:

---

① 卡罗尔,阿诺德.口头修辞、修辞及文学[M]//宁.当代西方修辞学:批评模式与方法.常昌富,顾宝桐,译.北京:中国社会科学出版社,1998.

1. 口语修辞的修辞主体，是我们每个“活生生的人”；

2. 口语修辞的修辞主体与接受客体是互动的；

3. 口语修辞是显性的有声有色的形义修辞；

4. 口语修辞是动态的话语情境中的修辞；

5. 口语修辞是混合的包含若干非语言手段的泛语言修辞。

蔡康永的“说话之道”，讲的就是“活生生的人与人之间”如何在不同的语境中“交锋”。作为一个主持人，他的成功有赖于其深谙口语修辞的“运用之道”。

在我们的即兴口语训练中，口语修辞将贯穿始终。

比如对事物的即兴复述与描绘、对语境的即兴适应、对语用方式的即兴选择、对择词用语的即兴修饰和分寸的把握……这些都是我们将要训练的内容。

在这一章，我们先从语音修辞的训练开始。语音承载内容，它是口语表达的最基本修辞手段。忽略了语音修辞，就无所谓口语修辞。

第一节　口齿清晰　嗓音悦耳

俗话说：“语清意自明。”即兴口语表达，口齿清晰是最基本的要求。

说话不拖泥带水、不含混不清，属于“零度修辞”，是口语修辞的起点。

一、掌握“吐字归音”基本常识

现在主持人和主播的话语普遍“提速”，这是社会发展生活节奏加快推动语用风格的“与时俱进”。在这样的情况下，更有必要强调口齿清晰，因为只有这样，才能做到语意表述的确切明达。

“吐字归音”是训练口齿清晰的手段，它的要领是：

1. 字头（指声母或声母加韵头）的发音是“出字”，又称“咬字”。要咬住字头，舌、齿、唇的发音动作、部位要准确。“出字”要有力度并富有弹性。当然，字头也不能咬得过重、过猛，否则会把字腹“吃”掉。

2. 字腹（指韵腹）发得好，字就“立”起来了，所以发字腹又叫“立字”。字腹的发音可以稍夸张些，将其时值适当拉长一点，字音在这一段时值中经过共鸣处理，声音就饱满响亮，出现“腔圆”的效果。

3. 字尾（指韵尾）的发音是“归字”，又叫“归音”。字尾归音要“归”到位，要干净利落。字尾收得好，“字正”才能有保证。

我们将字音（音节）分解，孤立地将之看成是一个结构整体，播音在这方面比较讲究。但是说话与播音不是一回事，播音基本是说“文字语”，在吐字归音上对每个字都是毫不含糊的，而即兴口语的语音修辞，体现在连续不断的语流中，吐字归音的独立性不那么明显,过分强调字正腔圆,会给人拿腔使调之感。

训练设计(8)

口齿清晰的训练

下面是一段对说“贯口”的相声。所谓“贯口”又称“快口”或“串口”,“贯”就是贯通、贯串之意。它既是一种表演,也是训练口齿清晰的好方法。

说“贯口”,是在不明显换气的情况下,用富有节奏感的较快的语速说下去,做到“快而不黏,快而不喘,吐字有力,字字清晰”。它主要训练吐字的清晰度、气息和声音的稳定性、口腔肌肉的灵活性和语言思维的反应速度。

咱俩比比“嘴功”

甲:今天咱俩比比“嘴功”,我有来言,你有去语。

乙:好哇,我要是说“大”,那你就得说“多”。

甲:我要是说“顺”,你就得说“和”。

乙:好,“大多顺和”四个字,你先说“大”,开始——

甲:(由慢到快)元旦喜气大,国家变化大,北京开人大规划真宏大,工程大气派大投入大效益大,上班干劲大下班乐趣大,学习劲头大唱歌嗓门儿大,生活改善大饭菜香味大,鱼大虾大蛋大鸡大碟子大碗也大,油水大胃口大,大张嘴嘴张大,少见女人大肚子却常见男人的肚子大——

乙:那是啤酒肚子啊,还是少喝点儿吧!你且听我说“多”——新年欢乐多,四方喜讯多,(渐快)城市发展多农村建设多,机械多水利多化肥多良种多绿化多粮食多,现在是:能人多强人多新星多新秀多,大经理多企业家多,博士多硕士多海归多教师多专家多,做学问的人多做生意的人更多,读书的多不读书的也多,考托福的多烤羊肉串儿的也多——

甲:(快接)吃羊肉串儿的更多!听我讲“顺”——同心同德者顺哉,顺者同心、同心者顺,腾飞的中华百业待顺,(加快)政治要理顺经济要理顺,观念要理顺文化要理顺,方方面面都要理顺:工业顺农业顺国防顺科技顺,交通顺道路顺建设顺改革顺,政府领导要顺群众工作要顺,对内政策要顺对外关系要顺,中国九百六十万平方公里风调雨顺,十四亿两千万人民心和气顺!

乙:安定团结者和也,和者团结、团结者和,单手为分联手为和,改革的中国首先得和,(渐快)党政要和干群要和,新老要和中青要和,军民要和官兵要和处理突发事件特别要和。中央和省市和地方和地区和,工农和城乡和学校和工厂和,家庭和邻里和兄弟和姐妹和,你和我和他也和。海峡两岸要和,中国共产党同各民主党派要和,汉满蒙回藏56个民族要和上加和,一言以蔽之:建设具有中国特色的社会主义祖国需要和必须和只能和不能不和——

甲：说得好！

甲、乙：（合，更快）我们的力量来自党和国和军和民和，唯有同心同德紧密团结广泛联合，才能和谐舒畅事业发达步调一致与时俱进国家兴旺政通人和！

（据中央电视台元旦晚会节目整理）

训练提示

1. 不要有“喝气”声，找准“气口”。“气口”是最佳换气处，即以不破坏句子结构为前提进行换气，就是补气和偷气。方法是：话出口前急速吸气，把握好吸气与话出口的“时间差”，这样气流才显得充沛有力。这些救“燃眉之急”的换气，不易被人觉察，又统称为“偷气”。不要边说边换气。

2. 换气时不要“端肩”。胸廓的第一对肋骨是呼吸动作的支点，吸气时如果有意无意地两肩耸起，第一对肋骨位置就会上移，胸腔内部会感到空虚，发声就虚软，而且身体姿态也不好看。

二、嗓音，是你的“第二张脸”

即兴说话面对较多的听众时，必须有一定的响度。主持人或主播作为大众媒介的传播者，更要注意声音的响度，要在正确用嗓的前提下使自己的嗓音比较悦耳，这也是一种语音修辞的手段。

嗓音很重要。西方广播电视界和文艺界把嗓音看作是人的“第二张脸”，有一定的道理。所谓“先声夺人”“未见其人，先闻其声”包含嗓音如何，直接关系到受众对传播者的最初印象。

但是有些人不会用嗓，影响了“第二张脸”的观感。比如有的人喜欢高声大嗓，脖筋暴起；有的敛气收声、嗲声嗲气“娘娘腔”；有的压喉卡嗓，鼻音浓重；甚至有人因不满意自己的声音，就对嗓音搞“技术处理”，使人听了很不舒服。

这些都是错误用嗓的现象。即兴说话应以自如发声为宜。

嗓音的高低强弱，也是口语修辞手段之一，它不仅体现某种情绪，也反映了人际关系的远近亲疏。说话大嗓门儿，似乎很有“气场”，实则给人“拒人于千里之外”的感觉。常言道“情浓何必求声高”，用带点儿感情的较低的声调说话，属于人际交往的“低声效应”，即“自己人效应”。这样说话，不仅能保护嗓子，也让人觉得亲切，同时也显示出表达者心态的沉着和稳定。

例话

说话的音量,是有温度的

粗声大气冷如严冬,寒彻人心;轻声细语暖如春阳,化解这世间的薄凉。

说话的音量里,是能看见一个人灵魂的,让人感知你是凶恶还是善良,是冷漠还是宽容。说话的音量,是有温度的。

梁实秋说,一个人大声说话,是本能;小声说话,是文明。

控制自己的音量,是对他人的尊重,也是一个人的自我修行。

说话的音量,藏着一个人内在的素质和修养。

依然记得看过一个视频,北京下着暴雨,外卖小哥送餐迟到,低声下气给客户道歉,却被客户高声辱骂了三四分钟;骂完,气呼呼地把外卖扔在地上,外卖小哥落魄离去,让人看着十分心酸。

蔡康永说:“讲话时最好自觉地降低音量,不光是因为太大声会吵到别人,而是因为如果一个人连自己的音量都控制不好,会让别人很难信任你其他各方面的能力。”俗话说“自古贵人语声低”,真正有底气的人,从不与人在音量上较高低,而是以理服人,以真才实力服人。

傅莹,中国的“铁娘子”外交官,无论面对多么尖酸刻薄、挑衅十足的提问,都能面带微笑地巧妙化解。她虽轻言慢语,却柔中带刚,显得底气十足,没有一个人敢小觑这个优雅的“铁娘子”。

有道是“实墨无声空墨响,满瓶不动半瓶摇”,说话气势汹汹,咄咄逼人的,往往是外强中干的纸老虎,只能用音量掩盖自己的心虚。

你说话的音量,就是你内心的样子。

(宋云《茶的故事》)

嗓音悦耳动听,要注意把握用嗓的分寸,一般情况下,主要是:

1. 不宜过高——声音过高,字音反而不易清晰;似乎传得很远,却不在听众的耳边,而且容易让听的人产生听觉疲劳。

2. 不宜过低——让人听清楚你说了什么,就要字字有声。现在比较常见的是,有的人说一句话到了后半截就下意识地虚化、弱化,甚至字音消失。所以,说话时要注意自我监听,声音放低时要低得合理、合度,做到低而不虚、沉而不浊。

3. 不宜过平——“文似看山不喜平”,说话的响度也是这样。声音响度的变化,是一种积极修辞的手段,有助于表情达意,显示内容和情感表达的层次感;同时,响度的变化也可以是主持人调控现场的一种手段。

4. 不宜过亮——过亮的声音适宜唱歌却不适宜说话,用“歌嗓”说话会显得单薄而尖利,声音淹没了语意,情味被冲淡。如果天生有一副亮嗓门,就要注意在一定幅度内随表达适度进行调整,比如说话时松弛喉部,稍微降低音调,使音色变暗一些。说话重在人与人之间的直接交流,响度是随情境变化而变化的。

说话还可以掌握一点共鸣技巧。虽然,平时说话有时也会有共鸣现象,但那属于下意识共鸣。运用有意识的共鸣,声音才会有适宜的响度和亮度,并且这样说话也有益于嗓音的调节,即使用嗓时间较长,也不会觉得吃力。

当然,说话的共鸣与歌唱、播音、朗诵的共鸣不同。说话主要是口腔共鸣,指的是软腭以下、胸腔以上的可共鸣体,属中频泛音区共鸣。

第一,口腔张开一些。口腔的开合直接关系着声音的质量。口腔张不开,发声部位挤在口腔的前部或前鼻音区,共鸣区就会相对缩小,声音就会阻滞、尖细而单薄,并且气息会大量涌入鼻腔,形成瓮声瓮气的鼻音。

第二,喉部松弛一些。这里的"松"是指适度放松。有些人喜欢昂着头或低着头说话,这就影响了咽腔发声的共鸣。头昂着,喉部过于松弛,声音就偏窄;头低着,喉管僵直,弹性变小,气息流动不顺畅,就只能听到挤出的喉音了。

第三,鼻腔通畅一些。有的人说话时鼻音很重,瓮声瓮气,这是习惯性地提升软腭阻挡了喉腔与鼻腔的通道造成的。纠正的方法,除了说话时将口腔张开一些外,要特别留意含有 m、n、ng 这几个音的字,发声时软腭下垂,舌根放松,让气流从鼻腔内出来,而不是阻塞鼻腔,让气流从口腔内流出。

例话

如何正确地用嗓和护嗓

我们要像小提琴手熟悉自己的琴弦那样熟悉自己的嗓子,保持嗓音的朝气、活力和感染力。要做到这一点,就要注意正确地用嗓和护嗓。

有的人话说多了嗓子很快就沙哑,这是没有掌握嗓音控制,没有掌握用声技巧,缺乏保护嗓子的基本常识造成的。保护嗓子并不是少说话,关键是正确用嗓。在正确呼吸和运用本色音发声的同时,要注意以下几点:

1. 控制情绪的波动。心理调节是护嗓的关键。最佳发声状态的前提是要有最佳的心理状态。侃侃而谈、娓娓道来,嗓子就不太容易疲劳。现在有的主持人或网络主播说话时会习惯性地亢奋和激动,声震屋瓦,其实那不是在说话,是在"喊话",这样高声大嗓形成习惯,哑嗓现象就会经常出现。

2. 注意说话的节奏。"有理不在声高",说话高声大气,太快太急,像发"连珠炮"一样,说话者的嗓子不仅容易沙哑,别人理解也跟不上,就让人不知所云了。说的过程中,安排一些间歇性停顿或适当辅以态势,可以延缓嗓子的疲劳。

3. 养成良好的生活习惯。以说话为主要工作手段的人,尤其应注意劳逸结合,保证充足的休息。如果工作量过大、睡眠不足,声带就很容易充血、疲劳。同时要节制烟酒,节制咸辣和过冷过烫食物的摄入。

4.用嗓护嗓不可偏废。如果某个时段需要长时间讲话,可以预先用淡盐水漱漱口,以保持咽喉的清洁和湿润;如果咽喉出现肿痛、声带充血、声音沙哑或发声困难,就要强迫自己在两三天内尽量少讲话。最好是暂时"三缄其口",医学上叫"噤声"。这样过一段时间,嗓音就会自然恢复。

(应天常《教师口语》)

第二节 把握重音 目的明晰

不会说话的人往往喜欢把每个字都说得一样重,像打字机一样;会说话的人则不是这样,他们只强调一两个字词,就能让别人明白说话的意思和重点。强调的方法一般是适当加强音量和气势,使特定的字音饱满有力一些。

例话

他为什么"答非所问"

赵大妈家的电视机出毛病了。她想起邻居高云是个电工,就去敲他的门——

"高云呀,你会不会修电视机?"

"我不会修电视机。"(重音在"修"字)

"不会修,敢情是装配过电视机的……"

"我不会装配电视机!"(重音在"电视机")

"我家电脑也坏了,能不能帮我……"

"我不会修电脑!"(重音在"我"字)

"你们玩电的小哥儿多,你帮我找一个……"

高云把门打开,急得直抓头,说:"大妈,你怎么听不懂我的话呢?"

赵大妈说:"我就纳闷儿了,你怎么老是把话说岔了呢?"

(应天常《口语修辞初探》)

一句简单的问话,高云却回答得令人啼笑皆非,原因就在于没有把握准说话时应该强调的重音。如果他强调的是"我""不会",就可以明确回答赵大妈提出的"你会不会"修电视机的问题了。

一、口语重音是目的意识的外化形式

口语中的重音是在表达意识支配下产生的。表达意识的核心是表达目的,因此可

以说，口语中的重音都是“目的重音”。主要是：

1.调控性重音。包括词重音和句重音。词重音指词语表达的轻重格式；句重音是一句话中必须突出的词或词组。词重音和句重音在主持人的口语中是“活”的，不是固定不变的，要结合具体的节目语境，根据受众的理解程度进行及时调节。它既是语意表达的需要，也是现场语境调控的手段。

2.强调性重音。指在一个表述单位中为突出信息点而设置的强调性重音，它在动态语境中为传递信息服务。强调性重音侧重于句段表达目的的强调，遵循形式逻辑的同一性原则，在每段话或每个话轮的表达中，重音的落点都应当准确地体现目标的定向和词句前后的语意呼应上。

3.情绪性重音。在口语表达的现实语境中，表达者的思想感情是处于不同程度的波动状态的，随着表达内容和现场情绪的回馈，有时需要强化语势（如极而言之），有时需要弱化语音（如表示探究、商询）。这样的处理，与语言材料本身所包含的感情信息既有联系又有区别，所以，情绪性重音是既为体现言语自身的感情色彩，也为表达者在表达时强化语用效果而设置的重音。

二、口语重音受语境支配的特例

1.区分性重音。凡区分程度轻重，突出性质、动作、范围、感情或提示需注意的词或短语，应予重读。

具体地说：(1)首次提到的人或事物；(2)极而言之的副词；(3)突出一种感情或意境的主要词或短语；(4)重提以引起重视的词或短语；(5)强调某种判断；(6)判明具有某种性质；(7)强调一种动作或行为；等等。

2.呼应性重音。重复显示语脉线索的词或短语，如问答性呼应、领属性呼应、过程性呼应、归纳性呼应等。

3.修辞格重音。比如在运用修辞格的句子中，重说喻体词、拟体词、摹状词，对应的对偶、对比、排比词或短语，以及表示反语、夸张的词或短语，以显示言语的修辞效果。

4.关联性重音。复句中的关联词，即可以显示并列、因果、假设、承接、递进、条件、转折关系的连词均应重说。

训练设计(9)

(一)嗓音调节：请用带感情的较低声调朗读短文《〈孤山夜话〉的一声拜托》

《孤山夜话》的一声拜托

多年前的一个午夜，一个女孩打电话告诉正在直播的杭州电台“西湖之声”《孤山夜话》节目主持人，说她在孤山脚下发现一个弃婴。

主持人力波在节目播出过程中立即插播此事,顺便说了一声:

“拜托顺路的司机去看一下……”

这一声嘱托传出,立即就有上百辆车赶往孤山,从湖滨路到北山路很快出现一条车灯的长龙。其中一辆车从临平赶来,他希望能送一些钱给孩子;一个个体经营者带着营业执照赶来,说这能证明自己的身份,好领这孩子回去抚养;一位退休工人怀揣着奶瓶赶来,说是怕孩子饿坏了;解放军战士赶来了,说他们的车可以开进某些限制性地段,寻找孩子的下落……人们纷纷从四面八方汇集到孤山脚下,为了一个素不相识的孩子,也为了《孤山夜话》的一声拜托。

(二)口语重音分析训练

1. 在一个词中,要注意“轻重格式”。“轻重格式”具有区分词性或词义的作用,不可大意。试用两种方式读下面的词,看看有什么不同。

兄弟/兄弟　　东西/东西　　老子/老子　　理论/理论

对头/对头　　孙子/孙子　　利害/利害　　大爷/大爷

大方/大方　　地道/地道　　过去/过去　　买卖/买卖

2. 请确定下面语句的重音,并指出属于什么特例。

(1)他一点儿也不怕。

(2)我喜欢看雪花纷纷扬扬地飘洒在地上。

(3)我是中国人,我有一颗中国心!

(4)他不是一个目空一切的人。

(5)这种行为是一种欺骗行为!

(6)你就这么想撒手不管了?

答题参考5

(三)朗诵下面的文章,注意设定重音

难忘的八个字

〔加拿大〕玛丽·安·德伯

随着年龄的增长,我发觉我越来越与众不同。我气恼,我愤恨——怎么一生下来就是裂唇!我一跨进校门,同学们就开始嘲笑我。我心里很清楚,对别人来说我的模样令人厌恶:一个小女孩,长着一副畸形难看的嘴唇,还有弯曲的鼻子、几颗龅牙,说起话来还有些结巴。

同学们过来问我:“你的嘴巴怎么会变成这样?”我撒谎说小时候摔了一跤,给地上的碎玻璃割破了嘴巴。我觉得这样说,比告诉他们我生出来就是兔唇要好受些。我越来越敢肯定,除了家里人,没有人会爱我,也没人会喜欢我。

二年级的时候,我进了老师伦纳德夫人的班级。伦纳德夫人很胖,但很美,很温馨。她有着金光闪闪的头发和一双黑黑的、笑眯眯的眼睛。每个孩子都喜欢她,敬慕她，但是没有一个人比我更爱她。

因为这里面，有个不一般的缘故——

我们低年级同学每年都有“耳语测验”。测验的时候，孩子们依次走到教室的门边，用右手捂着右边的耳朵，然后老师在讲台上轻轻地说一句话，再由那个孩子把话复述出来。可是，我的左耳先天失聪，几乎听不见任何声音。

我不愿意把这件事说出来，因为那样做别人更会嘲笑我了。

不过，我有办法对付这个“耳语测验”。早年我在幼儿园做游戏的时候，我就发现没人看你是不是真的捂住了耳朵，他们只注意你重复的话对不对。所以每次我都假装用手盖紧耳朵。这次，和往常一样，我又是最后一个。每个孩子都兴高采烈，因为他们的“耳语测验”都做得挺好。我心里在想，老师会说什么呢？以前老师总是说“天是蓝色的”，或者说“你有没有一双新球鞋？”

终于轮到我了，我左耳对着伦纳德老师，同时用右手紧紧捂住右耳，然后，稍稍地把右手抬起一点点，这样就足以听清老师的话了。

我等待着……然后，伦纳德老师说了八个字。

这八个字仿佛是一束温暖的阳光直射我的心里，这八个字抚慰了我受伤的、幼小的心灵，这八个字改变了我对人生的看法，也改变了我的人生。

这位很胖、很美，温馨可爱的伦纳德老师轻轻说道：

“我希望你是我女儿！”

（据《中国教育报》）

训练提示

1. 一般情况下，重音不可以确定过多，因为多重音等于无重音，要注意认真筛选。说话时尤其要注意排除“习惯重音”的干扰。

所谓“习惯重音”是指无意识加重的字词。有的人说话，一开口就喜欢将开头的一个词或几个字讲得很重，比如“在迎接国庆的日日夜夜里”，喜欢把“在”说得很重，这就属于随意性“习惯重音”，应该避免。

2. 有的句子可以字字重说，并辅以语音停顿，这是一种强调，也是感情重音的特殊表达方式，会有撼动人心的力度。

3. 在一句话中，重音并不就是一味地讲得很重，它有极重、较重、稍重之分；同时重音与轻音是并列存在的，有的字词必须轻读方可显出强调之意。就技巧而言，有的是轻中显重，有的是低中见高，有的是实中转虚，有的重音却要轻说。有了对比度的调节，才突出了重音，也能显示出丰富的语意语情。

第三节 讲究停顿 控制节奏

停顿是因思想内容的表达和生理、心理的需要,在语流的链条上有意识设置的间隙休止,可以说是口语的"标点符号"。从应用语言学的角度说,它是语言的一种特殊形式——"零语音"形式,是话语表述不可分割的组成部分。

美国作家马克·吐温说过:"恰如其分的停顿能产生非凡的效果,这是语言本身难以达到的。"好的停顿确有很强的表情达意的功能,是"无言之言",常能收到"此时无声胜有声"的表达效果。

可以这样说:不会停顿就是不会说话。

一、口语表达中停顿的特点与形式

口语表达中的停顿,有积极停顿与消极停顿、主动停顿与被动停顿之分。

积极停顿是口语表达中具有修辞功能的停顿,我们在后面要进行训练。如果主持人说话思路混乱、面对现场茫然失措而形成语流停顿(其实是"停断"),属于消极停顿,这样的停顿不具备任何修辞功能。

口语有自己的"语法体系",突出的一点是口语表达中的停顿与书面语朗读中的停顿并不完全一致,它以语境和表达目的为依据,在不同的语言环境中会有不同形式的停顿。口语中的停顿比较复杂,大致可分为领属性停顿、呼应性停顿、并列性停顿、强调性停顿、区分性停顿、转换性停顿、回馈性停顿、省略性停顿、生理性停顿和调控性停顿等。

二、口语中停顿与表达节奏的关系

一个善于说话的人,是很注意说话节奏的。

说话的节奏由语速和语势构成,包含缓急、张弛、停连、起伏这些要素。必要时,高屋建瓴,有百川归海的气势;也可以先抑后扬或先扬后抑;有时娓娓道来,显得心平气和。俗话说"文似看山不喜平",说话也是这样。节奏过于松散缓慢,听者的注意力就容易涣散;如果始终连珠炮一般咄咄逼人,又会使人的听觉由亢奋转向抑制,甚至会形成心理的逆反。

说话的节奏一般是:浅显快于艰深,描述快于阐述,议论快于抒情,激烈快于轻松,欢愉快于忧伤……这些都是由表达的内容、语境和言语交际的目的决定的。

说话控制节奏,还可以调节信息量输出的多寡,营造良好的气氛,或作为现场调控的手段。说话中经常会用到"挫"的表达方式,所谓"挫"是似停非停、似连非连、声停气不停的一种连接方式。

目前一些主持人和网络主播有一种观念，认为必须让话语填塞所有的播出空间，才算得上是“善于言辞”。他们自我陶醉于表达的快感之中，语速是普遍过快的“话赶话”，滔滔不绝，听起来模糊一片，给人的感觉是主持人“原生态”的“思维流”在放纵流泻，思维在转化为语言时未经过任何过滤与加工。他们应该懂得，说话不讲究节奏和停顿，其实是“不会说话”。漫无边际地说，也是无视受众、不尊重受众的表现。

三、对话中的“热接”和“冷接”

即兴口语的节奏较多是对话的节奏，是接引和应对的技巧。现在有些主持人节目，对话的节奏过于紧凑，来言去语密不透风，有时明明是在探究一个问题，却搞得热流奔涌，这是主持人不会掌控对话节奏的表现。

对话中的停顿和节奏，可以用戏剧对白中的“热接”和“冷接”来说明。

“热接”就是你有来言，我有去语，接语比较快；“冷接”是运用“语气过渡”的间隔，在短暂交流后才接语说话。主持人与搭档之间的对话、与嘉宾或受众的对话，如果交替运用“热接”和“冷接”，不仅可以避免人们忌讳的“抢话头”现象，还可以调节节目的节奏，酿造氛围。主持人在必要而又有把握时，可以用你来我往的“热接”环环相扣地推动节目的气氛；有时用“冷接”，即别人说话时，主持人接语“慢半拍”，先有礼貌地静听，在把握语脉走向的前提下再开口，或者是用接对前的短暂休止找准“茬口儿”才说话。

四、注意口语中的“止语”现象

口语中的“停顿”有一个值得注意的“止语”现象。“止语”属于“默默而语”，即虽然不说话其实是在“说”。古人云“意尽而言止者，天下之至言也”，这个说法赋予“止语”设置回馈空间的修辞性解释。

“止语”还包括伴随性非语言形式（如手势、表情等），它的表意功能可以随时使语流出现中断，如果这个中断在语流中是有意识的设置，就会产生“言犹未尽”“意在言外”“语不及意及”，甚至产生“此时无声胜有声”的修辞效果。

训练设计（10）

（一）停顿和节奏训练

1. 朗诵下面的散文，注意节奏，注意各种形式的停顿。

父老乡亲

碑林路人

有一幅画，曾经深深地打动过我的心，那是一幅很普通的画，没有背景，只是一个憨厚的老农，用一双黑黑的手捧着一个粗糙的陶瓷大碗。老农那沧桑的脸上布满皱纹,那对看似混浊的目光里透着刚毅与坚强,那沉静而古朴的面庞泛着古铜色的光泽。整个画面没有任何点缀,但它却深深地打动了我,老农那倔强的面庞好像流淌着我祖先的血液,那无言的目光仿佛是一段被凝固了的历史。

每每看到这幅画,我便会有一种心灵的震撼,我便会想起我那祖祖辈辈生活在黄土高原的父老乡亲。每当想起故乡,我就会想起我那朴实而善良的父老乡亲。他们用汗水浇灌着庄稼,用小米饭和南瓜汤养育了中国革命,也养育了我们这一代人。他们用平凡的故事教会了我做人的道理,他们用自己对黄土地的厚爱留给了我树高千尺也忘不了根的思乡情结。父老乡亲留给我的不仅仅是一种亲切的回忆,更是一种深入骨髓的与血脉相连的亲情。

我爱这片土地,我更爱我那憨厚而质朴的父老乡亲。

2. 说说下面句子中的停顿分别属于哪一类停顿,将答案填在括号内。

答题参考 6

(1)现在播送∧中央气象台今天早晨6点钟发布的天气预报。(　　)

(2)过去∧我们没被困难吓倒,现在∧我们也不会在困难面前畏缩!(　　)

(3)自古以来被称作天堑的长江∧被我们征服了!(　　)

(4)心灵中的黑暗∧必须用知识来驱除。(　　)

(5)他∧当过营业员,在报社干过几天记者,还做过几天电工。(　　)

(6)中国队打败了美国队∧获得了冠军。(　　)

(7)满以为可以看到辉煌的日出∧却只看到团团浓雾。(　　)

(8)他说:“我∧我∧我根本就没有进这间办公室。”(　　)

(二)案例分析

下列各句因停顿不当而产生了误解。请读几遍揣摩一下如何停顿才恰当:

(1)南郑县大胆∧更新用人制度。

(2)加了工资的和尚∧未加工资的干部……

(3)自信人∧生二百年,会当水击三千里。

(4)现在医学进步了,老年∧性白内障可以不用开刀。

(5)美国职业篮球队在西安省∧体育馆进行了精彩的表演。

第四节　声气传情　活化语调

“声气传情”主要指说话的语气,不同的发声方式和气息状态可以形成不同的语气,表达不同的思想感情。

一、声音和气息传达丰富感情

复杂多变的语调是一种表意功能很强的语音修辞手段。我们在说话的时候应自觉运用这个手段。英国戏剧家萧伯纳指出："书写的艺术，哪怕文法修辞非常好，在表达语调时却无能为力。比如'是'可以有50种说法，'是不是'也许有500种说法，可是写法却只有一种。"

——这是"语音修辞"的魅力，是语气、语调的魅力。

例话

催人泪下的菜单

多年前，波兰一位女演员来到英国。几位朋友请他们夫妇吃饭，饭前大家要求女演员表演节目。正在看菜单的女演员说，没带剧本，不过她可以用波兰语朗诵一段台词。她拿着菜单，声情并茂地朗诵起来，虽然大家都不懂波兰语，但却被她的朗诵感动得流下了泪水。

女演员的丈夫先是无动于衷，后来忍不住放声大笑起来。

大家十分诧异。他笑着告诉大家："她刚才朗诵的是她手上的菜单啊！"

原来女演员完全靠声音和气息传达的某种感情，感动了大家。

还有一个类似的故事：意大利有位演员在一次演出时要求表演朗诵自然数1～100的"节目"。"数数字"有什么好听的？大家不感兴趣，有人竟喝倒彩。

但是，当那位演员站在台上将单调的数字说得有声有色、充满情感时，全场观众都被征服了。人们听到的已不再是枯燥乏味的数字，人们根据自己的理解似乎听到这个人在诉说着自己的痛苦和忏悔。有的观众竟涌出了热泪。

（据《读者文摘》）

二、语调负载丰富多彩的信息

语调的构成要素是比较复杂的，包括节奏的快慢起伏、音调的抑扬顿挫、语速的停顿延连、音量的轻重强弱、音色的明暗变化等，可通过不同的方式组合而成。语调的调式很复杂，许多教材大体将语调分为整句语调和句末语调两大类。整句语调是一句话中的语调变化；句末语调又分为平直调、上扬调、降抑调和弯曲调四个调型。这是不恰当的。语调是微观、含蓄的，负载着丰富多彩的"生命的信息"，不应该用固定的"调式"限制它的丰富性。

张颂教授指出："语调不是字调，更不是一个框框，语调同语句的词语序列，特别是同具体思想感情密切相关，不应该有什么现成的、一成不变的公式。语调的丰富多彩，决定了它的声音形式——语气的千变万化。如果硬要把丰富多彩的语气纳入某种简单、刻板的语调公式之中,那就无异于削足适履。”

张颂教授在《朗读学》中对语气表达有着很精辟的阐述。他认为,语气是语言内在的思想感情积极运动的显露,这种显露都会表现在声音与气息的细微变化上。例如:

“爱”的语气,一般是“气徐声柔”,给人温和感;说的时候,口腔宽松,气息深长。“恨”的语气,一般是“气足声硬”,语气色彩给人挤压感;说的时候,口腔紧窄,气息稍有堵塞,有时气息先于用声。

“悲”的语气,一般是“气沉声缓”,语气色彩给人迟滞感;说的时候,口腔如有负重,气息有如衰竭。“喜”的语气,一般是“气满声亮”,语气色彩有跳跃感;说的时候,口腔似千里轻舟,气息似不绝清流。

“惧”的语气,一般是“气提声凝”,语气色彩造成紧缩感;说的时候,口腔好像冰封,气息似在倒流。“欲”的语气,一般是“气多声放”;说的时候,语气色彩造成伸张感,口腔积极放开,气息力求畅达。

“急”的语气,一般是“气短声促”,语气色彩造成紧迫感;说的时候,口腔似弓弦,飞箭流星,气息如穿梭,经纬速成。“冷”的语气,一般是“气少声平”,语气色彩造成冷寂感;说的时候,口腔松懒,气息微弱。

“怒”的语气,一般是“气粗声重”,语气色彩造成震动感;说的时候,口腔如鼓,气息如椽。“疑”的语气,一般是“气细声黏”,语气色彩造成踌躇感;说的时候,口腔欲松还紧,气息欲连还断。

三、避免固定化、模式化的语调

说话的语调是一种“活化”的东西,是在不同的表达意识驱动下流露出来的,是表达者“情控”与“意控”互补互动的动态统一体。对语调固定化、模式化的理解是错误的,这是所谓“港台腔”“娘娘腔”的要害之处。

由于过去某些教材不完善的阐述,也由于有些低质量的节目主持和港台电视片语言模式的影响,致使有些主持人和网络主播在表达时语调有固定化、模式化倾向,“职业化”的“主持腔调”被操练得千人一“腔”,那种腔调苍白得近乎油滑,令人生厌。他们普遍地有一种“高调意识”,只要处于话筒前,马上就会打着“高腔”,拿腔使调,矫揉造作,给人言不由衷之感。

训练设计(11)

(一)语调修辞体验训练

1. 请根据提示,用恰当的语调说下面两句话:

第一句话:“你到这里来过?”

(1)表示高兴(这太好了!)

(2)表示惊讶(真没想到。)

(3)表示怀疑(这可能吗?)

(4)表示责怪(你不应该来这里呀!)

(5)表示愤怒(真太不像话了!)

(6)表示惋惜(唉! 无可挽回的过失。)

(7)表示轻蔑(这地方你也来,太差劲了!)

第二句话:"你这个人!"

(1)表示奇怪(你怎么忽然变卦了?)

(2)表示气愤(你竟然干这种事!)

(3)表示埋怨(你怎么姗姗来迟!)

(4)表示惋惜(多下点功夫就好了!)

(5)表示感激(你为我们想得真周到!)

(6)表示嗔怪(你这人真会缠人啊!)

(二)语调修辞运用训练

1.下面是某厂长竞选演讲中的质疑语段,颇有咄咄逼人的气势,但又包含着不言自明的潜台词:办厂不能光靠资历,靠的是真干、实干。

"我来竞选厂长。是的,我现在一没有光荣的党票,二没有金灿灿的大学文凭,三没有丰富的阅历——我只是一个初涉人世的25岁的小伙子。你们有百分之百的理由,怀疑我能否担当起吉安市水表厂厂长的重任……但是,工友们,请你们相信我的能力,也请细细想一想,我们吉安水表厂长期处于瘫痪状态,难道是因为我们历届厂长没有党票、没有阅历、没有文凭吗?"

2.《囚歌》是叶挺写下的一首悲壮、激昂的诗,请用恰当的语调朗诵:

囚　歌

叶　挺

为人进出的门紧锁着,
为狗爬出的洞敞开着,
一个声音高叫着——
爬出来吧,给你自由!

我渴望自由,
但我深深地知道——
人的躯体怎能从狗洞子里爬出!

我希望有一天,

地下的烈火,
将我连这活棺材一齐烧掉,
我应该在烈火与热血中得到永生!

训练提示

叶挺将军身陷囹圄,不为利诱所动,豪情壮志,气贯长虹。《囚歌》的基调低沉、凝重,语速较慢,表现出坚贞不屈的革命精神。“紧锁着”与“敞开着”、“人的身躯”与“狗洞”这些鲜明对比,构成恢宏高远的意境,朗诵语调要张扬爱憎分明的感情,以此提挈全诗,一气呵成,才能体现意境的完整性。

抒发意境,要避免“图解式”,比如诗中“爬出来吧,给你自由”是诗人传达自己的所思所想,并不能确定某个劝降的说客出此狂言,因此,只要用否定的、憎恶的语调,就足以表达诗人的崇高境界和坦然赤诚的感情了。

第五节　感同身受　适度移情

受美学、心理学的启发,日本语言学家首次将“移情”概念用于应用语言学。后来人们将其作为一种修辞手段,在公关交际语言中广泛运用。

主持人和主播的语用“移情”不仅是修辞手法,更是一种“同构策略”,即在节目情境中,设身处地地感受对方的处境,表现为在人的精神、情绪上对他人的感同身受的关心和适度的同情与理解。

“移情”在节目主持中的修辞策略主要是:

1. 移情体察。主持人在语出于口时,充分理解、考虑对方的接受心态,言语思维和表达态度都为对方着想,每句话都合情合理,入耳入心。

2. 移情同化。主持人把自己看成是和对方完全平等的人,并在口语表达中将之体现出来。在用“我”的时候,多用“我们”,把自己放到对方的位置上;在文化习惯上尊重对方;将自己的处境、经历、感受等向对方靠拢。

3. 移情谦恭。主持人在节目中应始终树立“对方中心”的语用意识,尽量多赞美对方、关心对方,即坚持“让对方多受益”的语用原则,减少或消弭与对方的分歧,尽量克服话语优越感和自我表现意识。

4. 移情语构。尽量使用对方习惯的话语方式,避免使用带有负面刺激性的语汇;尽量多用褒义词,少用贬义词;尽量多用表达希望、祝愿的词语;尽量用设问句、商询句,少用反诘句;尽量少用否定句,多用祈使句等。

训练设计(12)

《亲爱的宝贝,妈妈永远爱你》,说的是一位母亲用自己的血肉之躯保护襁褓中的婴儿，用脊梁抵挡万钧瓦石，用微薄的母爱的力量与巨大灾难作最后抗争的事迹。全诗是这位母亲濒临绝境的内心独白，是感天动地的绝唱。

亲爱的宝贝，妈妈永远爱你

——献给汶川大地震中的伟大母亲

孩子，你安静地睡吧
这世界发生了什么
妈妈不能告诉你
你来到人世才三个月啊
孩子，妈妈不允许
你受到惊吓和伤害

孩子，妈妈的背上
有一座咆哮之后的大山
妈妈替你挡住它
绝不能让它压在你幼小的身体上
孩子啊，妈妈的力气很小
只能用跪地朝拜的姿势
用这唯一不变的姿势
渡你到生命的彼岸

孩子，妈妈只能用一只手
抚摸你娇嫩的脸蛋
知道自己将不久于人世
孩子，妈妈只能用这只爱抚过你
　成百上千遍的手
为你在手机里留下几行字
"亲爱的宝贝，如果你还能活下来，你一定
　要记住妈妈永远爱你"

孩子，妈妈的呼吸越来越微弱
妈妈累了，妈妈睡了
孩子，当你醒来的时候
妈妈唯愿你已经到了一个鲜花盛开的
　地方

当若干年后，有人给你讲述妈妈的故事
当你看到妈妈为你留下的遗言
孩子，当你呼唤妈妈
妈妈一定会从天堂的九十九级台阶上
直起美丽的腰身

孩子，我们的目光会再次相遇
我们的心跳会再度重叠
孩子，妈妈在天堂向你招手
你长大了，妈妈放心了
妈妈不再下跪，不再朝拜
妈妈在微笑，在天堂的歌声中飞翔。

(https//www. xzbu. com/9/view-9942171. htm)

训练提示

这首诗见于网络，一位无名作者获知汶川地震中一位母亲用身体保护婴儿而死去，便有感而发。朗诵时注意"移情"修辞，注意语气、语调的运用。诗的基调是慈母之爱，朗诵的语气"气徐声柔"，以抒发充满温暖感的母爱和她的眷恋不舍；但也交织着气沉声缓的"悲"、气短声促的"急"、气提声凝的"惧"……注意外在险恶的环境因素，危急之时，有更多的顿、挫。

第六节 语音修辞 朗诵艺术

朗诵,是主持人的一项基本功,也是语音修辞训练的手段。张颂教授为本书撰写的“序言”中指出:“在培养即兴口语能力时,不能轻视朗读在播音主持创作中‘潜移默化’‘视域融合’的巨大功能。”我们应记取他的教诲。

朗诵,作为一种传播形式,可以追溯到远古尚未有文字记载的时代。

《诗经》有云:“家父作诵,穆如清风。”这里以“诵”代“诗”是说诗是要诵的。因此,“诗三百篇,遭秦火而全者,以其讽诵,不独在竹帛故也。”(《汉志·艺文志》)可见,两千多年前《诗经》流传至今,靠的是口头传诵,口耳相传。

文艺作品朗诵,有如下特点:

第一,朗诵是再造艺术。

朗诵者从接受作品的刺激,激发创作的欲望,到转化为富有情感负载的言语,融入了自己的深刻理解和再造想象,运用语音修辞手段表达出来,这时,人们听到的会比阅读原作感受得更深刻、更丰富。

第二,朗诵是传情艺术。

法国著名雕塑家罗丹说:“艺术就是感情。”朗诵艺术是把复杂的,甚至是微妙的感情传达给受众的一门艺术。它不是自我陶醉式的“感情陷入”,也不是令人困惑不解的、夸张无度的自我宣泄。朗诵者成功的传情艺术是对受众的感情征服,能使之感奋,唤起强烈的共鸣。

第三,朗诵是语言艺术。

文艺作品传情达意、感染受众,靠的是高妙的语音修辞技巧赋予语言艺术的魅力。这样的语言声情并茂、形神兼备,它的感染力,不亚于一首动听的交响乐。

文艺作品朗诵,是一种创作活动,其基本规律是:

一、“内明于心”方可“外达于人”

朗诵文艺作品的第一步,就是下功夫研究作品,包括作者创作的背景和创作的意图,研究作品的结构,研究作品的表现手法。深入研究一首诗、一篇散文,才能发现人们称之为“诗眼”“文眼”的所在。

朗诵者不是“读稿机”,不是“留声机”和“传声筒”,而且,作者写作的旨意不完全等同于朗诵这个作品的目的。朗诵者应当在正确传达作品主旨的前提下,表达自己此时此地朗诵这个作品的特定意图。

二、“自己不动情,别人不动心”

有些朗诵者,急于求成,拿到作品,张口就来,凭借一点技巧,便拿腔使调地造情、煽情以图打动人心，这是徒劳的语言表演。

须知，“若要人动心，必先己动情”。听众是敏锐的，朗诵者对作品理解、感受的深度，别人一听就能听得出来。脱离作品的语气语调，“故作多情”的长吁短叹，只会使人无动于衷，甚至让人厌恶。

朗诵一个作品，要先做案头工作，研究作品，让作品感动自己，打动自己，自己完全沉浸到作品里面去，使自己和作者的心息息相通，在这个体验的过程中，细心揣摩、反复体味渗透于字里行间的浓郁的感情。在此基础上，让体验从模糊到清晰、深入，这样的朗诵才会情真意浓，感人心扉。

三、“心中有形”方能“语中有情”

所谓“心中有形”是指朗诵作品时进入意境，有“内心视像”。“内心视像”是朗诵者创造性的想象，属于内在视觉的心理映象。“内心视像”包括联想、幻想、回忆，通过我们的生活积累产生想象，这样的感受能产生一定的情绪体验，朗诵就会沿着作品的思路和情感自然真实地进入最佳状态。

“内心视像”是随着作品内容赋予的特定情景展开的。例如：出现“大海”这个词的时候，我们的想象就应该出现一望无际、水面上荡漾着朵朵银色浪花的大海；出现“春天来了……”这一词组或诗句时，应该想到大地覆盖着鲜花的地毯，一切都复苏了，一片郁郁葱葱，“看到”人们在草地上嬉戏，享受着春天的时光……

这些心理映象就是“心中有形”，朗诵就有可能进入规定的意境。在我们的内心引起了相应的感觉和体验后，通过我们的言语和表情传达出来时，感情就会投射于我们的语言，就会“语中有情”，这样的朗诵才会引起听众的认同和共鸣。

四、把握基调，控制节奏

朗诵一个作品，首先要把握作品的基调。基调是作品总体的感情色彩，是声和情的和谐统一，给人以传情达意的整体感。

有人将朗诵基调划分为欢快基调、庄严基调、赞颂基调、祈愿基调、哀怨基调、嘲讽基调、激励基调、贬斥基调……这样划分有一定的道理，但容易被当作“标签”做简单化的修辞处理。基调在整体中应该有深浅强弱之分，它不是平面的，而是立体的、多维度的，处于流动的状态。

基调的表达与语调有密切的关系。如果说基调是整体的，那么语调就是微观、含蓄的。正是语调修辞富有变化的运用体现了作品基调的层次感。

文艺作品朗诵的语调修辞是一种“活化”的东西，所谓“感有万端之异，言有万态之殊”。语调要随情而变，是在不同的情意表达意识的驱动下流露出来的，是表达者“情控”与“意控”互补互动的动态统一体。

再说节奏。节奏和语速、语势紧密相连,文艺作品的节奏都是在语速、语势的对比度中体现出来的。可以说,无对比度的模糊语流就无节奏可言,正所谓无高不显低、无张不显弛、无起不显伏、无连不显顿、无急不显缓、无刚不显柔……我们要控制作品的整体节奏,在整体的细节中显示一定的对比度。

朗诵一篇文艺作品,一般是浅显快于艰深,描述快于阐述,议论快于抒情,激烈快于轻松,欢愉快于忧伤……还要在细部显示多姿多彩的反差对比,表现出语势跃动的节律……轻快时,语句连绵相属;推进时,语势逐渐增强,有百川归海的气势;娓娓道来时,语势悠然闲适,有时也有委婉、深沉、凝重的穿插。

五、言为情发,语气传神

可以这样说,“动于衷”到“形于声”贯穿朗诵创作的整个过程。

如何“形于声”? 这就需要“动情”和“传神”。

已故表演艺术家李默然在这个方面有独特的体会。他说:“有底气,吐字清,送得远,听得清。用这样的声音朗诵,声情浑然一体,哪怕是很低很轻,坐在远处的人也能听得真真切切。”

相反,一味地大声,既送不远,人们也听不清,现场只有嗡嗡的回响,语言所包含的丰富感情顿然消失。李默然的朗诵,被誉为“西方朗诵与中国戏曲念白的完美结合”,他的经验之谈,符合声学原理,有实践的指导价值。

“用声”与“用气”联系在一起,这就是语气。“语气”是由有声的“语”和有情的“气”合成的。文艺作品里的每一句话朗诵出来,既有内在的思想感情,又有外在的声音形式,综合这两个方面,我们把它叫作“语气”。

语气是语句的“神”和“形”的结合体。

具体地说,所谓“语气”的“语”是声音表现出来的语句;“气”是朗诵者支撑声音的气息状态,是由声音和气息合成的语句流露出来的气韵。其中,不但有语意,而且有情思;不但动于衷,而且形于外;不但音随意转、气随情动,而且因情用气、以情带声;不但以气托声,而且声气传情,语与气、神与形珠联璧合,充满了语言的生命气息。

训练设计(13)

1. 按照朗诵创作的基本规律,朗诵散文《生命的清单》。

生命的清单

〔英〕大卫·伊格曼

五官科病房里两位病人在等待着化验结果。甲说,如果是癌,我就马上去旅行,首先去拉萨……乙也表示同意。结果出来了。甲得了鼻癌,乙长的是鼻息肉。

乙住了下来。甲却列了一张告别人生的计划表，离开了医院。

甲的计划是：去一趟拉萨和敦煌；从攀枝花坐船一直到长江口；到海南的三亚以椰子树为背景拍一张照片；从大连坐船到广西的北海；登上天安门；读完莎士比亚的所有作品；力争听一次瞎子阿炳原版的《二泉映月》；成为北京大学的一名学生；要写一本书……凡此种种，共二十七条。

当年，甲就辞掉了公司的职务，去了拉萨和敦煌。第二年，又以惊人的毅力和韧劲通过了成人考试，成为北京大学中文系的一名学生。这期间，他登上了天安门，去了内蒙古大草原，还在一户牧民家里住了一个星期。

现在甲正在实现他出一本书的夙愿。

有一天，乙在报纸上看到甲写的一篇散文，打电话去问甲的病。甲说，"我真的无法想象，要不是这场病，我的生命该是多么的糟糕。你生活的也挺好吧！"乙没有回答。因为在医院时说的一切，早已因患的不是癌症而放到脑后去了。

在这个世界上，我们每个人都患有一种癌症，那就是不可抗拒的死亡。我们之所以没有像那位患鼻癌的人甲一样，列出一张生命的清单，抛开一切多余的东西去实现梦想，也许是因为我们认为自己还会活得更久。

也许正是这一点差别，我们的生命有了质的不同：有些人把梦想变成了现实，有些人把梦想带进了坟墓。

2. 按照朗诵创作的基本规律，参照训练提示，朗诵下面的散文诗。

立　论

鲁　迅

我梦见自己正在小学校的讲堂上预备作文，向老师请教立论的方法。

"难！"老师从眼镜圈外斜射出眼光来，看着我，说。

"我告诉你一件事，——一家人家生了一个男孩，全家高兴透顶了。满月的时候，他们抱出来给客人看，——大概自然是想得到一点好兆头。

"一个说：'这孩子将来要发财的。'他于是得到一番感谢。

"一个说：'这孩子将来要做官。'他于是收回几句恭维。

"一个说：'这孩子将来是要死的。'他于是得到一顿大家合力的痛打。

"说要死的必然，说富贵的说谎。但说谎的得好报，说必然的遭打。你……"

"我愿意既不说谎，也不遭打。那么，老师，我得怎么说呢？"

"那么，你得说：'啊呀！这孩子呵！您瞧！那么……阿唷！哈哈！！ he, he he he he！'"

孟加拉掠影(节录)

〔印〕泰戈尔

浩瀚的大海,在不停地翻卷着、翻卷着,泛起一堆堆白色的泡沫。它使我想到一个被捆绑起来的妖怪,在奋力挣脱绳索。正是在它的血盆大口的面前,在海岸上,我们建起了住房。我们看着它抽打自己的尾巴。浪涛汹涌,就像巨人浑身的肌肉。这是怎样的伟力啊!

创世伊始,大地就和海洋不停地斗争着。焦灼的大地,缓缓、默默地扩展着自己的地盘,为自己的儿女展开她越来越宽阔的怀抱;海洋一步一步地退却下去,翻腾着,啜泣着,绝望地捶着自己的胸膛。

请记住,海曾是独一无二的主宰者,绝对自由自在。大地从它的腹中升起,夺取了它的宝座。从那时起,这个发狂的老东西,就头戴泡沫的白冠,不停地恸哭着,哀叹着,如同在狂风暴雨中的李尔王……

训练提示

1. 散文诗,是兼有散文和诗的韵味的文学作品。鲁迅的《立论》短小精悍,意味隽永,见于他的散文诗集《野草》。《立论》以说梦的方式展开,在耐人寻味的笑声中结束,通过"说谎的得好报,说必然的遭打"的鲜明对比,说明处世之难、立论不易的道理。综观全篇,故事叙述的基调可以缓慢、低沉一些,要体现"老师"饱经沧桑、老成持重、侃侃而谈的特点。故事中的三个人物的语言要有区分度,前两人体现讨好卖乖的特点,而后者要体现直率、真诚的特点。

《立论》最后两段中"我"的语言是诚实的,而老师的模拟回答又是圆滑的,语调可稍做些夸张,表现出一种"违心的热情"。最后的笑声含义深刻,但表意复杂,可先从嗓音中勉强挤出两声"哈哈",是违心的笑;继而又为这种违心的笑感到滑稽,引出爽朗的一连串的笑来(he,he……是拼音的笑声,不表示其他意思),这笑声饱含对世俗人情的针砭与讽刺,饱含说话人的自嘲与心酸。总之,最后的话和笑声是全篇的"文眼",若修辞不当,则作品立意顿失,要注意把握。

2. 泰戈尔(1861～1941),印度作家和社会活动家。著名诗人,1913年获诺贝尔文学奖。他共写了50多部诗集,被称为"诗圣"。他的散文诗感情真挚,富有哲理。《孟加拉掠影》这篇散文诗,想象宏大奇特,既是对大自然的诗意描绘,也是对人类伟大力量的赞颂,感情充沛,意蕴醇厚。朗诵时,应该用"内心视像"的感受和激发的感情,表现作品磅礴的气势和蕴含的力度;用富有变化的语势,以快中显缓的语速、沉重有力的吐字、顺畅厚重的气息,再现富有动感的大自然画卷。

第七节 语用过滤 现场调节

一个节目主持人或主播，要意识到话筒前的言说是大众传播行为，要合法合规，要观照公序良俗。其在把自己的初始思维言语说出口之前，应该根据现实语境的变化进行语义的过滤，对话语中的某些成分或意思进行筛选，并用恰当的修辞手段构成话语的“滤义结构”。滤义结构保证了信息的准确传递和接受效果。

这个修辞手段的核心是“语境意识”，不同的情况下，说话要注意把握分寸。

例话

嘴上带尺 脚下有路

老话说：“嘴上带尺，脚下有路。”意思是说，说话有分寸，脚下才有一条开阔的大道走。这就是语言的力量。

春秋时期的息夫人被姐夫蔡侯调戏以后，直言不讳地告诉了自己的夫君息侯，息侯大怒，从而引发战争。结果息国被灭，息侯被擒，息夫人则被强掳为楚国夫人。假如息夫人稍微考虑一下后果，或许也不至于付出这么惨重的代价。

家庭中，对亲人讲话也要有分寸。最深的伤害往往来自最亲的人。

会说话的人，福从天降；不会说话的人，祸从口出。

（据《新民晚报》）

有的节目主持人和主播不太重视语用过滤，主要反映在：

1.强烈的自我表现意识。在节目中，主持人或主播急切地要“展现”自己的博学多才或与众不同，他们普遍缺乏媒介传播的服务意识，不懂得根据语境、根据受众的需求确定自己的表达内容和语用策略。

2.因袭的文本依赖意识。在节目中，始终以“忠实”台本为己任，缺乏“再造加工”的主动性，将节目主持变成惯性操作或模式化的“语言表演”。

3.随意的轻质意识。在节目中，主持人以能“侃”、能“说个不停”为荣，尤其是近几年来，泛滥的网络视频节目令人眼花缭乱。良莠不分的“网络主播”个个能说会道，个个都想“博出位”，都想做“网红”，一些“网络主播”语量颇丰但语质低下，所谓“张口就来”的有许多是“语言垃圾”。

语言学家高长江十分重视口语修辞的信息功能，他指出：“所谓修辞，从当代信息科学的角度解释，实质上就是通过信息传递过程中信息系统的调节和控制，从而使信息交换达到最优化的一种活动。”

也就是说，主持人和主播的口语修辞过程，实质上就是话语信息存在方式的设计过程,是信息系统的质和量的调节控制过程。过滤的质量标准就是清晰、准确,通过同义形式的选择达到"适合题旨和情境"(陈望道语)。

第八节 体态词素 表意丰富

"体态语"是美国宾夕法尼亚大学的伯惠斯特尔(R. Birdwhistell)教授提出的一个概念。他指出,人的表情、身姿、态势传达一定的信息,那就是"体态语"。它的"信息的混合功能"是辅助口头语言进行有效交际的重要修辞手段,包括表情、眼神、手势及人体各部位在传情达意时的姿态动作。

体态语修辞利用视觉补偿作用,拓宽了信息传递的渠道。

社会语言学家的研究表明,在人际交往中,语言传达的信息只是一小部分,而非语言因素(尤其是表情、身姿、态势等体态语)传达的信息则往往占很大的比重。优美的体态语可以产生"磁力效应",具有审美价值。

例话

你的脸,就是你灵魂的模样

现实生活中,有些人往往用至诚的外表掩饰内心的丑陋。如果你内心是阴暗的,你的眼神自然不会友善。如果你的内心是苦毒的,你的脸上自然没有荣光。如果说眼睛是心灵的窗户,那么脸蛋就是灵魂的模样。

一个人的性格、胸襟和教养,能改变这个人的容貌;一个人的品格、气质都能反衬这个人的容颜。决定一个人相貌的,不是先天的遗传,而是后天的修行。

如果上帝给了你一张漂亮的脸蛋,你要留心,这是对你灵魂的一个考验。

在看颜值的时代,也许没有什么比靓丽的容貌更加让人产生好感;但是,在缺乏信任的社会,也许没有什么比一张透着灵魂美的脸更加让人容易亲近。

当然,在人与人接触和沟通的世界里,倘若想获得别人更多的认可,除了提高自己灵魂的修养外,还要留意外在的修饰。因为在你高尚的灵魂还没被人发掘时,至少先让人有兴趣认识你。若是由于不修边幅而丧失机会,就怨不得谁了。

毕竟,从肤浅的认识到深度的了解,需要一个过程。

记得奥黛丽·赫本说过一句名言:若要优美的嘴唇,要讲友善的话语;若要可爱的眼睛,要看到别人的好处;若要苗条的身材,把你的食物分享给饥饿的人;若要优雅的姿态,走路时要记住行人不只你一个。

灵魂是容貌的防腐剂。相由心生,你的脸,就是你灵魂的模样。

(据《文汇读书周报》)

一、体态语“词素”解读

“肢体语言”已是比较普及的概念，那么“肢体”是如何“说话”的呢？

美国一位社会心理学家曾将人的体态最小单位（如头、肩、胸、脊、腰等）分解开来研究，认为这些都是表现人的精神面貌和内心世界的“词素”，他甚至试图将这些“词素”组成表达思维语符的“句子”。他的研究提示我们，有意识地使用体态举止的“词素”，对口语表达和形象塑造是有用处的。

我们来“破译”几个常见的体态“词素”：

1. 胸——凹胸显现怯懦或自卑。挺胸显示精神饱满或情绪高昂，过分了则转为傲慢自大。女性过于挺胸，会被破译为“女权”倾向或对性征的自恋。

2. 肩——肩是男性尊严、责任感的象征。肩平颈正显示正直、刚强，西服垫肩就是这一词素的夸张性运用。女性爱穿夸张式的垫肩服装，可能会体现“巾帼不让须眉”的积极进取的情绪。

3. 脊——脊背是体现性格、气节的部位。除却生理因素形成的变形外，脊梁挺拔体现严于律己又充满自信的精神状态，但挺得僵直，会被破译为拘板或保守。

这些都说明，一个人的仪态和体姿是会“说话”的。

二、“体态语”：表情的运用

法国雕塑家罗丹说过：“只要注意一个人的脸，就能了解一个人的灵魂。”

这说明面部表情对表达发挥着举足轻重的作用。英国人爱说“to read one’s face”（“去读他人的脸”），这和我国“鉴貌观色”的意思是一致的。

面部表情是一面“镜子”，它沉积着人生的体验，折射出内心世界的复杂变化；它既可以独立表意，也可以辅助表达，让人意会到更丰富的内容。

表情体现于面部肌肉的收展及纹路的细微变化之中，属于“微表情”，这些都能微妙地折射出一个人内心世界的变化。在不同的语境中，面部浮现符合现场气氛的表情，可以显示表达者对环境气氛的融入程度。

在即兴话语表达中，运用表情修辞辅助表达，要真诚、适度。

面部表情运用应注意如下几点：

1. 要真诚，忌矫饰。人们可以通过别人的脸观察其内心世界，因此真诚很重要。“诚于衷而形于外”，虚假的表情人们是“读”得出来的。

2. 要灵敏，忌呆滞。有的人为了体现所谓“冷面”个性，就把面部肌肉绷得很紧，对所表述的内容无动于衷，显得呆滞。这是拒人于千里之外的表现。人的面部表情应当与所说的内容合拍，这是主持人表情运用的准则。

3. 要鲜明，忌晦涩。表情应当明朗，面部肌肉要协调，切不可用似笑非笑一类怪异的表情让人难以捉摸。

4.要适度,忌夸张。面部表情不要变化太快,更不能过分夸张。人脸不是“表情包”,“表情泛滥”会扰乱受众的注意指向,令人反感。

5.要丰富,忌单调。丰富明快的表情可以形成富有感染力的“情绪辐射”。如果表情单一,即使始终“笑眯眯”,那也是另一种形式的表情苍白,因为其他应当随表达内容变化的表情,完全被淹没在脸谱化的“笑眯眯”中了。

例话

阿基诺三世的“残忍微笑”

2011年3月23日,菲律宾首都马尼拉发生了香港人质事件,导致港人8死7伤,整个世界为之震惊。

对此,菲律宾总统阿基诺三世在记者招待会上说,俄罗斯那么大的国家尚且有着很多人遇害的绑架案,更何况菲律宾呢?他一边说对此事感到很遗憾,一边嘴角上翘,露出微笑。他走到人质事件发生现场的时候,仍一边笑着问旁边的警官,一边缓缓绕大巴走了一圈,这就是他所谓的“视察”。

随即,阿基诺三世遭到了中国网友和菲律宾网友的猛烈抨击。

几天后,阿基诺三世不得不再次出现在记者会上。

他说:“我一般感到一件事很荒谬的时候会露出微笑。你们也知道,一个人,在感到愤慨的时候,会情不自禁地做出一些表情,而我则是习惯性的微笑,所以昨天我在微笑的时候,其实我想要表达的是愤怒。如果港人对此产生误会,希望你们能够原谅。”菲律宾总统的解释不仅没有得到香港人民的谅解,反而遭到香港特别行政区政府长达4年的制裁。直到2014年4月24日,马尼拉市长率团到港,代表菲律宾政府就人质事件正式致歉,香港才取消了对菲的制裁。

(引自凤凰网)

这是一个公共人物因“不当表情”引发的“媒介事件”。

我们很难想象,菲律宾总统阿基诺三世在发生“世界为之震惊”的人质事件后会有意识地“露出残忍微笑”——那可能只是一种“微表情”。

所谓“微表情”,是一种转瞬即逝的、下意识的细微表情。菲律宾总统“嘴角上翘”被判定是“露出微笑”,那可能是习惯性(所谓“情不自禁”)的“情绪底色”,表明这位总统过于随性、随意,对公众、记者缺乏起码的尊重。

这对我们也是一个警示,即主持人要调整心态,控制好自己的“微表情”。

“微表情”是内心真实状态的“显示器”。主持人要“鉴貌观色”,及时地捕捉交流对象的“微表情”,以适时调整节目的内容和气氛。

三、“体态语”：眼神的运用

眼神能传情达意，有人称之为“眼语”。最早发现眼神表意特殊功能的可能是我国的孟子，他曾有过详尽的描述：“存乎人（仁）者，莫良于眸子。眸子不能掩其恶。胸中正，则眸子了（明亮）焉；胸中不正，则眸子眊（mào，浑浊）焉。听其言也，观其眸子，人焉廋（即‘藏’）哉？”（《孟子·离娄上》）

眼睛处于面部最突出的部位，眼与眉时时都在传达着丰富的信息。

眼神与表情一致可以传达出内心的真实信息，眼神与表情不一致则会乱情害义。例如目光闪烁，会让人觉得你故弄玄虚；目光游移，会使人觉得你心猿意马；有人指出“眨眼”除了生理需要外，也是泄露一个人的“心理密码”，如果眼睛眨个不停，会让人觉得你言不由衷或心神不定。

四、“体态语”：手势的运用

手势又称“手势语”“手语”，它是构成表达者多彩主体形象的重要因素，可以使语言表达更生动活泼、更富感染力。

手势包括情意手势（使某种情感形象化）、形象手势（以手势状物）、指示手势（指点具体方位和对象）、对象手势（以手势动作表现抽象事物）等。

提高手势的表现力，既要勇于实践，适当模仿，又要突破模式，敢于创新，摸索出自己的富有个性的“套路”。

但是，现在有些主持人手势过多、过碎，毫无表意功能，却“自我感觉良好”，有人讥讽这类单调的“肢体语言”是患了“小儿多动症”。比如，有一种掩饰性手势，只要语流不畅时，手就在空中比画个不停，表达焦虑溢于言表，难怪国外研究者将它归入“帮助回忆”的手势。主持人主持节目时应注意减少这类手势。

例话

手势语趣闻

运用手势要注意国情，注意民族风俗。

比如翘大拇指这个动作，在英国、澳大利亚、新西兰等国包含多种意思，常见的是旅游者站在公路边以此作为请求搭车的信号；如果将大拇指急促地向上翘起，就是侮辱人的意思了。而这些意思的表达又与希腊、意大利的理解大相径庭。如果在希腊将大拇指急促地翘起，意思是要对方滚蛋。

可以想象，如果一个英国或澳大利亚旅游者，在希腊用翘大拇指的手势求助搭车，他可能不仅搭不到车还会遭到训斥。而在中国，翘大拇指是表示称赞，如果英国或澳大利亚旅游者用这样的手势在中国公路边求助搭车，司机可能不会停车，但会微笑致意,以为是夸他车技高超呢!

又如"V"型手势,它是第二次世界大战期间,由英国首相温斯顿·丘吉尔首用,后来渐渐推广于全世界的象征胜利的手势。其表示方式是手心向外,食指与中指作"V"形状。但是同样在英国(包括澳大利亚、新西兰等国),如果做这个动作不是手心向外,而是手心向内,就带有"up yours"的意思,成了猥亵或侮辱的信号了。如果被侮辱的是一位不通此意的他国酒吧女郎,她可能会给英国或澳大利亚人端上两大杯啤酒。

(据亚伦·皮斯、芭芭拉·皮斯《身体语言密码》)

训练设计(14)

(一)体态语解读训练

试揣摩下列神态提示,将答案写在括号内:

1. 下面的神态可能透露了什么?

答题参考7

(1)听着听着,目光凝滞住了。(　　)

(2)听着听着,眼睛忽然湿润了。(　　)

(3)听着听着,身子不停地扭动起来。(　　)

(4)听着听着,忽然眼睛闪动了一下,向别处看去。(　　)

(5)听着听着,眼珠转动,不自觉地搓着双手。(　　)

(6)听着听着,一面点头,一面打起哈欠来。(　　)

2. 视觉正、仰、斜、俯透出的信息可能是:

(1)正视,一般表示(　　)

(2)斜视,一般表示(　　)

(3)仰视,一般表示(　　)

(4)俯视,一般表示(　　)

3. 视线的长、短、软、硬透出的信息可能是:

(1)长而硬的视线(直视)一般表示(　　)

(2)长而软的视线(虚视)一般表示(　　)

(3)短而硬的视线(盯视)一般表示(　　)

(4)短而软的视线(探视)一般表示(　　)

(5)视线忽然消失(短暂闭目)一般表示(　　)

(二)体态语运用训练

下面这段话,请设计态势语并试讲。

《高山下的花环》:雷军长的一段台词

“我的大炮就要万炮轰鸣,我的装甲车就要隆隆开进!我的千军万马就要去杀敌,就要去拼命!就要去流血!可刚才,有个神通广大的贵妇人,竟有本事从千里之外,把电话打到我这前沿指挥所。她来电话干啥?她来电话是要我给她儿子开后门不上战场,让我关照关照她的儿子!哼!走后门,她竟敢走到我这流血牺牲的战场上!我在电话里臭骂了她一顿!我雷某人不管她是天老爷的夫人,还是地老爷的太太,走后门,没门儿!谁敢把后门走到我这流血牺牲的战场,我雷某要让她儿子第一个扛上炸药包去炸碉堡!去炸碉堡!!”

训练提示

1.上面这段话的态势语设计要显示雷军长犀利的语言风格和所向披靡的凛然正气。同时要注意语速、语气、语调、语势和停顿等修辞技巧的正确运用。

2.运用态势语要注意对象、适应语境。比如,小范围说话或者对长辈说话,表情、手势要少些;大范围的谈话或对文化水准不高的人说话、对孩子说话,手势可以多些。当然,多也要有个限度。如果手势太多,会叫人生厌。

第三章　即兴成篇

——训练目标:挥洒自如　即兴成篇

口语表达中的“即兴成篇”是指在特定的场合即席说一段切境切旨、结构相对完整的语段或语篇,类似于即兴演讲,包括就某个问题发表见解、提出主张,或用一段话表达某种感情、某种愿望等。

在公共社会生活中,在日常工作中,人们经常需要即兴讲话,表达自己的观点或感言,可以说“即兴成篇”是须臾不可或缺的一种表达技能。

1863年11月19日,林肯在葛底斯堡国家烈士公墓落成典礼上发表演讲。他讲了两分多钟,被评价为“一篇誉满全球的演说词”。演讲手稿珍藏在美国国会图书馆,并且还被铸成金字文,放在牛津大学,作为英语演讲的最高典范。

例话

林肯在葛底斯堡国家烈士公墓落成典礼上的演讲

87年前,我们的祖先在这个自由的土地上建立了新的国家,希望所有的人民都能过着平等、和平的生活。目前我们的国家处在战乱中,这是我们的国家能否存续下去的一种考验。今天我们集合在此地,以战场的一部分贡献给牺牲生命、维护国家的勇士们,使他们能够安息。

世界上的人并不注意我们在这里所说的话,也不会永远记忆。但是,人民绝不可能遗忘将士们在此所做的英勇行为。

面对为国献身的战士,应该能激起我们的爱国观念。我们要使他们的牺牲不至于徒劳无功,同时更盼望在上帝保佑下,建立自由的新国家。

民有、民治、民享的政府,将永远存在于地球上!

(据《演讲词精选》)

一、“即兴成篇”的一般特点

“即兴成篇”一般不是长篇大论，它具备如下特点：

1. 话题明确，针对性强。即兴成篇不是面面俱到、无的放矢，一般都是有感而发，说话的内容应该限制在一定的范围内，显示其鲜明的针对性。所以，即兴成篇的表达，选取角度宜小，内容比较集中，议论求准、求精。

2. 态度明朗，直陈己见。孔子曰“辞达而已矣”，即兴讲话无须词汇的堆砌，无须“山高水远”地绕弯子，而应在有限时间内对现实话题做出迅速的反应。它直截了当，褒贬分明，毫不含糊。

3. 有感染力，有说服力。即兴说话是临场发挥，但临场发挥并不是信口开河。话要说在点子上，要以内容的深刻精辟及无懈可击的逻辑力量令听众信服，同时力求贴近生活、贴近实际，以饱满的热情感染听众。

4. 通俗易懂，现场感强。即兴成篇有鲜明的“现场感”，是思维和语言同步的表达。背诵文绉绉的书面文稿，那样的“口语”北京人称之为“字儿话”，那样的“即兴成篇”其实是“语言的表演”。

5. 短小精悍，生动活泼。即兴成篇常以简明扼要显其力度，并以亲切生动的表述给人留下深刻的印象。它虽短小但并不空洞无物，恰恰相反，它要言之有物，要信息密度大一些，以实现思想性、知识性和趣味性的统一。

二、“即兴成篇”的语体风格

“即兴成篇”的语体风格可以是多元的，但是我们更主张用最接地气的“口语”说话，这符合“接近性”的交际准则。

口语又称“白话”，是活在人们口头的“活的语言”，有着独特的语法修辞体系。口语讲究即兴，它随想随说、稍纵即逝；它说听并用、反馈及时；它通俗上口、贴近生活；它依附语境、句式灵活、自然明快……

过去，主流话语、精英话语由于书面色彩浓重，始终和这些口头的“白话”保持着距离，人们做即兴演讲，总喜欢用一些文言词语或者增加一些“高级形容词”，认为这样才是“有档次”“有文化”的表现。但是，随着时代的发展，人们的审美情趣整体“俗化”，语用观念也在发生着变化。人们发现，群众的语言才是最有表现力的。新世纪以来，过去不登大雅之堂的“白话”“段子语言”，已经进入媒介主流话语系统，甚至进入政治话语系统了。

在目前的中小学语文教学中，培养学生口语能力的惯用方式仍是“口头作文”，这是现在青少年口语表达能力薄弱的原因所在。多年前，著名语言学家张志公先生以老迈病弱之躯到天津参加全国汉语口语研究会学术年会，当时，笔者在学术发言中对所

谓“口头作文”提出质疑,张志公先生当场指出:

我从来不赞成“口头作文”的说法。口头就是说话,作文是拿笔写文章,口头怎么能做文章呢?明明是练习说话,可还要管它叫作文,只有作文才算数,说话不算数,这还是“以文为本”的思想在作怪。

(《语文建设》1997年第9期,陈建民文)

张志公先生已去世多年,遗憾的是,这位语文教育家的观点始终没有得到重视,“以文为本”的语用观念、把“说”的话“栓”在“文”上的错误意识仍没有得到根本扭转,这是至今人们对“口语”的认识仍比较模糊造成的。

三、“即兴成篇”不是信口开河

卡内基认为“无准备演讲”不是即兴演讲,“那是信口漫话,或者叫信口开河”。

这就是说,即兴说话可以有所准备:

一是预测性准备。对现场可能要说的话题、可能使用的资料、可能面临的场合和可能遇到的听众,可以做“预测性准备”。

二是临场性准备。如果即兴讲话是不期而遇的,不管临场时间多么短暂,即便是一两分钟或两三分钟,也是宝贵的准备时间。这就是“临场性准备”,它提供了瞬即准备的可能,至少为思维与表达的同步提供了铺垫的间隙。

下面是《三句话说哭常香玉》,当人们要求作家李准即兴演讲时,他磨磨蹭蹭,“摆摆手,皱皱眉,显得很为难”,其实是在做“临场性准备”。

例话

三句话说哭常香玉

在著名表演艺术家常香玉舞台生涯50周年庆祝宴会上,著名演员谢添灵机一动,要考考作家李准是不是称得上“语言大师”这一称谓,他提议,请李准用三句话“说哭常香玉”。在这样的喜庆场合,几句话就要把喜笑颜开的老演员说哭,确实有较高的难度。李准摆摆手,皱皱眉,显得很为难。

后来,大家(包括常香玉在内)不依不饶,李准缓缓地站起来,说:

“香玉啊,咱们能有今天,不容易啊!论起来,您还是我的救命恩人哩!你听我说——我十来岁那年,一家人跟着逃荒的难民跑到西安,没吃没喝、头晕眼花,眼看快要饿死了,晕晕乎乎听有人喊:‘大唱家常香玉放饭了!河南人都去吃吧!’大伙儿一下子都涌过去了。我捧着一大碗粥,眼泪滴在碗里。心里想,日后若见了这个救命大恩人,我得给她叩个头……唉!哪里想得到,早些年‘文化大革命’,您蒙冤挨整,我看到您被押在大卡车上五花大绑游街,造反派卡着您脖子让您‘坐飞机’!我站在街边,心里在滴泪、在滴血——我真想喊一句：让我替她站吧，她是好人、是我的救命恩人哪……”

李准还没说完，常香玉已捂着脸，转过身，潸然泪下了。

（据《演讲与口才》）

四、“即兴成篇”的心理调节

即兴成篇是有一定难度的，人们一般对即席当众讲话有所顾虑，主要是由于“怯场”而引起的惶恐，这就使一些有口才的人变得“口将言而嗫嚅”起来。因此，即兴成篇能力训练的一个重要方面，是心理的调节和控制。

第一，要有积极的状态。

对于面临的话题要立即进入积极的思维状态，相信自己能就此发表一通议论。如果消极迟疑，必然会在惶然中出现思维紊乱，甚至脑子里一片空白。

第二，有勇气赢得听众。

要相信自己的讲话对大家会有所启发，要有直陈己见的勇气。在听众面前“自惭形秽”肯定讲不好，不要总是想到失败，自我泄气必然使自己沮丧，多想想自己曾获得的成功，就会挺起胸膛。

第三，运用“接近艺术”。

善于交流，把听众看作朋友，用谦和的语态架设沟通的桥梁，可以赢得对内容和语态予以适时应变性调整的空间。

第四，期望值不要太高。

不要指望简短的讲话会引起喝彩。过高的期望无异于让自己背上沉重的包袱，如果定位于顺利地把问题讲清楚，别人能理解接受，反而会取得较好的效果。

第一节　思路坐标　扩展成篇

阿拉伯有句谚语：“舌头是心灵的翻译家。”这一谚语很风趣地揭示了想与说的关系——人们嘴上说的正是刚刚想的，而正在想的又是下面打算说的。一个人的口语表达能力，就是快速地将思维语言转化为口头语言的能力。

钱学森在《论思维科学》中认为，思维是有规律的。思维的直接现实是人的语言，思维的规律就是语言所呈现的思路规律。

下面简单说说“思路”在思维这个“黑箱”里的运行规律。

一、思路的线性描述

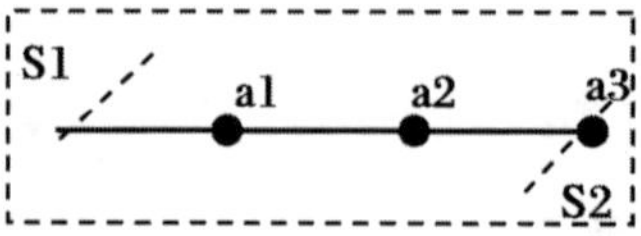

其中S1是话题引入,S2是话题结束,a1、a2、a3是话题在同一层面的展开。

线性思路一般是讲述一件事、一个观点的思路呈线性排列,其思路遵循形式逻辑的最基本原则:同一律,即前后一致。

线性思路一般体现于单一的、语义集中的情况,或者叙述一件事情,脑子里有明晰的思路主线,在动态语境中有利于控制思维点的随意跳跃。线性思路有助于把握语脉的定向推进,按照既定的思路讲下去,给人一泻无余、一气呵成之感。

二、思路的"Z"形模式描述

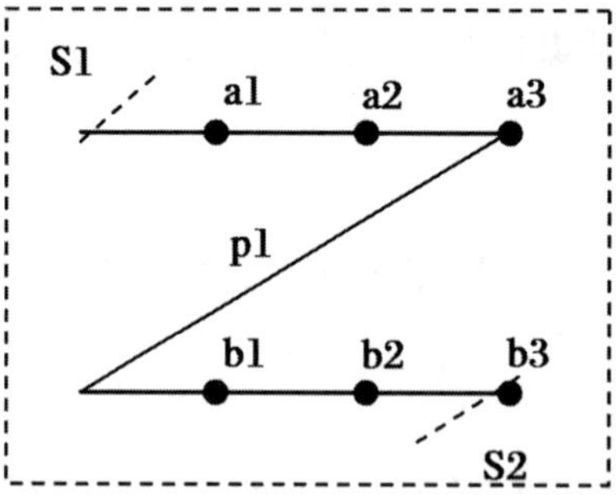

从上图看,是两条线性思路的组合。

其中S1是话题引入,S2是话题结束,a1、a2、a3是话题第一层次的展开;b1、b2、b3是第二层次的展开;p1是两个层次之间的过渡语。

当我们在做一段相对完整的表述时,思路的展开一般是呈纵、横两个方向,即横向的展开与纵向的深入。横向是同一层面的展开,而纵向则是表明意义、情节、意境的深化,这就构成了语脉的"Z"形。

"Z"的上、下两根横线表示语脉在不同层面拓展的广度,而上下两根横线中间的斜线则表明上下两层语意的纵向深化的过渡。

三、坐标系思路模式描述

"Z"形只是思路构成的"零件"。为了防止说话"放野马"(跑题)偏离思路主线,我们可以借用坐标系解决这个问题。

这里纵轴"Y"是思路主线,体现语意表达的纵向深入,也是思路的"骨架";横轴

“X”体现层次的组合关系，是思路的“血肉”。这样，纵向的聚合与横向的展开就构成一种有序的对应结构关系。当语脉结构呈“Z”形推进时，纵向深入与横向展开就表现为语脉的流动式交叉结构。

图式如下：

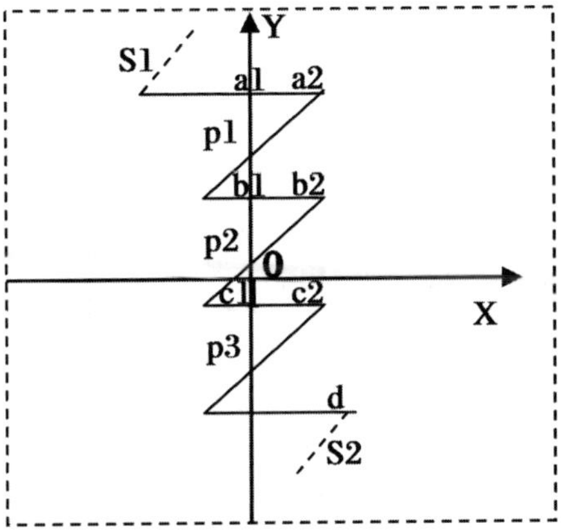

下面，我们用上图坐标系思路模式简要解析一段话。这段话的中心语义是：怎么才能“长命百岁”。思路主线体现于坐标系的纵轴“Y”，同一层次的内容展开体现于横轴“X”：

人人都想长命百岁，我就说说隆友于奶奶（S1：话题引入）。这位百岁奶奶是清朝出生的，106 岁了，她有 93 位子孙，身体还不错，走路不要人扶……（a1—a2：第一层次）你问她长寿的秘诀（p1：过渡），她说她喜欢粗茶淡饭，最喜欢吃苞谷、棒子面，不爱吃肉，她爱说“青菜豆腐保平安”……（b1—b2：第二层次）奶奶不是只吃不动的人（p2：过渡），她早上 4 点钟就起来了，屋子不要别人打扫，衣服不要别人洗，买个洗衣机，她怕浪费水，大盆小盆，非要把洗衣机所有的水都接起来……（c1—c2：第三层次）这不算稀奇（p3：过渡），奶奶最与众不同的是心情好。她从来不生气，乐呵呵的，家里有好几个收音机，她说“一天不听就不舒服”，我们问他美国总统，她随口回答“奥巴马”……（d：第四层次）奶奶从清朝的慈禧太后活到如今的奥巴马，这位跨世纪老人的长寿秘诀是不是很实用？（S2：话题归纳，结束）

（据《实话实说》节目整理）

这段话将数个“Z”形思路组接于一个坐标系内，构成一个完整的语段。

四、坐标系思路模式运用

坐标系思路模式的科学依据是，结构体的层次递升运动和人的思维活动有着惊人的相似之处。神经科学研究表明，人的精神结构是多层次的，它的低级层次显示出很强的规律性,神经元是按照同样的方式运作的,几乎无所不在且永不变更。

因此,在一般情况下,坐标系思路模式对即兴成篇的思路梳理和引导有着重要的意义。有了这样的引导,说起话来就不至于“放野马”了。

坐标系思路模式的运用,要注意以下几点:

第一,在即兴成篇时,要有思路的“Z”形模式的主导意识。就是在表达的过程中,注意分层表述;在两个层次之间,要有过渡。

第二,在即兴成篇时,要有“坐标意识”。将“Z”形思路纳入坐标系时,要把握思路主线,即话题的中心语义,始终不偏离坐标系的纵轴“Y”。

第三,在即兴成篇时,要有“扩展意识”。横轴“X”是层次扩展的提示。

即兴成篇存在的问题,往往是内容的扩展度不足,内容显得单薄。既有不偏离中心语义的纵向深入,又有层次内容的横向扩展,才是完整的语段。

第二节　思维模块　组接成篇

陆机说“思风发于胸臆,言泉流于唇齿”(《文赋》),这是说,我们讲话的过程是思维先行的,是“思风发于胸臆”,有了思维而后才有组织语言的过程。

一、话语思维的初始形态

人的内在思维语言有两种初始形态:一是图形状态,一是模块状态。

思维语言的图形状态属于“命题映像”。当我们面对某个话题的时候,脑子里立刻会呈现许多画面,这些“映像”转化为语言的过程比较复杂,也比较缓慢。

思维模块是表达意念的聚合,比较抽象,以纲目状态呈现。

两相比较,各有利弊。运用思维模块构思,可以较快地形成表达的结构,说话时,只要把思维模块加以选配组接,充实适当的内容,就能说得流畅了。

一部分人具象思维已成习惯,其思维语言停留于图形状态。这时就需要尽快地将图形思维转变为话语思维,并形成模块,才可能进行比较顺畅的表达。所以,说话时习惯在脑子里一次性形成语言模型(模块)的人要比从图形模块转化为语言模块然后再说出口的人表达顺畅得多。

因此,有意识地储存一些语言模块,对提高语流顺畅度大有好处。

二、思维语言模块的类型

人的思维是一个“黑箱”,难解其妙,但是对思维语言的成品(人们说的话)进行剖解,就会发现其中的规律。这是我们归纳“思维语言模块”的依据:

1. 纵式模块。它的表达形式以开头、中间展开、结尾三个层次为主要特征。是线性思路的连接。如果是以时间先后顺序为衔接形式，则可以从开始到发展，到高潮，直到结束。它适合于叙述一个故事、讲述一段经历。

2. 横式模块。这是思维点的片状连缀，它将大致相等的事物或观点聚合排列在一起，形成一种逻辑性的表达结构。

3. 纵横交织模块。横式与纵式思维模块不是分散的，它们交织起来，大都围绕表达意向，按照一定的规律组合、展开。

在陈述某种见解时，这些表达意向作为“模块”归纳起来主要是：

模块(1)“是什么”：摆出所要议论的现象，对现象作出判断。

模块(2)“为什么”：列举所持观点的理由，进行深入的分析。

模块(3)“正面说”找证明：用事例对观点做实证。

模块(4)“反面议”驳异议：反驳与之相反的见解。

模块(5)“怎么做”：应该从哪几方面去做。

模块(6)“作预示”：展现持某主张的前景。

模块(7)“作归纳”：全面总结，回应论题。

4. 总分模块。这一模块的组接可以先总后分，也可以先分后总。语段开头和结尾之间的中间层次，具有总体与局部、整体与个别、一般与特殊的关系。

5. 连词模块。语言思维的切入点直接进入连接性词语，这些连词作为语段构成的提示信号，对思维模块的连接和语流的形成很有好处。例如：“首先……其次……再次……还有……总的说……”

训练设计(15)

(一)下面的坐标系思路图示，表明这个即兴成篇存在什么问题？

答题参考 8

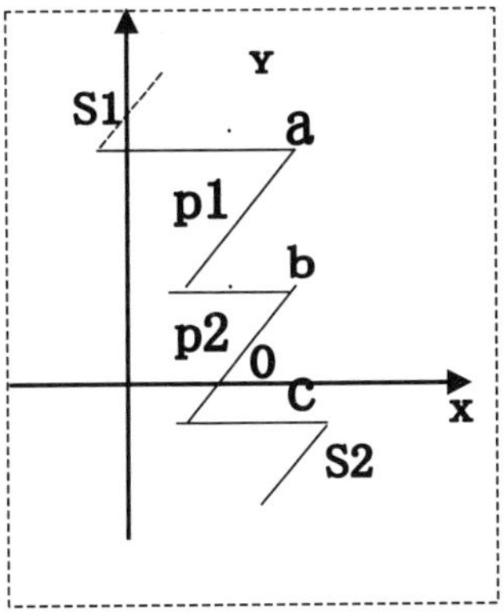

(二)“模块构思，组接成篇”训练

请以常见的表达模块作为句群组合的提示，做“说句成篇”的练习。

1. 以“横式模块”构思，做即兴成篇练习。

(1)五星红旗，你是我的骄傲

(2)我喜爱这样的老师

(3)爸妈又添了几根白发

2. 以“纵式模块”和“总分模块”构思，做即兴成篇练习。

(1)社会是没有围墙的大学

(2)必须打击网络谣言

(3)我们只有一个地球

3. 若有“连词模块”意识，即兴口语便可以显得比较流畅。请以“连词模块”做即兴表述练习。

(1)以“新闻工作者的必备素质”为题，试用连词模块“首先……其次……再次……还有……总的说……”构思，做即兴讲述。

(2)以“谨防金融诈骗”为题，用连词“总特点是……分析起来……事实表明……如果……就……所以说……”构思，做即兴讲述。

第三节　即席讲话　公式成篇

不善于即席讲话，会让我们在各种公共场合难堪，除非逃避与人交往，逃避与人交谈。一旦以某种身份出现在大众面前，你就要懂得即席讲话的特点。

因为对大部分人来说，“感言式”的即席讲话，都是避不开的“坎儿”。

初学即席讲话其实是有既定模式的，只要能照着说，谁都会被你打动。

一、即席讲话的一般特点

第一，情境性强。即席讲话一般都有特定的场景，讲话的内容需与这一场景相关。比如在会议的过程中，你的即席讲话就要跟会议内容相关；在聚会的过程中，就要讲跟聚会相关的话题；不能在喜庆场合讲丧气的话。

第二，形式灵活。即席讲话没有固定形式，只要能够将你的意图、情绪传达给受众，你的即席讲话就达到目的了。

第三，语言精练。即席讲话时间一般为一到三分钟。要在这么短的时间内讲得精彩，就必须精简语言，以最少的话表达最丰富的内容。

二、公式：过去＋现在＋未来

经验不足的人，作“感言式”即席讲话，可以尝试用一个“入门”的公式：过去＋现在＋未来。这是一个万能公式，它让人们从不知如何开口到迅速侃侃而谈。很多场合都可以用，从这个公式开始，逐步提升即席讲话的能力。

例话

一位优秀员工的获奖感言

记得一年前我刚进公司的时候，还是一个什么都不懂的菜鸟，不懂得用传真，不懂得用 Excel 做表格，不懂得用 Photoshop。但是我很幸运，遇到了一位很舍得教下属的部门领导，她教会我用传真，教会我用 Excel，教会我用 Photoshop。还有很多同事也帮助了我很多。是你们让我快速成长。(注：说过去)

今天，我能得到优秀员工的奖项，我觉得这是我部门领导的功劳，没有她就没有今天的我。同时，这也离不开在座各位同事的包容与支持。所以在这里，容我对你们说一声谢谢！(注：说现在)

希望在以后的日子里，能够继续跟大家并肩作战，我会更快地进步！

最后祝大家在工作和生活中心想事成！(注：说未来)

我们为什么怕在公众面前即席讲话？是因为根本就不知道要讲什么。为什么我们讲话时东拉西扯？是因为根本就没有一条思路主线。“过去＋现在＋未来”这个万能公式，就是一条可供选择的主线，它可以帮助我们初步建立起讲话的结构化思维。

第四节 悬念切入 优化成篇

话语成品是思维的直接现实。人们的“思维模块”门类繁多，它为人们进行优化选择创造了条件。对其进行比较并加以推广是十分有意义的事情。

例话

“结构精选模式”与“常见模式”之比较

美国一个高速公路边的小镇经常发生交通事故，死伤情况日益严重。交通局长召集市民开会，他用“理查德模式”，即“结构精选模式”发表即兴讲话，引起了人们的强烈反响。

话题：保障生命安全，减少交通事故

	喂，请注意！	为何要费口舌	举例子	怎么办？
理查德模式	上星期四我们特地购买的 250 具崭新发亮的棺材已经运到我们的城市，现在就放在政府的仓库里……	我们是给谁订购那么多棺材？这些棺材给谁睡？难道给你睡？给他睡？给亲人睡？哎呀，这就很难说了	通过一个个鲜活的交通事故的事例，讲清每日每时都存在使我们在马路上突然送命的、潜在的高危因素	下面我来告诉大家，当……时，应当……；当……时，应当……；当……时，应当……。这样，咱们就暂时不用睡那些棺材了

续表

	喂,请注意!	为何要费口舌	举例子	怎么办?
常见模式	今天我要给大家讲的内容是保障行人生命安全,减少交通事故的问题……	交通安全很重要,不可大意,请大家安静,这不是一个可讲可不讲的问题……	造成交通事故的原因有如下几点: 1. …… 2. …… 3. ……	下面提出几点原则性意见供大家参考: 1. …… 2. …… 3. ……

美国公共演讲专家理查德认为,即兴演讲应当记住四句话,这四句话是表述中四个步骤的提示信号。它们是:

——喂,请注意!(危言耸听,开头就激起听众的关注)

——为何要费口舌?(进而强调指出听演讲的重要性)

——举例子。(形象地将一个个论点印入听众脑海)

——怎么办?(具体地讲大家该做些什么或怎么做)

这四句话,作为即兴讲述的思维模块,在讲述的过程中成为思路的主线,可避免老生常谈,这样的即兴讲述有时会产生振聋发聩的警醒作用。

在上表中,理查德的"结构精选模式"以"耸人听闻"的悬念开头,吸引听众的注意力,并用鲜明警醒的议论"勾"住听众的感知兴趣,几部分衔接紧凑,表述通俗生动。虽然这个话题并不新颖,但理查德的"结构精选模式"句句切中要害,打动人心;而采用常见模式讲述,则给人以老生常谈之感,让人听了不耐烦。

训练设计(16)

"悬念切入,优化成篇"训练

下面这段话运用了"耸人听闻"的悬念开头,就"安全使用煤气"的问题即兴成篇。请以此为模仿案例,按照理查德的"结构精选模式"构思,完成下面的即兴讲话。准备时间3分钟,讲述时间3分钟。

"结构精选模式"即兴成篇选题:

(1)我对减肥的看法

(2)酒后驾车是违法犯罪

(3)追星热的冷思考

尼龙纱巾引起的爆炸

某厂职工宿舍楼新近铺设了煤气管道,一次职工大会结束时,厂长觉得安全使用煤气很重要,要总务科长讲一讲。大家很不耐烦,总务科长说:

"我没什么要说的,只想讲一条新闻。我看《西安晚报》留意到一条消息:一位纺织女工忘了关煤气阀门,晚上下班回到家里煤气味很浓,她进厨房一边关阀门,一边顺手抽脖子上围的尼龙纱巾,就那么一抽,就引起了一场惨不忍睹的大爆炸。可怜这位30多岁的女工被炸得血肉横飞,命归西天,房顶炸了个大窟窿,周围邻居也死伤一大片……其实呢,抽尼龙纱巾虽然只冒出了几个静电火花,但一个小动作就送了几条人命。所以使用煤气万万不可大意!"

这时大家都急切地要求他讲一讲安全使用煤气的问题,于是总务科长缓缓道来,据实言理,完成了一段精彩的即兴讲话。

(据《西安晚报》)

训练提示

"结构精选模式"以"危言耸听"作为即兴演讲的开头,并非故作惊人之语,它必须以事实为依据,重在对叙事结构作变序(如倒叙、插叙)的即兴调整、对细节作适度的渲染和描述,据此作恰如其分的分析。

第五节 选关键词 连缀成篇

前面提到,在特定的场合往往需要即席讲话,脑子里首先呈现的是"命题映象"。若要将脑子所想变为语言现实,需先将"命题映象"转化为思维模块。如果一时不能形成,我们可以从这个转换的中间状态入手,其中间状态是不连贯的"思维点",这些"思维点"以词语或词组、短语的形式出现(也可称之为"关键词"),它们是即兴成篇的出发点。

一、控制稍纵即逝的"思维点"

在突然要作即兴表达时,表达者可能会觉得有很大的压力,但现场的压力会推动表达者急中生智。

从容的表达者,会及时捕捉脑子里跳出的"灵感"或"思维点",它们显得支离破碎,并且这些词语或词组、短语有稍纵即逝的可能。因此需要及时把这些"灵感"或"思维点"记录下来或在头脑里定格,然后经过快速筛选,将符合题旨的"关键词"黏合起来,使之形成即兴讲话表达网络的提示信号。

二、"关键词"的选择和连缀

连缀筛选的关键词是为了形成一个线性的表达思路。连缀的方式很多,主要有起始性连缀、并列式连缀、递进式连缀、承接式连缀、因果式连缀、归并性连缀等,只要符合逻辑,能够言之成理,就是成功的连缀。

比如,有人获奖归来,人们到车站迎接,在一片掌声中,他说"我讲三句话,一是感谢……;二是遗憾……;三是信心……","感谢、遗憾、信心"这三个关键词通过递进式连缀,结构成一篇很不错的即兴演讲。

再如,一位师范大学毕业生到一所中学任教,在"欢迎新教师座谈会"上,欢迎会主持人请他即席发言。这时他有些紧张,构思的时候感慨万端,脑子里的许多观点、情景如"放电影"般呈现出来。这些思维点很不稳定,于是他立即捕捉,"跳"出一个就记住一个。比如:

1."万事开头难";2.实习时的家访和家长的期盼;3.未来工作担子挺沉,有畏惧心理;4.希望老教师能"传帮带";5.今天的学生是"小皇帝";6.陶行知的话"做中学,学中做";7."有志者,事竟成";8.毕业离校时表示的决心;9.当老师是无悔的选择……

头脑里有了这么多"语料",就需要快速进行选择,然后用符合逻辑、言之成理的红线贯穿,最后他将 2—1—6—4—7—9 几个"思维点"连缀起来,稍加思考使之充实丰富,成为腹稿。他在发言时,侃侃而谈,赢来了一片掌声。

第六节　片言居要　说句成篇

陆机在《文赋》中说:"立片言而居要,乃一篇之警策。"

"片言居要,说句成篇",就是用简短的句子概括出全篇的要领。这类即兴讲话,或开门见山,用直言肯定句式提出见解或主张;或在适当的地方提出,并进行必要的追加,比如"我觉得上网有瘾不必大惊小怪……"这个直言肯定句就是即兴讲话的中心语义。然后,在即兴表达时边想边说,构思与表达同步进行。由于讲的时候以此为表达依据,围绕着它,从破题、展开到深入、归纳,这个直言肯定句就如同一根红线贯穿始终,使即兴讲话成为有一定质量的语段。

例话

请原谅我的偏见和误解

以下是一位师范学院的教师在毕业典礼上的即兴讲话(节选):

"同学们,祝贺你们,就要毕业了,你们要我说几句,说什么呢,我想说的是,请原谅我曾经对你们的偏见和误解……

"你们到课率不稳定,课堂纪律不怎么好,没少听我批评。记得那天在你们幼师班上课,我又注意到一位心神不定的女同学——她根本没有心思听我讲课,职业的直觉告诉我,其中必有隐情。果然,下课铃一响,她吁了口气如释重负,站起身急匆匆地赶在我的前面走出了教室。我有些生气了:在职进修混文凭有这么混的吗?是哪个'白马王子'撩得我的学生没心思听课？不行，我要干预！

"我立刻尾随她下了楼。她站在校门口，踮着脚翘首张望。不久，果然一位'白马王子'骑着自行车笑嘻嘻地来了。他腿一骗下了车，一转身，没想到小伙子背后还驮着个娃娃。透过传达室窗玻璃，我看到，这位女同学小心翼翼从他的背上卸下小脸烧得通红的孩子。我看到，她心疼地把自己的脸贴在孩子的面颊上，眼里涌出了泪花，那位'孩子他爹'跨上自行车走了。

"同学们，请原谅我的粗率和多疑，我没有想到，你们柔弱的双肩，是挑着繁重的学习、工作和哺育子女这几副沉重的担子呀……"

（作者：应天常）

在这个话语片段里，演讲者围绕着"请原谅我曾经对你们的偏见和误解"这句"片言"展开，说句成篇，中心语义明确，真切地表露歉疚和慰勉之情。

但是，教师本意并不完全是向学生"认错"，这一即兴讲话"意核"是用自己思想感情的一段经历，赞扬并鼓励学生挑起作为一个社会角色肩负的重任。教师采用"先抑后扬"的构思，通过丰富的联想，全方位对这个"意核"进行分解，这样才做到了言之有物、句句话都"粘"在"居要"之"片言"上。

第七节　挂挡起步　神侃成篇

"挂挡起步，神侃成篇"是思维与表达同步进行，关键是要会"侃"。

"侃"原为形容词，形容"很和乐的样子"，比如"我徒侃尔，乐亦在而"（《汉书·韦贤传》）。到了明清时代"侃"的词性出现了变化，有"海阔天空聊天"的意思，例如"隔墙酬和都瞎侃"（王实甫《西厢记》）。

新世纪以来，"侃"不仅成为我国北方语系的一种流行话语样式，而且流行全国，成为全民语言生活的普遍现象。

一、切境切旨，侃侃而谈

我们主张在切境、切旨的前提下"侃侃而谈"，把一个话题说深说透，说得头头是道，侃出一个有中心、有新意的语段、语篇。须知，朴实自然、有品位的"侃"，是语言艺术，也是高妙的即兴口语表达能力的流露。

例话

侃爷话"侃"

甲：北京这地界挺怪，不管什么人都可以称"爷"。蹬三轮的称"板爷"，腰缠万贯的称"款爷",能说会道的称"侃爷",真是"爷儿们"何其多!

乙:是啊,"爷"再多也没"侃爷"多。大概做"侃爷"比较容易,什么都不要,只两张嘴皮儿。咱俩今天碰一块儿也成"侃爷"了!

甲:"侃"是闲谈、聊天,看似东拉西扯,漫无边际,其实相互补充见闻,既可以消磨时光,又可以大开眼界。

乙:是啊,听说名人也爱"侃",他们一"侃"就点着思想火花了,不留神就酝酿出新的见解了。鲁迅的《门外文谈》最初就是炎炎夏日的夜晚在"门外"同几位邻居"对侃",后来他回到房间就有了想头,这样就写出来了。

甲:对啊,门外侃了回家就成了文章。听说爱因斯坦的一些重要科学观点,是同朋友在瑞士伯尔尼的"奥林比亚"咖啡馆聚会时,一边吃简便的晚餐一边无拘无束地"对侃"有了灵感,然后经过深入思考提出来的。

乙:不过,能像鲁迅、爱因斯坦那些名人那么"侃"的人是太少了,咱们侃不了。所以要说"侃爷",那也是分层次的。

甲:是啊,有的人碰到一起就嘁嘁喳喳、叽叽咕咕,胡吹乱侃,说的都是背后损人的话,那种"侃爷"最叫人生厌了。

乙:还有的不"侃"便罢,一"侃"准带点"荤腥味儿",什么下三流的打情骂俏、桃色新闻黄段子,"侃"得眉飞色舞、唾沫横飞、不堪入耳,我看八成儿有过几分体验……那叫"荤"侃,不是咱俩的强项。

甲:我想,现在社会环境宽松了,"侃"的范围很广泛,干吗要"侃"那些无聊的东西?太没意思了,简直是闲扯淡!

乙:所以"侃"有"侃"的品位。高品位的"侃"益智明理,增长见识,也训练了口才;低级的"侃",污言秽语,出口成"脏",摇唇鼓舌,浪费时光,最后一事无成,那还不如不"侃"!

甲:对!有品位地"侃",才能称得上"爷"!

(据《演讲与口才》)

二、"挂挡起步,神侃成篇"的特点

第一,快速捞到"抓手"。"抓手"就是话由,讲者顺手一捞就"从眼下"开始无拘束地说起来,但所言无不显示其机智和敏锐,所说的都直接或间接地切合语境、题旨。看似说话人在"侃大山",但绝非信口开河,说的虽是平平实实的大白话,却有思想的闪光、哲理的内涵。

第二,撒得开,聚得拢。有时一材多用,有时一石数鸟,话语主线时隐时现,议论角度灵活多变,挥洒自如。有时甚至脱口说几句"放胆"之言,并非无懈可击,但却因"片面的深刻"言之成理,给人以启迪。

第三，思维与讲述同步。一边说一边结构语篇，有时很平实，如诉衷肠；有时穿插一点趣话；有时“灵感”一来就马上抓住，突破一点立马就来了个顺题立意……所以往往是言人所未言、发人所未发，显示出鲜明的个性色彩。

例话

著名指挥家李德伦侃足球（节选）

首都文艺工作者出于对中国足球的关心，开了个推动中国足球“冲出亚洲，走向世界”的座谈会。著名指挥家李德伦先生也应邀参加。但他迟到了，大家“罚”他立即发表“高见”。

李德伦先生当仁不让，张口就说了起来：

“好，我就说我自己吧，我今年71岁了，刚才我上五楼啊，基本上是一口气跑上来的。到最后一层我怕进来喘，不好说话，就稍等了一下。我体重116公斤，您来试试看，您能背一个100来斤的口袋上来，爬五层楼，您怎么着，有我这么快吗？不见得比我快。我靠什么呢？是靠踢足球。小时候我就是个球迷。上学时，每逢下了课，俩书包往地上一摆，当球门，就开始踢。

“我的球踢得怎么样呢？不怎么样。不灵是不灵，可身体踢出来了。我是抗日战争那年才不踢球的，日本人把我们球场给占了，没法踢了。那年我才20岁。所以，我呢，虽然没踢出什么出息来，可把身体踢出来了。

“……从那以后我就觉得球员文化修养十分重要。我小时候，北京有好多球队，踢得好的还是清华。清华大学的球员文化水平高，球也就踢得好。文化水平高的人，他的思维能力强，头脑比较清楚，球踢得也有个准儿。刚才有同志是搞京剧的，会说运动员应该听京戏，应该看话剧，应该听相声……

（相声演员姜昆插话：“还应该听音乐”，众笑）

“对，应该听听音乐，听音乐很重要，而且，应该听交响乐！

“你想想，交响乐几十个人一起演奏，前一段开的交响音乐会，有96个人，我们是‘散装乐队’（众笑），是从各个单位临时凑集起来的。这96个人能够搞到一个节奏里头、一个音高里头，相互配合，该你振作起来了，我们这儿就压下来了；等我上来了，你又给我伴奏，相互协调，浑然一体。我觉得，不仅在音乐上，足球也是如此。足球和音乐一样，要有节奏感，有整体感，要相互配合。

“所以，踢足球听音乐是有好处的！

“别的，我也没什么可说的了。不过顺便说一下，我过去踢球是踢大门。当守门员敢抢敢摔，不过，都是球进了门才扑过去——白摔了一个。”（众大笑）

（据《中国体育报》）

李德伦先生的即兴讲话，表达的是踢足球的人要有文化、踢足球要讲究整体的配合这两层意思。尽管他看似没做准备，但他很会捞"抓手"。顺手一"捞"就无拘无束地从眼下的事情开始说，抓住"老人爬高楼"就"起步"了，乍听与会议主题有悖，其实是"明修栈道，暗度陈仓"，很快就同踢足球"挂"上了，把从小学踢球踢到 20 岁的往事说得很有情趣。这就好像是火车头挂车厢一样，"咣当"一声挂上，就顺着表达的轨道顺畅地"跑"了起来。这段话既贴近实际又有现场感，看似漫不经心却形散神聚。

从语言风格上说，李德伦"神侃成篇"，思路清晰。看似信口开河，但情绪的宣泄引出变换角度的议论，既撒得开，又适时收拢。

我们还可以看到，"挂挡起步，神侃成篇"是以表达机智为前提的。比如李德伦在说踢足球要"听京戏、看话剧、听相声"时，让人感觉有些突兀，是语入"险境"了，这时姜昆"堵"上一句"还应该听音乐"，"将"了李德伦一"军"。怎么办？他不避不退，迎上去一"挂"又"起步"了——"对，也应该听听音乐……而且，应该听交响乐！"他突发奇想，可谓独辟蹊径，歪打正着、言之成理。

三、"侃神成篇"的关键是"借题发挥"

所谓"借题发挥"，是指"借"现场之"题"(比如眼前某个事物、观众的某种心态、大家议论的焦点，甚至会场的布置、别人的插话，包括本人在现场的"突发奇想"等)，由此来个"借题发挥"。这样，临场性表达显得朴实而自然，是高妙即兴口语能力的流露，会取得强烈的现场效果。

第一，善于"借题"，善于立意。讲述者要思维活跃，所"借"之"题"要与表达的意向有内在的关联，这时"灵感"一来，就马上抓住，突破一点就来个顺题立意。立意要有新意，显示出鲜明的个性色彩。

"挂挡起步，借题发挥"的"题"很多，比较常见的是：

借事发挥——从眼前发生的事情说起；

借物发挥——从眼前的一个小物件说起；

借名发挥——从眼前的一个人名或地名说起；

借境发挥——从眼下所处的环境说起。

第二，呈现出话语灵活的流动性。"挂挡起步，借题发挥"的借题过程是启而后发、边说边想，思维与表达同步，内容形散神聚，讲者"挂挡起步"，挥洒自如，有时突然"旁枝逸出"，但绝不是信马由缰；看似"信口开河"，却是巧妙的结构编织。下面倪萍的讲话就是从礼堂上方挂着的横幅"挂挡起步"的。

例话

倪萍应邀到北大

倪萍曾应邀到北京大学和学生见面，一进门，抬眼看见礼堂上方挂着醒目的横幅："成功女性系列讲座"。倪萍微微一笑——她有自知之明，在这个世界闻名的高等学府，她作为一个主持人、一个演员，长期疏于学习，能对"天之骄子"们说出什么"成功的秘诀"、提出什么高深的观点呢？于是，她说道：

"同学们，我实在没有资格来讲'成功女性'这个题目，因为，在我看来，一个成功的女性有两个不可或缺的条件：第一，她建造了一个成功的家庭，第二，她有成功的事业。一个三十六岁的女人了，还在婚姻的跑道上转圈儿，我怎么能说是成功的女性呢？"她的坦率和亲切，赢得了掌声。

倪萍继续说："我其实是一个更适合做家庭妇女的人，有个丈夫，再生个健康的孩子，养上些鸡鸭狗兔，搞块小自留地，那样我一定活得更出色。我向往自己是个母亲，虽然，我已经体味到了母亲的全部光辉在于奉献，但我依然钟情于'母亲'这个社会中最重要的角色……"她感叹自己的生活节拍跟不上时代。

她"挂挡起步，借题发挥"的演讲受到学生们的欢迎，也引起了大家热烈的讨论。

（据《中国电视报》）

训练设计(17)

（一）"选关键词，连缀成篇"讲述训练

确定"即兴成篇"的关键词，试选择并列式连缀、递进式连缀、承接式连缀、对比式连缀、因果式连缀中的任意一种，即兴讲述下列话题。

(1)望子成龙的家长，请放下手中的大棒

(2)常回家看看

(3)别听那些广告忽悠

（二）"片言居要，说句成篇"训练

请围绕下列话题做"说句成篇"的练习。

(1)浪费时间就是浪费生命

(2)好人一生平安

(3)生命在于运动

（三）"挂挡起步，神侃成篇"训练

找几位志同道合的朋友"侃"下面的话题。大家大胆地"侃"，饶有兴味地"侃"，互不相让地“侃”,一人说一段,语段必须完整。

(1)“小皇帝”其实并不快乐

(2)“网恋”之我见

(3)制止校园霸凌现象

(四)“借题发挥,神侃成篇”训练

(1)借事发挥。面对十来岁的孩子抽烟这件事,请以“向小烟民们进一言”为题,做即兴讲述。

(2)借物发挥。就手机功能的更新,即兴讲述“创新”的重要性。

(3)借名发挥。一位叫李怀争的学生,在学生会干部竞选时发表讲话,从自己的名字说起:“我的名字叫李怀争。我不安心无声无息地生活,不安心死水一潭,‘怀’着‘争’的热情,想创造一种丰富多彩的美好生活……”你能借你的名字,做一段即兴讲话吗?

训练提示

1. 常言道“巧妇难为无米之炊”。平时注意博闻强记、勤于笔录,有了自己的“语料库”,临场讲话才能旁征博引,有话可说。

2. 注意培养“即兴意识”。任何场合,如果需要即兴讲话,应积极主动,早一点说话题比较容易展开。如果避让到最后才说,该讲的别人都讲过了,讲起来反而困难。当然有时需要礼让,当别人滔滔不绝、侃侃而谈时,也不必慌张,可以从别人的发言中找话题,引申新的观点,这类“胚芽孕育式”的“挂挡起步”往往会“发人之未发,言人之未言”。

第八节　言为心声　直表成篇

所谓“直表”就是“直白”,就是直截了当、要言不烦地把问题说清楚。

老子说“信言不美,美言不信”,“美”是修饰的意思。坦诚可信的话语是质朴的,不需要任何的修饰。这就是直表。

一、用直言句式传达信息是传播者的责任

现在有些节目,尤其是一些自媒体播出的节目,往往是主持人喋喋不休说了许多以后,人们不知所云,没有留下什么印象,主持人的主导作用消失殆尽。

从语用学的角度说,“废话”是对听觉神经的“按摩”,因为人们经常处于“似听非听”的状态,传播者有一些“废话”在所难免。但是,为了实现节目播出的目的,主持人更应当在节目中适当地运用“直表”,用直言句式,尤其是直言肯定句式传达信息,这是

传播者的责任。同时，适当的密集性信息，可以调动受众的听觉注意和积极思维，给人以清晰完整的印象。

二、直表也是质朴、自信的一种表现

苏轼说："意尽而言止者，天下至言也。"滔滔不绝地给人一大堆模糊不清的信息，还不如几句明晰的"直表"。

例话

杨澜的直表

早年，北京外国语大学学生杨澜竞选《正大综艺》节目主持人，最后虽然胜出，中央电视台内部却仍有一些分歧，主要是有人觉得她还"不够漂亮"。

后来开始新一轮竞选，从文艺院校挑出了一位漂亮的选手与杨澜竞争。

那天，杨澜被带入中央电视台外宾接待室，台领导和主管部门负责人以及正大集团的制片人、导演都到了，还有不少"看客"。

杨澜看到竞选对手，觉得她确实漂亮。但杨澜想："即使最后不选择我，我也要把握机会说出我的见解，证明自己的实力。"

评委出的题目是：介绍自己，并说说你将如何主持这个节目。

杨澜说："我叫杨澜。父母给我起'澜'为名，就是祝愿一个女孩子能有海一样开阔的胸襟，自强自立。我相信自己能够做到这一点……

"我认为节目主持人的首要标准不应该是容貌，而是要看他是不是有强烈的与观众沟通的愿望。我希望做这个节目的主持人，是因为我特别喜欢旅游。人与大自然相近相亲的快感是无与伦比的，我要把这些感受讲给观众听……"

现在很难找到杨澜竞选演说的全文了，但据杨澜说，她一口气讲了半小时，感觉全场异常安静。她觉得，这个机会应当属于她！后来她的对手讲完出来，当自己再次被叫进去，听到竞选获胜、立即上岗的结果时，她说"一点也不觉得惊讶"。

（据《凭海临风》改写）

第九节 意象组合 点染成篇

《易·系辞上》中有"立象以尽意"之说。所谓"意象组合"，"意"即观点，"象"即物象、事件。"意象组合"即用"象"表达自己的"意"。

一、意象组合是感性与理性的结合

在瞬即性很强的即兴讲话中，来不及进行周密考虑和详尽的论述时，有时可以选

择一个能表达你的观点、见解的物象或事件,甚至一个画面,由此开始点染性的描述。“点染”往往是抓住一些细节,这些细节不仅感人还包含着丰富的信息,它们可以引起注意,符合由感性到理性的认识规律,同时也可赢得进一步组织语言作全面表述的空间。

例话

《林雨一刻钟》片段

一个人从降临人世开始接受亲情,浓浓淡淡、酸酸甜甜,凡有亲情的时候,便有一种寄托、一种依傍。小孩子在外面受了委屈,进了门趴在妈妈身上哭一场;成年后同爱人闹了别扭,也会回父母家里喝场闷酒、唠叨一晚上;甚至有人告诉我,当自己的父亲已经病得不能说话的时候,心里有了烦恼也习惯性地到父亲床前去坐坐,什么也不用说,一切就都烟消云散了。

做父母的也是这样。有一位年迈的老母亲说,她当年每逢外面下起大雨、大雪的时候,数数炕上的小脑袋一个不少,心里那个踏实就别提了。我有时为了赶稿子,就把孩子送到她奶奶或姥姥家住几天,时间是空闲了,心却吊了起来,反不如看她在我身边睡下以后我在灯下写的时候心里踏实。

亲情是双向的寄托和依傍。平时不太容易觉察,可逢到大事,便会显现出一种巨大的力量。去年听说这样一件事:有位大字也不识一个的老太太,在没有任何人陪同的情况下,只身闯进美国,去参加出了车祸的儿子的葬礼,而后又带着儿子的骨灰,穿洋越海回到家乡。这个令人心碎的故事,穿透着一股难以估量的也是无可替代的力量,让我们对司空见惯的亲情不得不刮目相看了。

(据《中国广播报》)

在上面这段话中,主持人林雨要表达的“意”是“亲情是双向的寄托和依傍,是一种无可替代的力量”。她用富有感情色彩的语言,通过具象的点染,描述了一个个人们熟悉的生活场景、一个个感动人心的故事,这些是“象”。

二、“意象组合”是“寓情于形、寓理于形”

意象组合并非是对现象的随意罗列,而是根据题旨进行精心的筛选和加工。

我们平时应该注意积累,丰富表象储备,留心观察、捕捉有价值的意象素材,并将其浓缩、简化储存于记忆中,在表达时有效、快速地调出并进行点染性的表述。

例话

沈萍:为了我们的父亲

锦州师范学院沈萍同学在《为了我们的父亲》的演讲中,讲述了一个生活片段:夏日的中午在学校林荫道上与一位拉大车的大叔的交谈。

当叙述到得知大叔的一双儿女也在大学里读书时,她动情地说:

“看着大叔拉着满车钢筋,看着大叔弯曲的脊背、满脸的汗珠和欣慰的笑容,听他说到自己的儿女时带有的几分自豪,我忍不住,眼里涌出了泪水。

“我心里想的是,他的一双儿女,此时此刻也许在有空调的宿舍睡午觉,也许在清凉宽敞的教室里读书,也许和我一样,走在幽静的林荫道上,我不知道,他们是不是会想到在酷日下拉车的父亲……”

(据《演讲与口才》)

上面这段话,没有一句说理和议论,但是“寓情于形、寓理于形”,将强烈反差的生活画面黏合在一起,形成一种意象组合的“和弦”。它显示的“象外之意”,饱含着老一辈对自己子女的殷切期望——这样“意象组合”的讲述,远比单纯的理性分析更能激起听众的共鸣,也更有说服力。

第十节 意随情遣 融情成篇

这类即兴口语,表达者一般是先感受“情”而后才确定表达之“意”的。因为“情”字当头,表达时很大程度上受“情”的驱遣,故名之曰“意随情遣”。

一、“意随情遣”:思想感情处于运动状态

即兴讲话前,须“卷入”现场的气氛,调动自己的感知系统,让自己的思想感情兴奋起来。这样才可能做到即席生情、即席觅意、即席取材、即席成篇、即兴成趣。这类应景性讲话事先可不做准备,准备了反而不自然、不亲切。

进入现场,讲述者先充分感受其气氛,留心观察,按照自己感受的线索,抓住重要之点开始讲。可以随兴驱遣,即兴发挥,但要形散神聚,主旨鲜明。即便讲得有些朴陋,但因为不拘一格,无刀砍斧凿的痕迹,反而会显得真挚、有灵气。

二、“融情成篇”:用“情”打开思路和言路

英国著名演讲学家 A. G. 梅尔斯说:“感情应该是礼仪类演说的自发装置。”

所谓“自发装置”,是置身现场时的“情动于衷”,因此“意随情遣,融情成篇”必须有

积极的交际心态,这样在现场才可能融情动心,才能用“情”开拓思路,打开“言”路;用激情诱导联想,使讲话实现双向交流。

另外,这类即兴讲话要力求简短,一般应控制在几分钟之内。

例话

诺贝尔文学奖获得者托马斯·曼的答谢词

现在轮到我来对各位道谢了。我不用说明自己多么期待这个机会,只是在这个激动人心的时刻真正来临的时候,我反而担心自己会词不达意。因为一个天生不善言辞的人是经常会有这种情况发生的……

经过这么多年,诺贝尔奖再度颁给德国,尤其是颁给德国散文体的作品,这表明了我常常被误解和伤害的祖国,已经为人世的爱心所接受。

对于这件事,我的感受是复杂的。

在基金会决定颁奖给我以后,我就告诉过最先几位来找我的代表,我说我能从北方的邻国获得这份荣誉是多么高兴和感动。作为吕贝克的一个子弟,我从小就养成了和斯堪的那维亚地区相似的生活方式;作为一个作家,我对北欧的思想氛围怀有爱慕之心。年轻的时候,我和小说里的青年托尼欧·克罗格一样,在他身上,北欧和南欧的特性是那么富有创造性而耐人寻味地结合在一起。小说里的南欧,意味着世俗和智慧之进取的本质,以及冷静的艺术之热情本质的一方面。北欧却代表着心灵和中产阶级的故乡,代表着根深蒂固的情感和亲切温馨的人性。现在,这个心灵之乡的北欧,在这个光辉的盛典上拥抱着我。

这是我有生以来一个最美丽、最富有意义的真正的节日,就像瑞典人所说的“欢欣的时刻”——请原谅我把这句话用得这么笨拙。

女士们、先生们!最后,请允许我和各位一起向基金会表示崇高的谢意,并感谢它对全世界具有如此重大的恩泽,感谢它为我们安排了今天晚上这一美好的盛会。按照贵国的习俗,请和我一道再次为诺贝尔基金会齐声欢呼!

(据《演讲词精选》)

诺贝尔文学奖获得者托马斯·曼的获奖答谢词,是真诚而朴实的“意随情遣”。他讲了自己的获奖感受,他把自己的获奖看作是“有生以来一个最美丽、最富有意义的真正的节日”。他的视点很高,既有对“被误解和伤害的祖国,已经为人世的爱心所接受”的欣慰,也有对诺贝尔基金会“对全世界具有如此重大的恩泽”的高兴,这就使这篇答谢词有了更深刻的意义。

训练设计(18)

(一)“言为心声,直表成篇”训练

请用直表方式直接而坦诚地说明自己的看法:

(1)“代沟”是避免不了的吗?

(2)现在是“看脸”的时代吗?

(3)学生能同老师“顶嘴”吗?

(二)“意随情遣,融情成篇”训练

在茶话会、生日会、联欢会、宴会上做一次“意随情遣”的即兴讲话。可以提前稍做准备,打好腹稿。要根据现场情况对构思进行相应调整。

(1)说一段迎接新同学的欢迎词。

(2)说一段欢送毕业班同学的欢送词。

(3)说一段毕业时举行的谢师宴上的祝酒词。

第十一节　模式即评　快捷成篇

“即评”是“即兴评述”的简称。“即评”是“艺考”的一个重要项目。

“即评”重在一个“快”字,要求在规定的较短时间内就某一命题或某一段文字材料(编导专业用视觉材料)发表自己的看法。

本章前面分别介绍了思路坐标的扩展、思维模块的组接、悬念切入的优化、关键词的连缀以及说句成篇、神侃成篇、直表成篇、意象组合、意随情遣等若干即兴表达的技巧,这些都可以在“即评”训练时选用。

由于“即评”准备的时间短促,讲述的时间也只有两三分钟,本节将这些技巧提炼、化简,作为“即评”的一种快捷成篇的模式,供备考使用。

尽管“即评”形式多种多样,但都属“即兴成篇”范畴。给材料“即评”属于“话题评述”,本书后面有专章介绍。这里主要讲“命题评述”。

一、“命题评述”的题型

1. 以一句话、一个词组为题,例如:

(1)科技改变生活　　(2)细节决定成败

(3)生命在于运动　　(4)好人一生平安

(5)学习雷锋没有过时　　(6)不经风雨,怎见彩虹

2. 以一个成语、谚语或一个典故为题,例如:

(1)画饼充饥　(2)雪中送炭　(3)亡羊补牢

(4)好汉不吃眼前亏　(5)机不可失,时不再来

3. 以一个比较流行的事物、词语为题,例如:

(1)学霸	(2)颜值	(3)包装	(4)低头族
(5)吐槽	(6)诚信	(7)网红	(8)狗仔队
(9)网瘾	(10)自拍	(11)炒作	(12)啃老族

二、格化构思

有的人在即兴讲话时,经常运用他们自己摸索出来的"套路"说话。这类"套路"就属于一种"模式化构思"。

这里先介绍将思维模块进行选配组合的格式化构思的方式。

大模块有三个:"是什么"(作判断)、"为什么"(作分析)和"怎么做"。

小模块比较多,比如:举例子、作分析、正面说、反面议、驳异议、讲体验、引名言、作预示、作归纳……

以"别听那些广告忽悠"为例:

格式化构思组配为:是什么+为什么+怎么做。

讲述提纲就是:

A. 叙述某广告欺骗事件,指出是违法行为(是什么、举例子、作判断);

B. 广告忽悠害人害己,坑害消费者,必定被重罚(为什么、作分析);

C. 广告忽悠可以识别,可以回避,可以投诉(怎么做、讲体验)。

但是,在短短几分钟内,一般不能面面俱到地将"是什么""为什么""怎么做"都说清楚。这时,格式化构思可以各有侧重地进行组配。

比如,这个话题的格式化构思也可以是:为什么+怎么做。

讲述提纲是:

A. 广告忽悠害人害己,坑害消费者,必定被重罚(为什么、作分析);

B. 广告忽悠可以识别,可以回避,可以投诉(怎么做、讲体验)。

再如,这个话题格化构思的组配是:是什么+怎么做。

讲述提纲是:

A. 叙述某广告欺骗事件,指出是违法行为(是什么、举例子、作判断);

B. 广告忽悠可以识别,可以回避,可以投诉(怎么做、讲体验)。

还有一种情况，就是只用一个大模块与若干小模块的组配。比如“别听那些广告忽悠”，只围绕“是什么”展开，这个话题就只讲广告如何忽悠我们、是什么行为，其组配方式可以是：举例子＋讲体验＋作判断＋作归纳。

格式化构思的适应面广泛，它是大模块与小模块的恰当组合，其规律是每一段“即评”必须有一个或两个大模块；而“作归纳”属常规模块，必须组配。

三、散点构思

这是将与命题相关的“思维点”纳入思维逻辑链条的构思方式。

所谓“思维点”，指的是拿到题目的一瞬间头脑里面“蹦”出来的与话题有关的观点、词语、短语、人物、事件、画面……它们的特点是“稍纵即逝”，如果不及时捕捉固定，这些“思维点”不太可能再次呈现于脑际。

现以“常回家看看”为例，说明“散点构思”的方法：

第一步，快速将想到的有关话题的一切，以词句方式记录在纸上。

此时，注意力要高度集中，想到一个写一个，不怕混乱无序，如：父母的脸庞，《老年法》，百善孝为先，幼儿园时光，手机里觉得母亲在哭，父母挣钱辛苦，不久前回家见父母头发白了，不久前的视频对话，父亲的病历，家是人生的港湾，人口老龄化……

第二步，确定“言之成理”的思路主线，选择思维点，并进行勾连。

思路主线可以说理为主，还可以抒情为主，也可以二者兼容。例如：手机里觉得母亲在哭→父母的脸庞→父亲的病历→父母挣钱辛苦→不久前回家见父母头发白了→家是人生的港湾→归纳：珍惜亲情尽孝心。

第三步，找一个僻静的地方，用自言自语的方式，疏通语句。有条件的话，可以试讲一遍。重点是如何开头和如何结尾。

如果出现许多思维点干扰，就要坚决地“避”，要有向心组合的意识，全力抓住最有把握的东西讲。只要符合逻辑，能够言之成理，就是成功的连缀。

四、画面构思

这个构思模式是从“散点构思”引申而来的，即选择切近题旨的画面“思维点”进行描述，选择最能表达你的观点、见解的事件画面，即“用事实说话”。

它的难度是，需要讲述者有生动的描述能力。

以本章开头部分的例话“三句话说哭常香玉”为例：

李准在这一段话里，精选了两个使自己“泪往心里流”的情节，一是饥荒年代常香玉“放饭”；一是“文革”时期常香玉蒙冤遭批斗游街。通过扩展描述，李准形象化地呈现出一组感人的画面，既赞美常香玉的人品，又为她的蒙冤受屈鸣不平。这一对比性画面连缀，产生了强烈的现场效果。

五、反推构思

这是逆向构思的模式。可以分为两种:一是逆推成理,二是先逆后顺。

例话

世间本无公平可言

以前我发现这个世界是不公平的,后来才知道,世间本无公平可言。

我很认同古龙的观点:"每个人站着的地方,本来都是平等的,只看你肯不肯往上爬。你若站在那里乘凉,看着别人爬得满头大汗,等别人爬上去之后,再说这世界不平等、不公平,那才是真正的不公平。"

记得曾经看过一条新闻:陕西的一对农民夫妇,5个孩子全都考上了大学,其中4人考上的是清华大学和北京大学,当地政府奖励了这个家庭30万元。

你看,只要你肯往上爬,一样可以把公平握在手里。

学霸不是资本和偶然叠加的结果,有的人只看到哈佛大学有一半学生是富二代,却忽视了另一半来自很普通的家庭。

有一句话说,20多岁不努力,30多岁的你只是成为一个老了10岁的穷人,再过个几年十几年,成为一个又老又穷的人。

人的一切痛苦,都是对自己无能的愤怒罢了。

没有谁生来就拥有一切。不要光嫉妒、仇视别人拥有的一切,自己想要有,就得用力踮起脚去够、去攀。

遇到落差的时候,最不该想的就是公不公平。有空计较公不公平,还不如抓住机会拼搏一场,努力成为别人口中的不公平。

(据"魅力校园网")

上面是"逆推成理"的讲述。

"世间本无公平可言",作者推翻了对公平的一般化理解,提出"把公平握在手里"的观点,是富有创意的"即评"。逆向构思模式,可以参照本书的第八章第十节"巧解妙释,反常合道"。

再说"先逆后顺"模式。它是"逆推"入题,然后"顺推"完篇。

以"学习雷锋没有过时"为例:

A."逆推"入题——"我一直认为,学习雷锋已经过时"。

B."顺推"展开——"有一次我不慎跌进大坑,无人问津,想起雷锋"。

C.最后归纳完篇——"终于认识到,学习雷锋助人为乐永不过时"。

“逆推”和“顺推”交替运用，是悬念入题的运用，是思想经历的袒露，也是辩证分析的需要。比如上面的话题，可以是“形式主义地学雷锋”已经过时，但是“脚踏实地学雷锋永远不会过时”。

这样辩证的思维，新意迭出，富有创意。关键是说理周延，自圆其说。

六、变题构思

命题即评的题型分三类：一是封闭式的，二是半封闭式的，三是开放式的。

封闭式题型的规定性比较强（如“生命在于运动”“科技改变生活”等）；半封闭式题型，有一半自己确定（如“我的人生格言”“成熟的标志”等）；开放式题型可以自己“改造”成适合自己讲的题目，我们称之为“变题”。

开放式题型，一般以一个比较流行的事物、词语为题，比如：学霸、狼爸虎妈、酒驾、包装、低头族、粉丝、易拉罐、颜值……

我们可以根据自己的“语料储备”将题目改变为适合自己讲述的话题。

比如：（“→”显示变题）

学霸→“我佩服这位学霸”“不要盲目崇拜学霸”“学霸并不神秘”

酒驾→“酒驾就是犯罪”“我见过的酒驾”“酒驾为什么屡禁不止”

狼爸虎妈→“狼爸虎妈毁人一生”“我赞赏狼爸虎妈”

这些题目是“自己做主”的“变题”，不仅可以从肯定或否定方面构思立意，还可以向比喻义、象征义的方面引申。

比如“包装”，可以变题为“对人的过度包装是伪装”。

再如“颜值”，可以变题为“让灵魂的颜值更美丽”……

七、同步构思

这是难度最大的“即评”，要求“没有完全想好”就要开始讲述，思维与讲述同步进行。可以参考本章第七节“挂挡起步，神侃成篇”的部分内容。

但是，虽然都是边想边说，“即评”与“神侃成篇”略有不同。“即评”有规定的范围，不宜随意“借题发挥”，并且还要结构紧凑，在规定时间内完成。

我们可以仿照“倒金字塔结构”开始自己的讲述，就是把刚刚想到的最重要的、最有趣的内容放在前面先讲起来，即便心中没底也要想办法抓住听众，语态外松内紧。在讲的过程中，搜索头脑相关“语料”继续讲下去，“灵感”一来就抓住，心理稳定，伺机寻求突破、寻求顺题立意，渐入佳境，形成一条符合逻辑的思路。

以“易拉罐”为题，同步构思，立即就讲：

说起易拉罐，我就想起小时候吵着要喝“红牛”，父亲说太贵了，后来……（讲故事),最近同学聚会我们喝了几十罐啤酒……(继续讲故事)我看到报道喜马拉雅山脚下发现几万个易拉罐,堆积成山……(进入顺题立意)环保、资源浪费、资源再利用……留下童年记忆的易拉罐,如今带来可持续发展的思考。(归纳成篇)

这个以“易拉罐”为题的“即评”,一开始可能只想到童年时喝“红牛”的故事,“开讲”以后进而推进到聚会喝罐装啤酒的事情,这时“立意思维”雏形渐渐显示出来,于是添加登山队遗弃易拉罐的事情,顺势进入“评”的环节,最后的结尾呼应开头,成为一篇很不错的“即评”。

总之,模式即评,快捷成篇,形式多种多样,要注意如下几点:

第一,要有明确的观点,并对观点进行清晰的说明。

第二,要注意话题的展开。思维模块、思维点或者画面没有扩展,三言两语说完了,表述就会显得单薄,没有感染力、说服力,是失败的“即评”。

第三,要根据坐标系思路模式,抓住横向的拓展与纵向的深化两个维度。横向展开是“由此及彼”,纵向深入是“由表及里”。

第四章 即兴描述

——训练目标：言之有物 如临其境

在即兴口语表达中，“描述”具有广泛的实用性。

我们在“摆事实，讲道理”时，在叙述一件事情或说明某个事物时，都离不开描述。比如在即兴演讲中，我们有时需要在讲述中将事物描绘得生动形象，以吸引听众，引起听众的共鸣；在论辩中，有时需要运用描述作为论证的支撑，以增强说服力；在即兴主持中，主持人形象生动的语言离不开描述；在即兴交谈中，我们常常要把耳闻目睹的情况告诉对方，以增加谈资……

一、描述使语言成为一支彩笔

描述是对原材料注入主观想象与感情色彩的叙述。在描述中，表达者运用具象语言着力塑造栩栩如生的听觉形象，以增强口语的生动性和直观性。加里宁曾说：“首先要注意语言的内部含义，不要把语言变成不结果的花。”要语言像“花”那么色彩斑斓，就需要描述，描述是保证语言有血有肉、言之有物的重要手段。

描述运用的语言不是抽象的语言，而是感性的“显像语言”。

例话

现场目击新闻

早晨，喧闹菜市场的一角。

一位身穿笔挺西服的时髦男子手里捏着几根大葱，在人丛中潇洒地走过来。突然一枚一元硬币从他的指头缝儿里当啷掉在地上，蹦了两下，连转了几个弯儿之后一头扎进街边的阴沟泥里。西服男子随即追到沟边，只见硬币直愣愣地在黑乎乎的淤泥上嵌着。他转过脸快速扫视周围，见无人注意，便迅速屈膝俯身，对准沟里的硬币伸出两根长长的手指插了进去。不料插得不准或是用力过猛，反而将硬币推进污泥里，糊了满手的臭泥。西服男子咬咬牙低声怒骂一句，索性叉开五指直插下去，力图一举将万恶的硬币擒获。

然而如此围剿了几次未成功,他只得立起身,刮掉手上的污泥,悻悻而去。

西服男子刚一离开,旁边卖豆腐的妇女赶忙回家提来一把锄头,小心翼翼地把沟里的淤泥一锄一锄地淘到沟沿上,用手细细地揉捏。原来,西服男子刚才的举动都被她冷眼看了个够,她从那男人的衣着举止、神情气韵上看出,掉进沟里的必是金戒指之类无疑。但"金戒指"却深藏不露,妇人下了狠心,拓宽挖泥范围,大有深挖不止、不达目的誓不罢休的气势。

很快,两个在旁边瞧出蹊跷的妇女,不约而同地回家,心照不宣地提着铁锹来了;又有几个妇女互视片刻,神秘一笑,也上阵向污泥开战了。

围观者越来越多,都伸着脖子不解地研究臭味扑鼻的污泥,心眼活络的人忽有所悟,悄悄回家拿来工具,挽起裤腿跃进沟中。下沟淘泥的人越来越多,虽然人们并不知道要找什么,但大家都认准了:要找的东西一定很值钱。

买菜人中有一位报社记者。他听说那边干得热火朝天的淘阴沟的人,并不是环卫站的职工而是附近居民和小贩,立即敏感地意识到自己碰上了一个好材料,于是上前看了几眼,菜也不买了,赶回家写了篇"现场目击新闻"。新闻很快见报,并加了一段"编者按",号召人们学习这种可贵的"奉献精神"。

人们看了这篇报道都将信将疑。因为人们没有觉得阴沟堵塞,更没见谁发扬什么"奉献精神",而阴沟边沿东一堆、西一堆的污泥也没人运走,至今还被烈日暴晒着,在那里发出阵阵臭气。

(据《作家文摘》)

这个新闻故事的描述相当生动。作者观察细致入微,运用所谓"影视手法"从不同的角度进行描绘,切分组合十分丰富,构成了情节完整的故事。喧闹菜市场的一切都静悄悄地进行着,但情节的铺展、特征的勾勒、细节的展示、气氛的描写都蕴含着辛辣的讽刺,令人忍俊不禁。

二、口语描述的基本要求

第一,准确。要符合生活的真实,不应为追求生动形象而肆意夸张。

第二,鲜明。注意观察,抓住特征,抓住细节,给人留下深刻印象。

第三,生动。注意词语的选择,注意富有表现力的修辞手段的运用。

必须指出,在我们的口语表达中,描述一般不会孤立存在。它们存在于叙述之中,有的还包含着一些对话、一些议论或抒情。

一个人的描述能力,有言语技能的问题,也有语言习惯的问题。尤其在即兴口语表达中,不要只满足于把意思说出来,如果没有适当的描述,说出来的话就显得干瘪。我们应当注意培养话语描述的习惯。

第一节 即兴描述:口头写生

所谓“口头写生”是对客观社会生活进行生动传神的描述,它是主观感受与客观反映的融合。说话人对近在眼前、身边的事物细致观察,然后按一定的顺序讲出来,这时,我们的即兴口语就相当于一台摄像机、一支高明的画笔,栩栩如生地勾画出一幅幅生活的画面。

例话

自贡一条街

清晨,天蒙蒙亮,我在自贡一条普通的小街漫步。

街两旁是独具四川特色的木房,黑黝黝的木梁、粉白的墙。街的中段有个小茶馆,两层小楼,一色红漆桌凳,一个镏金的“茶”字嵌在黑漆漆的木板上。晨雾还没散尽,临街的一口黑锅已经翻腾着热气。一把黑漆漆的大铁水壶比煮饭的锅还大,伙计提着它楼上楼下串,黑布鞋踏得楼板蹬蹬响,吆喝声却毫不打颤,依旧是热辣辣地道的四川话:“茶——来了!”

紧靠茶馆的是一排小吃摊。临街搭几张芦苇席,排几张桌子、几条长凳,架几口大锅就做起了买卖。热气腾腾的“抄手”(馄饨)一个个圆滚滚的,浇上一勺红红的辣椒油,吃得人满头大汗。那砧板上的凉粉洁白如玉,厨子熟练地把它切成小丁,倒上酱油,浇上一勺红辣椒,撒上绿油油的葱花,白、绿、红色彩相间,吃起来清凉爽口。

远远有个货郎挑卖担担面。扁担一头是小炉子和柴火,一头是些小碗和作料,还有细长细长的面条。货郎不吆喝,从小街刚走过,大人小孩一个个就跟了过来。货郎不慌不忙拣一处干净地儿停住,放下挑子,燃起炉子。一碗担担面不过一两多一点,大家却吃得津津有味。

“食在广州”? 我看,“食”也在天府。

(据《中国政协报》)

训练设计(19)

口头写生训练

1. 对近在眼前的事物先观察(比如站在窗口看外面的事物),然后按照一定的顺序,有点有面地从不同角度讲述出来,也可以来几句抒情或议论。

2. 请以“大街上发生的事情”为话题,说说你的“现场目击新闻”。

3. 请以下列几个物件作为连缀的触媒,发挥想象力,描述一个故事、一个情节,讲述时要有细节，让人们从中感悟某种事理。

(1)一封信、遥控器、葡萄干

(2)电池、暴雨、香烟

(3)雪花、身份证、饼干

题例：物件——蘸水钢笔、老花眼镜、蜡烛

“这极平常的三样东西，使我想起一位乡村教师。他架着老花眼镜，用蘸水钢笔批改着作业。乡村偏僻，供电不太正常，桌上的台灯突然灭了。他摸索着找到火柴点亮了蜡烛。在昏黄暗淡的烛光下，他批改到一位大有长进的孩子的作业，放下笔，欣慰地笑了。啊，烛光是知识之光，它照亮了孩子的心田；烛光是生命之光，由人民教师心血点燃。人民会永远记住教师的功绩！”

第二节　即兴描述：追述示现

“示现”是一种口语修辞手段。它通过写意式的描述，寥寥几句就活生生地勾勒出早已过去或者未必亲眼所见、亲身经历的事情。常言道“示之以形，方能动之以情”，主持人如果具备即兴示现能力，则有助于维持受众的持久注意，并给人以身临其境之感，使传播与接受处于同一感情氛围之中。

这里所说的“追述示现”，是指把过去经历过的事情描述得如同正在发生的一样，属于回忆性描述。听的人虽然没有看到所描述的景象，但是由于说的人描绘得生动传神，就会诱发其联想，调动其想象力，给人以身临其境之感。

“示现”的运用以拥有丰富的表象储备为前提。应注意在生活中、在文艺作品中留心观察、捕捉，将其浓缩储存于记忆中。当将具有感情负载的意象描述纳入合理的逻辑框架时，那样的即兴口语表述一定是感人的、令人难忘的。

例话

林雨：风雨见真情

那是一个夏天的晚上，我骑着自行车带孩子出门，不巧下起雨来了，我们只好躲在一家商店的屋檐下。这屋檐下原本已经有了几个人，我们进去避雨，地方已经不宽裕了，只能勉强容身。雨哗哗地下着，为了不让孩子淋到雨，我只好替她用身子遮挡风刮过来的雨。这时，旁边一位中年男子突然把自己的自行车从屋檐下推出去，“啪”一声横在了雨里，然后示意我们母女往里面靠。

我已经不记得当时说了什么感谢的话，只记得心里的沮丧和风雨带来的坏心情一下子就消失了。于是，这雨夜里的一份温情，便一直保留至今。

我想，可能谁都会有这样的温情回忆。它不只是一种感觉，而是一种需要。这种

温情调节着我们疲惫的身心，使我们感到生存的尊严、生存的价值，感到生存的美好。

（据节目录音整理）

山东经济台的谈话节目《林雨一刻钟》，坚持多年，热播不衰。主持人林雨热爱生活、领悟人生，她在节目里用身边的见闻为“由头”，讲述对生活的切身体会，传达美好的情感。主持人运用“追述示现”的修辞手段，使她“风雨之中见真情”的生活感悟具体化了，这样的“追述示现”很感人，也很有意义。

第三节　即兴描述：说 X，不说“X”

不善于表达的人，追述事物难以“示现”，原因是他们喜欢用反映事物特征的某一常用词说话，不愿作细致的描述。例如说到天气寒冷时，就只会反复地说“冷、很冷、冷极了”，摆脱不了“冷”这个惯用词语；说某个人很好就反复地说“好、真好”，这些概念性词语用多了，语言就很干瘪、无味。

我们说话时如果有意识地避开特定的惯用词或概念词，用其他的近义词或短语去描述某一事物，比如说到“冷”偏不出现“冷”这个词，说到“热”偏不出现“热”这个词，那样说出来的话就会生动具体得多。

我们将其简称为：“说 X，不说‘X’”。

例话

说冷，不说“冷”

冬天一大早，西北风带着哨儿很刺耳，寒气飕飕扑面吹过来，直往我衣领的缝隙里面钻，浑身感觉彻骨的寒。风吹在脸上，像针刺刀割一般。鹅毛大雪纷纷扬扬，大地白茫茫一片，雪末儿飘到脸上，冰凉冰凉的。屋檐下面挂着一尺多长的冰锥子；公园里的湖面结了冰，好像一面镜子，寒光闪闪很扎眼……

四处静悄悄地，我觉得整个世界冻凝固了，浑身打颤，呼出的热气沾到眉毛上结了白花花的霜，眼睛冻得睁不开。地面到处是硬邦邦的冰凌、冰碴，走在上面滑溜溜的，像踩上牛油一般——哎哟，一脚没留神儿，一个骨碌嘴啃泥，我掉进了大雪坑，像泡进了冰水，浑身颤抖。哎哟，我快成冰棍儿了……

（据《教师口语》）

训练设计(20)

（一）“说 X，不说‘X’”训练

描述一个事实片段，尽量不用概述方式和惯用的概念化词语，尝试用“说 X，不说

‘X’”的方式说一段话：

(1)说热,不说“热”

(2)说好,不说“好”

(3)说坏,不说“坏”

(4)说苦,不说“苦”

(5)说富,不说“富”

(6)说穷,不说“穷”

(二)“追述示现”训练

这是想后就说的练习,将我们脑子里“库存”的事情说出来以训练语流。请回忆最熟悉的人、印象最深的事,要说得准确、完整、生动并富有感情,把听的人带进某种感人的意境中去,做追述示现的练习。

(1)这一场冲突本可以避免

(2)他(她)对我的爱令我难忘

(3)我的童年可真够淘气的

(4)那个地方的风俗民情很有趣

训练提示

“追述示现”重在“画面思维”,重在“再现”画面和故事。要静下心来回忆过往经历的情景,回忆具体的过程和情节、细节,包括环境、人的表情、对话等;要注意避免用概念说话,比如说“我的童年可真够淘气的”,讲述中自始至终不出现“淘气”这个词,说“那个地方的风俗民情很有趣”不出现“有趣”这个词。

第四节　即兴描述:展说显像

“展说显像”是根据仅有的少量语言或文字材料,运用丰富的想象,把未见未闻的事物描述得如同眼前发生的一般。这是创造性的描述,它以丰富的生活经验和知识积累为基础,从已有材料出发展开联想。虽然运用想象可能带有虚构的成分,但不能违背真实性原则。

例话

斯巴达克的最后决战

……在布林迪西港附近,最后的决战就要开始。

战友们把黑色的战马牵到斯巴达克的身边,他在沉思中缓缓举起手,轻轻地抚摸着马头,像有千言万语要对这匹跟随他南征北战、出生入死的战马诉说。然而,他什么也没说，只是默默地将自己的头靠近战马的眼睛，依偎在战马的嘴边。

突然，斯巴达克怒目炯炯，一跃上马，拔出利剑，果断地对战马大声说：“如果我胜利了，我可以从克拉苏那里夺得更多的战马；要是我牺牲了，我也决不让你成为俘虏！”

说着，斯巴达克猛地一剑向战马的尾部刺下去，战马在狂暴的嘶鸣中双蹄腾空跳起，接着向前直冲而去。斯巴达克挥舞着利剑，呼唤着战友们：

“冲啊，杀死克拉苏！”

在激烈的战斗中，斯巴达克始终身先士卒，一往无前。

他跃马横剑，来回冲杀，接连砍杀两个敌军军官。可是，他瞪大布满血丝的双眼，就是没有找到大刽子手克拉苏……

突然，斯巴达克的腿部被冲过来的敌人的长矛刺中，鲜血直流。他从马背上重重地跌落下来。但他艰难地站立了起来，弯曲着一条血肉模糊的腿，手握盾牌，踉踉跄跄地继续浴血奋战。他左冲右突，直到壮烈牺牲。

（据《斯巴达克》）

这是用描述性语言再现一个历史场面的例子。它从现有的历史资料出发，通过合理的想象和加工，运用肖像描述和表情、语言、动作的刻画，让我们看到了斯巴达克的英雄形象。这个具象可感的场面描述，有声有色，有动有静，气势宏大，动人心魄，使我们隐隐看到永载史册的“永恒的瞬间”。

训练设计(21)

展说显像训练

1. 请将《修鞋的故事》和《阿根廷的小男孩》作“展说显像”的讲述。

(1)战斗间隙，一位军人到附近小镇鞋摊修了一双鞋，后来他在战斗中腿被炸断了，住在医院一个多月，他请战友去鞋摊为他付修鞋的钱。

(2)阿根廷的13岁男孩得了癌症，在家寂寞就上街闲逛，见商店有个清纯女孩，就进去买了张CD。后来他天天去，有一次给钱时将写有电话号码的纸条给了女孩。不久，男孩的母亲接到女孩的电话，母亲哭着说男孩刚刚死去。母亲打开衣橱看见大堆崭新的CD，拆见里面有张纸条：“帅哥，愿意同我去树林玩吗？”

答题参考9

2. 请按照下面“望梅止渴”所示，将“负荆请罪”“图穷匕见”“完璧归赵”展开来说成故事。

望梅止渴（成语故事）

有一次，曹操带部队行军，骄阳似火，大地生烟，士兵们渴得喉咙眼冒火却找不到水源。手中的刀枪越来越沉重,双腿像灌满了铅水,迈不开步子。

骑在高头大马上的曹操看在眼里,急在心里。他眉头一皱计上心头,清了清嗓子,很有把握地大声说道:"这一带的地形我熟悉,就在前面不远,有一大片梅树林。年年这个时候,总是沉甸甸的梅子结满枝头。它又甜又酸,可以解渴,快跟我走啊!"士兵们听了这话,眼前好似望见了一大片梅树林,顿时嘴里发酸,流出了口水,浑身有了精神。曹操用妙计把部队带到了有水源的地方。

训练提示

"展说显像"是一种"再造性创作"。要运用具象思维,根据现有资料进行多角度的揣摩,从局部推想整体,从静态推想动态,从前因推想后果,从已知推想未知,包括细节的合理想象。这种推想一定要合理,也要有所取舍,然后归并整合,这样才能有生动、完整而连贯的展像描述。

第五节 即兴描述:疏笔点染

"疏笔点染"式的示现描述,属于口语中的"白描"。

我们平时说话中的描述,一般不会做工笔细描,很少着力塑造栩栩如生的听觉形象,而是在叙述中适时适度地用"白描"手法,寥寥几句话抓住细节,把所述对象生动地表现出来。我们将这种表达方式称作"疏笔点染"。

这样的疏笔点染存在于我们大量的即兴口语之中。

1860年,林肯竞选总统,他的竞选词很风趣地"交代"了自己的家产:

有人打电话问我有多少财产。我告诉他,我是一个穷棒子,我有一位妻子和一个儿子,他们才是我的无价之宝。我租了一间房子,房子里有一张桌子和三把椅子,墙角一个柜子,柜子里的书不少,值得我读一辈子。我的脸又瘦又长而且长满了胡子,我恐怕不会发福而挺着肚子,我没有庇荫的伞,我唯一可以依靠的是你们……

在这段话里,基本都是叙述,只有在说到自己的形象时,用"疏笔点染"式的示现,描述了自家的贫穷,最后来了个自我调侃,效果立现。

"疏笔点染"有这样几个特点:

第一,"疏笔点染"依附于朴实的叙述,是流畅叙述中的描述性穿插;

第二,"疏笔点染"强调细节的捕捉,用细节描述再现感人的瞬间;

第三,"疏笔点染"重在动作描述,排斥过度渲染和夸张。

例话

一切都是最好的安排

有个国王喜欢打猎，刚到森林就一箭射倒了一只花豹。国王下马，走过去检视，谁想到，花豹使出最后的力气，扑向国王，将国王的小指咬掉了一截。

国王生气了，宰相却说："大王啊，想开一点，一切都是最好的安排！"

国王大怒："如果寡人把你关进监狱，也是最好的安排？"

宰相微笑说："如果是这样，我也深信是最好的安排。"

国王拍案，怒斥狂妄戏言，下令将宰相关进了监狱。

一个月后，国王养好伤，独自微服私访，了解民情，来到一处偏远的山林。忽然从山上冲下一队土著人，把他五花大绑，带回部落。

原始部落每逢月圆之日，都会下山寻找活人，祭祀满月女神。土著人点火准备将国王烧死。正当国王绝望之时，祭司忽然大惊失色，他发现国王的小指头少了一截，是不完美的祭品，满月女神会不高兴的。于是土著人将国王放了。

国王大喜若狂，回宫后叫人放了宰相，摆酒宴请。国王向宰相敬酒："你说的一点也不错，一切都是最好的安排，如不是被花豹咬一口，寡人命都没了。"

国王忽然想到什么，问宰相："你蹲了一个多月监狱，又怎么说呢？"

宰相慢条斯理喝了一口酒，说："如果我不是蹲在监狱里，陪伴您的人一定是我。当土著人发现国王您不适合祭祀，那岂不就轮到我了？"

国王忍不住哈哈大笑，说："没错，没错，一切都是最好的安排！"

（据《美文选读》）

上面这个故事，作者运用疏笔点染的描述，对国王情绪的变化用"生气""大怒""拍案""怒斥""大喜若狂""哈哈大笑"这些简笔的动作描述，勾勒出其霸气权威和狂放的性格特征；而宰相则只是用"微笑"和"慢条斯理喝了一口酒"这几个细节白描，便将他的镇定和智者形象展现在人们眼前。

第六节 即兴描述：仿说评书

评书，也叫评词，流行于华北、东北、西北一带。在江南则称为评话。它历史悠久，早在春秋时代就有人说书，是我国劳动人民的口头文学。战国时，诸子百家游说诸侯，经常旁征博引，用故事做比喻，后来形成许多脍炙人口的成语，像"怒发冲冠""刻舟求剑""滥竽充数"等，实际上就是早期的评书。

在北京流行的评书，相传是明末清初江南说书艺人柳敬亭(1587～1668)来北京时传下来的。最初评书只是说唱艺术的一部分,称为“弦子书”,他的老师莫后光将其提升到理论的层面,就是:“夫演义虽小技,其以辨性情,考方俗,形容万类,不与儒者异道。故取之欲其肆,中之欲其微,促而赴之欲其迅,舒而绎之欲其安,进而止之欲其留,整而归之欲其洁。非天下之精者,其孰与于斯矣!”

评书是一种只说不唱的曲艺形式。它有述有表,生动活泼。说书人不仅用动听的语言叙述故事情节,而且运用不同的语气、语调及拟声和表情动作,把故事中的人物、环境、情绪、气氛绘声绘色地表现出来。

我们可以用这种形式训练描述能力。

说评书、讲故事,不是读故事、背故事。任何故事的讲述,都要经过讲述者的二度创作,事实上如《三国演义》《水浒传》最初都是说话的话本。《三国演义》话本为《全相平话三国志》;《水浒传》则为《醉翁谈录》。现在出版的评话“话本”都凝聚着评话讲述者一次次“二度创作”的思维劳动。

所谓“二度创作”说的是选定故事素材后,应将所讲述的故事结构、叙述语言进行一番改造,注入自己的创造,转变为自己的语言,并充分发挥口语通俗、生动、形象的特点,做到说来顺口,听了顺耳,一听就懂。

讲故事,可分为“文讲”和“武讲”两种。“文讲”的动作幅度比较小,语调适中,表情含蓄一些。“武讲”动作夸张,语调、表情也可“火”一点。

训练设计(22)

(一)“疏笔点染”训练

请用疏笔点染的白描方式做叙述练习:

(1)在叙述中用疏笔点染的白描手法介绍你最敬佩的一位老师。

(2)在叙述中用疏笔点染的白描手法批评违背公共卫生规范的坏习惯。

(3)在叙述中用疏笔点染的白描手法强调遵守交通规则的重要性。

(4)在叙述中用疏笔点染的白描手法诉说一个难忘的瞬间。

(二)“仿说评书”训练

下面提供两个评书小段,供训练时使用。

武松打虎(片段)

这时,武松酒醒了,环顾四望,只觉一阵凉风吹过。说时迟,那时快,只见一只老虎呼的一声从半空中扑了过来,武松一个闪让,哗——闪到了老虎的背后;那老虎呢,身子重,扑了个空一下转不过身来,就把前爪搭在地上,腰胯向后腾空猛地一掀,只见武松抽身往后一缩,避在一边。老虎眼见掀不到武松,甩头大吼一声,就像半天空响起一个炸雷,震得山冈也摇晃起来。

老虎双眼圆瞪，寒光闪闪，尾巴慢慢地倒竖起来，像一根铁棒，又直又硬，只听嗖的一声，尾巴一剪，顺势抽了过来。武松蹿身一闪，蹬！跳过一边站定。这老虎眼见一扑、一掀、一剪竟抓不住人，气性先自没了一半，仰天怒吼一声，哗啦啦，树叶给震落了一大片。老虎一步一步地又将身子兜转了过来。武松见老虎冲着他转身掉头，立马大喝一声，双手高高抡起哨棒，用尽平生力气蹿向半空中，对准老虎的脑袋劈了下来……

气死兀术　笑煞牛皋

上回书说到宋兵大败金兀术的乌龙阵，番兵番将眼看大势已去，仓皇而逃，边跑还边喊："哥哥兄弟呦，可了不得喽！南蛮好厉害，快跑哇！"哗——真是兵败如山倒！宋兵宋将勇气大振，一路奋勇杀来，直赶到松花江边。来不及上船的金兵，东倒西歪，被杀死无数。

花开两朵，各表一枝。却说那牛皋在阵地上东寻西杀，喊里咔嚓，砍瓜切菜一般。杀着杀着，迎面正碰上金兀术。牛皋大喊："呔！金兀术，今天看你往哪里走！"金兀术大怒："牛皋，你也来欺负我吗？"回身就战牛皋。金兀术一斧砍来，牛皋一手接住斧柄，一手丢了双锏，双手来夺斧。"撒手！""你撒手！"牛皋一喊一叫不要紧，金兀术可受不了了。他身上负了伤，这时候伤口复发，身体往前一冲，掉下马来。那牛皋也一跤跌下，正好跌在了金兀术的背上。番兵正待上前，宋兵截住乱杀一气。牛皋趁势翻身骑在金兀术的背上："嘿嘿，金兀术，你也有被俺擒住之日！"金兀术回转身来瞪圆双眼，大叫一声："气死我也！"怒气填胸，一口鲜血喷出，气绝身亡。牛皋一见，仰天长啸："大哥，我可替你报仇了！"说完哈哈大笑，谁知笑得过猛，一口气没接上来，竟笑死在金兀术的背上。这一回便叫虎骑龙背，气死兀术，笑煞牛皋。

后人有诗笑金兀术：空图大业逞英雄，扰乱中原走几遭，今日英豪犹在否？竟将一命殉牛皋——欲知后事如何，下回接着说。

第五章　即兴讲解

——训练目标:深入浅出　语清意明

“讲解”,是对客观事物或事理的口头介绍或解说,是一种经常运用的口语表达方式。当我们对有些事物的性质、状态、功能等不太清楚时,当我们对有些事理的奥妙、变化、规律不太了解时,清晰明了的讲解就相当重要了。

“讲解”也是主持人常用的口语表达方式之一。

值得一提的是,现在“讲解”已成为一种热门的职业,除了体育解说,旅游景点、博物馆、科技馆、纪念馆、商品展销、项目招标等都需要专职的“讲解员”。讲解员的介绍是让一切陈列品“说话”的主体媒介,是沟通观众的桥梁;讲解员是传递知识的重要载体。讲解的本质是创造性的信息输出和给予。

讲解要说得清、讲得“明”,首要的前提是懂得“讲解”的职责,懂得所要解说的事物,懂得用什么方式将所要说明的事物、事理说清楚明白。

例话

茶艺解说词(片段)

各位来宾:美丽的苍山洱海附近,散居着热情好客的白族人。在白族人家,无论是逢年过节、生辰寿诞、男婚女嫁,还是有贵客临门,主人都会用“一苦二甜三回味”的三道茶款待来宾。主持三道茶仪式的人,必须由家里或族中年岁大、威望高的人担任。现在,请各位品尝头一道茶——苦茶。

苦茶白族语称为“切枯早”,就是清苦的意思。

烹制苦茶的时候,先把专用的小土陶罐放在文火上烤热,然后放入茶叶再慢慢地烤,烤到焦黄发香,冲入开水煮一会儿,“切枯早”就煮好了。

请客人品苦茶很有讲究。品苦茶用的茶杯很小,称为牛眼睛盅。

俗话说:“酒满敬人,茶满欺人。”所以斟茶只能斟到小半杯,当主人用双手把苦茶敬献给客人时,客人也须双手接茶,要一饮而尽。

头道茶入口很苦，据说寓意着做人的道理："要想立业，必先吃苦。"

（据《中国旅游》）

一、即兴讲解原则：诚信为本

讲解是自己理解了说给别人听的服务性言语行为。自己理解了却故意说偏了，那不是讲解，是"忽悠"；自己不理解，胡乱讲解，那是对别人不负责任。因此，我们必须强调，讲解的原则是"诚信为本"。

具体地说：

第一，真实性原则。必须真实正确地反映客观事物，不应添枝加叶、随意夸饰、胡乱编造，不应过多地注入自己的主观情感。

第二，科学性原则。表述要条理清晰，要客观公正，符合事物事理固有的规则，同时还要兼顾人们认识事物的习惯，找到最佳契合点。

第三，准确性原则。用语必须力求准确易懂，遣词造句讲究分寸，主观情绪的介入必须适度，以正确地反映客观事物。

二、"讲解"一般从三个层面展开

第一个层面讲清"是什么"。例如介绍一个人物、一种现象、一个场面，传递某种信息等，体育解说基本属于这个层面。

第二个层面讲清"为什么"。例如介绍一种原理，揭示一种规律，说清一个道理，分析某个现象的来龙去脉，等等。

第三个层面讲清"怎样做"。例如讲清一个解决问题的方法，说明一个程序性的操作过程，包括注意事项，等等。

在讲解一个具体事物时，这三个层面不是孤立的，它们常常相互组合、渗透，有时各有侧重，有时只需要讲解一个层面。

三、增强即兴讲解的易受性

为了保证即兴讲解的易受性，要注意口语修辞。

第一，口齿必须清晰。"语清意自明"，口语解说，信息密集，吐字不能拖泥带水，必须字字清晰、声声入耳，让人一听就明白。同时，语气亲切实在，语调自然活泼明快，抑扬顿挫分明，让人听来不觉得吃力。

第二，注意重音和停顿。把问题说清楚，一要突出重音，主要是区分性重音、强调性重音、提示性重音和逻辑重音，将这些表达事物性状的修饰部分作为重音，可以使人们的感知更加准确、更加深刻。

第三,把握讲解的节奏。讲解性口语一般不宜说得过快,当然,也不宜过慢。说得过快,超越了人们理解的速度,人们就容易听不清,听不懂;说得过慢,人们听了会昏昏欲睡。讲解的语速节奏,要契合人们理解信息的速率。

第四,注意讲解中的交流。主持人、讲解员是传递知识的载体,也是沟通受众心灵的桥梁,因此讲解实质上是一个交流的过程,不要自恃资讯丰富就目中无人,应该以谦和、平等的语态说话。

讲解一个事物的方法很多,比较常见的有下定义、作分类、作释义、抓特征、用比较、作分解、打比方、作列举、举数字、用图表、用视频、作类比、作描摹、举例子、引资料……这些方法可以在讲解时交替运用。

第一节　简约性讲解

简约性讲解是指用比较简洁的话语,要言不烦、言简意赅地说明事物、解释事理。简约性讲解是有实用价值的一种口语表达方式。在科学日益发展、生活节奏日益加快的今天,讲解者对事物做出言必有中、一语中的的解释或说明,有助于提高工作效率,有时被人们看作是精明、干练的表现。

例话

如何写解说词

解说词是配合实物或图画的简明的介绍文字,解说词具有解释、深化、概括的作用,要求语言精练、准确、口语化,要求紧扣主题,简明扼要。

解说词一般按照陈列的顺序或画面推移的顺序编写,每一件实物或一个画面有一段文字说明作为补充,以克服画面表达的局限。

解说词可以发挥对听觉的补充作用,通过形象化的描述,观众可感知故事里的环境,从而达到情感上的共鸣。

解说词不是干巴巴的说明,一篇好的解说词,就像一首优美的诗,它起着起承转合的作用。写解说词的时候要认真观察、研究被解说的事物。

解说词写作的形式多样,方法灵活,要根据解说对象的特点,突出事物的主要方面,抓住事物的关键,即使是拓展性内容,也要注意增加和补充解说对象的相关信息,主要是知识和情理的扩展,让观众接收到画面和事物本身无法传递或难以表达的含义。

(据“搜狐网·聊数码”)

“如何写解说词”是一个不容易讲清楚的问题,但是作者只用了200多字就说明白了。由此可以看出,简约性讲解的特点:尽量省略烦琐的说明,只用简明扼要的话把事物说得一清二楚。简约性讲解强调思维的缜密,强调内部语言的组织,有时抓框架,有时抓关键,有时抓特征,有时抓本质,由于有了这个思维过程,在语出于口时,先将表达内容加以筛选和提炼,快速斟酌、确定讲解的用语,话一出口就能对客观事物做出切中肯綮的说明。

我们讲解一个概念,就要揭示事物的本质特征和本质属性,做出正确的解释。但是,在即兴口语表达中,有时不可能也没有必要将其本质属性全部揭示出来,这时可以采用"释义"之法。"释义"是对事物的本质特征作部分的揭示,比如,"偏见"就是偏向一方的见解;再如讲到什么是"文学",为了强调语言对于文学的重要性,可以从一个侧面做出释义:"文学是语言的艺术",或者"文学是社会的一面镜子"。

第二节　形象性讲解

叶圣陶先生说,"解说并不一定要板着面孔说话"。他主张运用形象化的表述方式,使解说具体、生动、感人。

形象性讲解可以分为静态和动态两种。讲解静态事物,要注意空间顺序和位置,讲清形态、方位和结构;动态讲解要注意时间的顺序,即在不同时间中事物存在的不同状态。体育解说是典型的动态的形象性讲解。此外,还有制作过程、事物变迁、发展历程等,讲解时须将时间推移的层次交代清楚。讲解过程中注入的感情要注意把握分寸,符合受众的价值取向,不宜过分渲染。

比如体育解说,是对正在进行的体育比赛做生动传神的讲解。在瞬息万变、让人眼花缭乱的赛场,边看、边听、边说,经常是看到即讲、分秒不误,句句紧扣、声声衔接,是一种高难度的即兴口语解说。

形象性讲解可以适当运用比喻、描摹、拟人、比较等修辞手段。尤其是要善于运用比喻这个说明事物的方法,它有助于推动领悟,增加讲解的兴味。古人云:"能博喻然后为师","善喻者,以一言明数事;不善喻者,百言不明一意。"(《礼记·学记》)确实如此,用比喻说明事物,可以以浅喻深,化深为浅;以简喻繁,化繁为简;以熟喻生,化生为熟。

训练设计(23)

(一)"形象性讲解"训练

1. 用形象性讲解说一说随地吐痰的坏处、酒后驾车的危害。

2. 美景导游。导游员常常运用形象化语句引导游客游览美景,好的导游词能给人以美的享受。请选择一个景点,设计导游词,训练形象化的讲解。

美景导游词辑录

在苏州石公山上——

“朋友们,我们已经来到仙山妙境。请大家看,我的背后是蜿蜒葱翠的丛林,前边是广阔的太湖,青山绕着湖水,湖水托着青山,山石伸进了湖面,湖面咬着山石,头上有山,脚下有水。真是天外有天,山外有山,岛中有岛,湖中有湖。山如青螺伏水,水似碧海浮动……”

在苏州城外——

“苏州城内园林美,城外青山有雅趣。一座座山头活脱脱像一头头猛兽,灵岩山像伏地的大象,天平山像金钱豹,金山像条卧龙。虎丘山犹如蹲伏的猛狮,那也是苏州一景,名叫‘狮子回头望虎丘’……”

(二)“简约性讲解”训练

1.请用简约性讲解说明下列这些新概念:

(1)什么是“大V”?

(2)什么是“直癌男”?

(3)什么是“屌丝”?

(4)什么是“打脸”?

(5)什么是“拍砖”?

答题参考10

2.请用简约性讲解,介绍夜景拍摄的方法。

3.请用简约性讲解,介绍汽车驾驶的要领。

4.请用简约性讲解,介绍外语学习的方法。

(三)请用比喻这种说明方法向小学五六年级学生讲解

(1)地球内部的构造

(2)知识有连贯性、系统性

训练提示

掌握讲解技巧是讲解员提升讲解水平的重要环节。景点讲解,是旅游讲解员的重头戏,也是游客较为看好的旅游产品之一。讲解语言要摒弃讲解词的书面表达方式,尽量口语化;要研究讲解对象,讲解方式和方法要灵活,让讲解语言生动形象,不断拓展话题,丰富讲解内容。

第三节 阐明性讲解

阐明性讲解,是对一个讲解对象作符合逻辑的言之成理的说明,它往往通过分析、判断、归纳或演绎得出令人信服的结论。

阐明性讲解可以运用的方法很多，例如：

——通过分解，把整体分成若干部分，从不同的角度进行深入的讲解。

——以感性材料支撑观点，使深奥变得浅显，晦涩变得明晰。

——抓住特征，即抓住有别于同类事物的突出部分进行讲解。

——通过归纳，证明一般的结论。

——通过比较，人们在准确区分事物的过程中认识事物，深入把握事物的本质特征和一般规律。比较分为“横比”和“纵比”两类。“横比”包括同类比和异类比两种，同类比可以区分同类事物的不同点，异类比可以认识不同事物的相同点。“纵比”是指同一事物的前后变化。通过“同中辨异、异中见同”的比较，人们对事物的各个方面才可能有准确的把握。

例话

木星到底有多大

太阳系的行星中，最大的就是木星。

整个太阳系，除了太阳之外，其他数十亿天体加在一起，质量也只有木星的 40%。那么，如此恐怖的行星，究竟是怎样一种存在呢？它到底有多么巨大呢？

我们今天来详细说一下。

木星的直径是 14.3 万千米，约是地球直径的 11.25 倍。假如地球是一个一元钱硬币，那么，木星将要比篮球还要大上一圈！

木星的体积大约是地球的1 316倍。木星的质量是地球的 318 倍，那么如果地球是一个人那么重的话，木星就是四头大象的重量！

别说木星，就连木星上的一个风暴——大红斑，都是一个恐怖的存在。

木星大红斑自从 300 多年前发现以来，就一直存在。我们现在知道，这是木星上的一个超级气旋。一个气旋能存在至少 300 年，简直就是一个奇迹。

这个风暴创造的另一个奇迹，就是它的规模。木星的大红斑从未消失，但是规模会不断变化。最大的时候，大红斑的东西跨度一般在20 000千米～30 000千米之间，最大甚至可以达到50 000千米！它的南北跨度，一般在14 000千米左右。

也就是说，木星上的这个超级风暴，可以并排塞四个地球进去！

同木星相比，我们可以感受到地球的渺小——小得可怜。

（据“快资讯网”）

第四节　纲目性讲解

纲目性讲解是提纲挈领地说明事物、分解事理的解说方法。它的前提是:讲解者对所要讲解的事物有全面、深刻的了解,在对各种相关信息筛选、过滤之后,舍弃旁枝侧叶,用“约而达、微而臧”的精练语言进行讲解。

这种讲解,条目清晰,以少胜多。在信息丰富繁杂的情况下,这种讲解以简洁明了取胜,给人印象鲜明而深刻。

纲目性讲解主要有以下几种:

1. 分列式。用概括性语言,将所要解说之点逐条排列,所述各点相互并列。
2. 总分式。将材料分类,有纲有目按序排列,条目之间是总分关系。
3. 层递式。逐条列举,层层递进,既解说全貌,又突出关键。

纲目性讲解,经常要对所讲解的事物进行分解列举和分类列举,把讲解对象的基本特点分类分项罗列出来并逐一说明,从而使人们对讲解对象有一个完整清晰的认识。所谓分类,是通过明确概念外延来说明事物的方法,它适用于讲解头绪纷繁的事物。分类可以一次划分,也可以连续划分。在纲目性解说中,因为一般不是十分精确的说明,划分的标准有时可能出现交叉。

例话

纲目性讲解语用案例

针对“如何解除婚内寂寞”这个复杂话题,有人开出了这样的“良方”:

我觉得可以偶尔“小别”,短暂分离可以体验原先共处的愉快和相互关怀的必要;另外可以聆听倾诉,心里有什么话就说出来,这种沟通能增加心灵接触的机会,增进感情,也有助于消除寂寞;最后是共同活动,一起参加各种公共活动,或者一起交流如何美化家庭,共同的活动可以产生共同的快乐……

再如“如何摆脱无聊的纠缠”这个一时说不清的话题,有人这样说:

第一,对方迎面走来,不要主动同对方目光接触。

第二,坦白说你正忙着,手头事情必须立即完成,不能奉陪。

第三,对方不走,手上的事情千万别丢手。

第四,对方仍不走,可以说“你走之前,我想请你看一样东西”(如看花草、看小鸟),看后就说“好,今天就到这里吧”,顺势将其送出家门。

第五,也不要总是拒人于千里之外,让人不愉快。先发制人,明知对方喜欢纠缠,可以随时主动找对方聊几句,适时结束,抓紧走人。

(据《现代交际》)

第五节 平实性讲解

平实性讲解是朴实无华的解说。这样的讲解极少修饰或描摹,用朴素平实的语言直截了当地把事物、事理讲清楚、讲明白。

朴实无华是一种可贵的语言品格。主持人语言表述朴实、平实,是符合大众审美期待的一种语用策略。因为运用这样的风格讲解一个事物、讲清一个事理,人们会觉得更可靠、更实在、更值得信赖。

当然,“平实”并不是做作出来的。广义地说,平实是立身之本。所谓“言如其人”,主持人的平实性讲解体现的是一种诚信,这样的讲解贴近生活、贴近实际,犹如聊家常,既缩短了与受众之间的距离,也有助于提升媒体的公信力。

但是,平实不易。平平实实的讲述有时可能因为过于“平”,不易调动人们的听觉兴趣。这表明,“平实”不是“平淡”,平实要“平而不板”“平而不淡”,要突出信息要点,抓住关键,满足人们的诠释期待。

例话

宋英杰说天气

其实我们都经常同冷空气打交道,不过,冷空气有强有弱,范围有大有小,有的冷空气小得在我们这样的气象图上都难以看清,但有的冷空气却是真正的庞然大物。现在我们看到的这股冷空气,它们占据的范围足足有几百万甚至几千万平方千米。在这样大范围的高气压控制之下,天气现象就比较单一,尤其现在北方地区基本上都是比较晴朗的天气,但是南方呢,还有一些地区是偏东风,能够吹来充分的水汽,所以通过今天的卫星云图我们就可以看到,南方地区上空还有一些降雨云系,不过以后这样的降雨将有所减少。

可能我们对温带气旋不是特别熟悉,但我们对它的同胞——热带气旋却耳熟能详,因为热带气旋所带来的热带风暴、台风等都是我们经常说到的话题。热带气旋主要出现在夏季,而温带气旋是在春天活动。所以在春天,我们不妨记住这个名字——温带气旋。

(据《中国电视报》)

第六节 谐趣性讲解

在说明一个问题或解说某个事物的时候,让话语蒙上一层幽默诙谐的色彩,会更有吸引力、感染力,这就是谐趣性讲解。

谐趣性讲解可以通篇妙趣横生,这样的讲解是高妙的语言精品,但更多的是以点染成趣的方式出现,含而不露地让人们在联想中感受其兴味。

谐趣性讲解启发思维,使枯燥乏味的分析说理成为愉快的接受过程,引起心理共鸣。当然,要做到这一点,首先自己要理解深入,积累丰厚,而且表达心理宽松豁达,这样择词用语才可能俏皮有趣。

例话

毛泽东在井冈山讲解游击战术(片段)

现在白军强大,红军弱小,我们以弱斗强,只能采取游击战术。什么叫游击战术?简单扼要地说,就是“敌进我退,敌驻我扰,敌疲我打,敌退我追”十六个大字。从前井冈山有个山大王,叫朱聋子,他和当时的统治者斗了好些年,总结了一条经验“不要会打仗,只要会打圈”,朱聋子前一句话不对,后一句是对的。我们改它一下好了:既要会打仗,又要会打圈。这样,才能歼灭敌人,使根据地不断巩固,不断扩大。“打圈”是为了避实就虚,迷惑敌人。强敌来了,先领着他兜几个圈子;看出他的弱点,抓准了就打。要打得干净利落,要缴到枪炮、抓到人。打得赢就打,打不赢就走,赚钱就来,蚀本不干。

(据《党史春秋》)

毛泽东很会说话。他在井冈山上讲解游击战术,妙趣横生,先讲了一个“山大王”的故事,形象地证明了“兜圈子”的好处;接着讲怎么“兜”,从中道出游击战术的精髓:“打得赢就打,打不赢就走,赚钱就来,蚀本不干”。用的都是通俗明快的惯用语,说的都是短小俏皮的句子,透着诙谐和自信,显得轻松活泼,很有感染力、说服力,堪称谐趣性讲解的范本。

训练设计(24)

(一)阐明性讲解训练

运用分解、举例、比较等方法,对下列话题做阐明性解说:

(1)说说体育锻炼的好处。

(2)怎样保护视力?

(3)减肥的重要性和主要方法。

(二)纲目性讲解训练

纲目性讲解需要用语精确,条理分明。试讲解如下话题:

(1)介绍一种家用电器的使用和保养方法。

(2)主持人形象设计应该注意的问题。

(3)求职应聘应该注意什么问题?

(三)平实性讲解训练

1.请将书面语资料改为平实性口语讲解。

表述话题:“星期”的起源

话题素材:公元前2 000多年的时候,古代巴比伦人注意到月相变化具有规律性,就将月亮连续两次呈现同样月相所经历的时间,即一个朔望月,平均分为四段,每段七天。当时他们认为,包括太阳、月亮在内,有七个行星围绕地球轮流旋转,轮完一次,即为“一星期”。

2.学习下面的示例,请设计某展览会的展品讲解词。

雷锋纪念馆讲解词(片段)

大家好!欢迎各位来到湖南雷锋纪念馆参观。

现在我们所在的位置是陈列馆的序厅部分。这尊雷锋挎冲锋枪雕塑是由大理石基座和汉白玉像身组成的,在苍松翠柏的掩映下,雷锋显得英姿飒爽,这是他最具代表性的形象。在雷锋塑像背后的这幅大型背景画映山红鲜艳夺目,热情洋溢,它就像雷锋灿烂如霞的青春年华,显示着勃勃生机和顽强生命力,也象征着雷锋精神犹如这漫山开遍的映山红,生生不息,代代相传,它为我们开启了弘扬雷锋精神的高昂序曲。在背景墙上镌刻着几个苍劲有力的鎏金行草大字:向雷锋同志学习——毛泽东,这是1963年毛主席向全国发出的号召,它也成为一个响亮的口号,推动着全国性学雷锋活动蓬勃开展,直至今天。

左右墙上有两则经典的雷锋日记。在各位右手边墙上的是雷锋1959年10月25日写的一则日记。他写道:“青春啊,永远是美好的,可是真正的青春,只属于这些永远力争上游的人、永远忘我劳动的人、永远谦虚的人。”这是雷锋对于青春的理解,表现出他阳光向上、积极进取的人生态度;应当成为每一个人勤于学习、勇于攀登的奋斗宣言,激励每一个时代的人奋发有为,永葆青春风采。

(四)谐趣性讲解训练

(1)失去地球引力,如生活在太空舱中,会遇到什么趣事?科学家如何解决宇航员太空生活的诸多不便?

(2)假冒伪劣产品是怎样忽悠消费者上当的?

第六章　即兴评述

——训练目标:述事义理　新意迭出

“评述”是表明对某一客观事物、事件、事理见解的表达方式。

“即兴评述”与“即兴点评”稍有不同,它不是只言片语的插入式评论,而是相对完整的以语段或语篇形式出现的比较集中的评论,是评述主体在事先无准备或稍有准备的情况下,根据所提供的素材,结合个人的感受和思考,即席发表的观点和看法。即兴评述的现场性,显示了它的难度,也显示了与缜密构思写就的书面评述的区别。

随着我国电台、电视台评论节目的普遍开设,即兴评述日益成为许多节目的重要内容。

快速构思,是体现即兴评述能力的主要因素之一。它要求评述者在极短的时间内,不仅迅速确定“说什么”,还要根据材料解决好“怎么说”的问题。因此,评述者仅仅亮明观点是不够的,还要说出赞成或反对的理由,这就涉及即兴评述的一个重要步骤:铺陈论据、布局谋篇。

由于即兴评述的表达时间都不长,语段框架都短小精悍,现场即兴评述没有太多的时间来谋划,要做的只能是从“述”与“评”的关系上把握它的规律。

一、即兴评述中“评”与“述”的关系

即兴评述的“评”与“述”关系密切,述其事,议其理,有“评”有“述”,二者珠联璧合,相辅相成。“评”与“述”的关系可以这样表述:

第一,述是手段,评是目的。即兴评述的归宿是表达对特定事物的见解,所以在大多数情况下不可本末倒置,重“述”轻“评”。

第二,述有选择,评有针对。这是说不必面面俱到地叙述事实,“述”要有所取舍,“述”要为“评”服务,“评”要注意针对“述”的内容。

第三,述要具体,评有分寸。这是说“述”要言之有物,具体可感,而“评”需用语谨慎,逻辑合理,把握分寸,不能“无限上纲”。

第四，评述一致，评述相连。这是说“评”与“述”是不可分割的整体，观点和材料高度统一，切忌“述”“评”分离，南辕北辙。

例话

对自己再“狠”一点

2018年第三季《中国诗词大会》总决赛，外卖小哥雷海为逆袭夺冠。

在参加《中国诗词大会》之前，每天在等餐的时间空隙，一群外卖小哥拿着手机玩《王者荣耀》、看直播，只有雷海为在背古诗词。

等餐的时候、等红灯的时候，甚至骑车在路上的时候，他都用来背诗。

吃过午饭，有一个多钟头的时间，他就会坐下来好好读几首诗词，看诗词的创作背景、注解、鉴赏，还能背一两首新的诗词。

最近，他正在看《汉语语音史》。

自律的程度，决定了你生活的高度。别人在看书的时候，你在抖音上刷得不亦乐乎；别人在健身房里挥汗如雨的时候，你在饭桌上大快朵颐；当别人利用周末学习充电提高自己时，你却睡到中午12点……我们总是抱怨每天工作太多，劳累过度，休息不好，心情糟糕，抱怨各种不公平——苦衷太多，总是怪时代不好，明明就是自己不行。

有人说：“我努力的最大的动力是恐慌，我不能接受一个停滞的自己。”

作为一个普通人，我们在很多事情上拼不过别人，我们唯一能拼的就是对自己再“狠”一点。

（据“中国校园网”）

二、即兴评述与书面评述的区别

即兴评述与书面评述相比，有许多相通的地方，但也存在一定的差别：

第一，即兴评述处于现实语境中，依附语境并受到语境的制约，随时有可能进行应变性调整和变动。有时可以先声夺人，将观点和盘托出，对共知的可感事实不做重复性叙述，话语集中于“评”；有时“评”是现场嘉宾和观众的“众说纷纭”，而主持人的“评”与“述”只是一种参与或归并加工。

第二，即兴评述的语段构成不一定如评论文章那么严整、那么讲究“章法”，其结构比较简单；有时因小见大、由表及里、由此及彼；有时“述”而不“评”（或少评），此谓以“述”代“评”；有时观点多次出现，反复强调以“晓以利害”；有时“述”后即“评”，有时先“评”后“述”；有时详“述”简“评”，有时详“评”简“述”；有时“中止判断”，含不尽之意在言外。

第三，即兴评述作为一种口语表达方式，注重运用口语修辞手段增强评述效果。

即兴评述一般用谈话语体说话,以诚相见,并注重交流。在表明无可置疑的观点时,语气可以确定些;也可以用商榷的语气提出自己的看法,营造探究的氛围;有时义正词严,语速较快;有时语速缓慢,显得委婉从容。叙述事实可以适度运用白描点染,将所评述的事实呈现出来,调动参与评论的兴趣。有时主持人气势贯通地予以表述,显得坦率并带有论证的色彩;有时也可以舍弃客观,注入较多的感情因素,使观点更加鲜明。

第一节　先述后评　先评后述

"先述后评,先评后述",是以感人的叙述和逻辑的论证力量给人以启迪。

"先述后评",是"摆事实,讲道理"的常规模式。其构成方式一般是"述"与"评"相对集中,分成两个部分,"述"在前"评"在后,分量大致相等,评述的终结是使人们对一个问题从感性认识提高到理性认识。当然"述"作为"评"的依据应有所选择和侧重,"评"则应条理清晰、公允准确,忌以偏概全。

例话

名人也有无知时

名人有时也很无知,学识渊博的恩格斯就曾闹过"请鸭嘴兽原谅"的笑话。

那是1843年的事情了。恩格斯在曼彻斯特看到一枚不太多见的蛋,有人告诉他,这个蛋是鸭嘴兽下的,恩格斯听了哈哈大笑,说鸭嘴兽是哺乳动物,怎么可能下蛋?他的话把人家也搞糊涂了。后来恩格斯心里不踏实,查阅了资料,发现自己竟然在这个常识性问题上十分无知。后来他经常提起这件事,在给朋友的信中,他说他做了一件"事后不得不请鸭嘴兽原谅的事情"。

大千世界,无奇不有,人的认识永无止境。我们对客观世界不同程度的"无知"是绝对的,"有知"是相对的。恩格斯的不凡,在于他毫不掩饰自己的某些"无知",而且,有及时弥补自己某些知识空白的热情。对于有了一得之见便沾沾自喜、一窍不通也好为人师的人来说,恩格斯给他们上了一课。

(作者:应天常)

这个语段,先简述鲜为人知的名人轶事,然后进行议论,指出恩格斯"无知"的原因,赞扬他对"无知"的诚实,并针砭时弊,显得简练而深刻。

"先评后述"与"先述后评"相反,是先提出见解并略作分析,接着再通过叙述事实证明自己观点的正确性。将"评"放在前面是为了强调观点,先声夺人。在这类即兴语段中,材料的引述多用概述,少用描述,并对材料做点面结合的一系列铺陈,以避免孤证之嫌。

例话

懂得拐弯,是人生大智慧

许多聪明人没能走上成功之路,不少是因为撞了南墙也不回头。

人生路上难免会遇到困难,拐个弯,绕一绕何尝不是个办法?

俗话说:山不转,路转;路不转,人转。只要心念一转,逆境也能成机遇。只要你心里拐个弯,就会路随心而转,从而超越自我,开创新的天地。

红极一时的影星克利斯朵夫·李维在一次马术比赛中意外坠落,成了一个高位截瘫者。他一度绝望过,也曾想就此了结生命。但在挫折面前,他最终选择了转弯,他以轮椅代步,当起了导演,他导演的影片还获得了金球奖。

他还坚持用牙咬着笔,写出了他人生的第一部畅销书《依然是我》。

语言文字学家周有光享年112岁。有人问起他的长寿秘诀,周老说:"凡事要想得开,要往前看。"那人说:"要是我还是想不开呢?"周老跟着一句说:"拐个弯,不就想开了嘛!"周老认为"拐个弯,坏事就是好事"。他还提醒人们说:"自杀的人,就是他走到了要拐弯的地方,他不能拐弯,就只好死了。"

前进需要勇气,拐弯需要智慧。

拐弯给予人生的好处是,你可以看清正路在哪里。

(据《文萃》)

这是"先评后述"的案例。先从现实出发引出观点"懂得拐弯才是人生大智慧";然后,以影星克利斯朵夫·李维和语言文字学家周有光为例,立论十分稳实;结尾与开头呼应,评述情理交融,给人以鼓舞的力量。这些材料虽性质相同,独立使用略显单薄,但是将它们叠加起来就增强了说服力。

第二节 述中有评 评中有述

"述中有评,评中有述"是边述边评的评述方式。这类即兴评述将"评"与"述"统一于水乳交融的整体之中,无拘无束地且说且评,随时插入重笔浓墨的议论,也可以随意来几句点而不破的"淡评"。"述中有评,评中有述"舍弃大段乏味的叙述或议论,将感性的讲述与理性的分析相互交织在一起,很容易引起听者的共鸣。

例话

演员姜文笑谈"假洋鬼子"(节选)

我在国外见到许多中国人,实际上大多很土,在外国过很底层的生活,不敢去豪华场所,也不敢乱花钱,干什么事情都小心翼翼、缩手缩脚。他们津津乐道向你炫耀的东西,在我看来一文不值。

我在西班牙碰见一个中国人,他对我大夸西班牙海湾。我问他,在国内去过什么地方(海湾),他说去过太阳岛。我说那不叫海湾。你去看看海南岛,看看青岛,看看北戴河、大连的海湾——这些人在中国人面前把自己当外国人,指手画脚的,而在外国人面前,就自觉地把自己当孙子。

在美国,我接触到一些华人记者,他们有的完全用一种仰视美国人轻看自己同胞的卑微心理来猜度我。他们问我:"你对思科西斯是否很崇拜?"我说:"你得把崇拜两字去掉!"他们很奇怪,说:"思科西斯已经50多岁了,是你长辈呀!"我说:"艺术没有长辈晚辈,我可以尊重甚至佩服他,但是崇拜谈不到。"我认为,一个崇拜别人的人,不可能被别人尊重。

咱们就是让崇拜呀、仰视呀把自己搞晕了。比如在外国,混血儿受歧视,在中国,混血儿是时髦。夸一个人长得好看就说,你看他长得真帅,跟外国人差不多;有的人硬把自己的祖宗往外国血统上靠,似乎这样才能证明自己的高贵。有些中国女孩子宁肯随便嫁给一个老外,说中国没一个好男人,其实那外国人可能在洋人堆里混不出样儿来,到咱中国混江湖来了。一个外国人就曾跟我说:"我在自己国家屁也不是,而在中国我可以泡妞,而且是名妞。"

(据《中国戏剧报》)

姜文在国外华人圈里见到某些"觍着脸"崇洋媚外的怪现象,激起了民族自尊心,紧贴现实引出了颇多感慨。这一段即兴评述,既有毫不留情的揭露,也有入木三分的贬斥,注入了强烈的感情;点染议论,深刻辛辣,发人深思。

"述中有评,评中有述"就是这样,由于讲述者对"述"的内容有深切丰富的感受,有新颖独到的见解,有"了然于心、不吐不快"的评述欲望,所以在即兴评述时才挥洒自如、酣畅淋漓。

第三节 详述简评 详评简述

"详述简评"是以叙述为主的评述方式,只在开头或者结尾略作评说。但是"述"的目的性、针对性很明确,而且"述"的质量越高,观点就越鲜明,因此"述"的取舍尤为重要。《一个曾被讥讽的诺贝尔奖获得者》评述者对谢灵顿的成名做了选择性叙述,将自己的观点隐含其中。在叙述结束时,评述者的见解烘云托月显现,此时观点的提出便水到渠成。

例话

一个曾被讥讽的诺贝尔奖获得者

英国的谢灵顿是一位曾荣获诺贝尔奖的科学家。

他出生在伦敦的贫民窟里，后来成为被人收养的孤儿。少年时代，他沾染了许多坏习气，人们说他“不是好种，长不成材”，以致他对别人的侮辱嘲弄习以为常。后来有一段时间，谢灵顿对一个挤奶女工心生爱慕之情，向她求爱，女工说：“我宁愿跳进泰晤士河淹死，也不会嫁给你！”

这一闷棍，把谢灵顿从荒唐的自暴自弃中打醒了。从此他一改恶习，发愤攻读，用行动彻底改变了人们对他的看法。他的学问与日俱增，后来在研究中枢神经学方面作出重大贡献，成为牛津大学教授，成为载入史册的伟大科学家。

这说明看人得有辩证的观点，再落后的人，身上总有些美好的地方，我们要善于发现它、点燃它，让它放出绚丽的光彩。

（据《读者文摘》）

“详评简述”是指在一个相对完整的语段中，“评”的比重较大，相对减少“述”的比例，一般是因为“述”的内容在当前社会语境中已是人所共知的事情，或者不便于展开全面的叙述。这样，这种评述就以“评”为主线，对客观事物进行集中、深入的评论。

例话

评节目主持人汪涵

一个优秀的综艺节目主持人要能利用他的口才穿针引线，营造氛围，调动情绪，控制节奏，驾驭节目进程。湖南卫视的汪涵就是这样的主持人，他统筹全局，化解主持人和嘉宾的矛盾，保持节目欢快的节奏。他出色的语言运用能力为节目增添了许多光彩，幽默不失稳重的主持风格更是凸显了他的智慧的魅力。

汪涵口才精妙，颇获好评。他妙语暖场、巧言答疑，话里话外尽显风趣，而其言语中透露出来的哲理智慧，更让我们在欢笑中深思回味。

每个人都喜欢幽默，喜欢风趣，汪涵抓住这一点，在节目中往往一句很简单但很巧妙的话语就足以让我们感受到不同的意境，比如他说：“据我观察，长得帅的男人都说自己长得不帅，所以我也觉得我自己长得不帅。”后来，汪涵被粉丝“逼问”跟杨乐乐的婚事，他说：“就像做菜一样，我们去年还半生不熟，今年已经煮熟可以上菜了。”又说：“都说婚姻是爱情的坟墓，但是要是没有了婚姻，爱情岂不是死无葬身之地了吗？”这些精言妙语，俯拾皆是。

（据《综艺时报》）

训练设计(25)

(一)“先评后述”训练

分别根据下面所提供素材,做“先评后述”的练习。

素材1.西安市未央区第一小学曾规定学生佩戴两种领巾:红领巾和绿领巾。老师眼里的好学生佩戴红领巾,而那些调皮、学习不好的小学生则佩戴绿领巾,上学放学都不能解开。家长对此很不理解,学校解释说,这是一种教育探索。

素材2.2010年智利圣何塞铜矿发生严重塌方,33名矿工被困在地下700米处,智利政府联合各方力量全力营救,69天后被困矿工全部脱险,创造了矿难被困时间最长,而且全部成功获救生还的世界纪录。

(二)“先述后评”训练

话题:“把话说得简练些”,运用下面素材做“先述后评”的练习。

评述材料:有人问美国第28任总统伍德·威尔逊,准备十分钟的演讲得花多少时间?他说,至少需要两个星期;问准备一个小时的演讲需要花多少时间?他说需要一个星期;那人问:“那么,如果请你讲两个小时呢?”威尔逊立即回答:“不用准备,马上就可以讲。”

(三)“述中有评,评中有述”训练

分别根据下面所提供素材,做“述中有评,评中有述”的练习。

素材1.几年前,成都“超女”20强王贝由母亲带着到武汉接受面部磨骨手术,结果出现医疗事故,经转院抢救无效死亡。现在,在武汉石门峰“名人墓”有“超女”王贝的墓碑。围观群众看着墓碑上镶嵌的照片说:“这么漂亮,还整什么容?”

素材2.“广场舞”流行全国。晚间,在公园或小区内的广场上一群大妈尽情跳着舞。然而高分贝的噪声也影响了居民的正常生活,舞者和居民因此冲突不断。

素材3.重庆一名初二学生扶起不慎摔倒的老人,但老人及其子女称这名中学生是肇事者,起诉并要求其父母赔偿。一审时多人证明少年清白,法院驳回老人的诉讼请求。老人不服上诉。二审开庭这一天,老人撤诉了。但这位少年却因此而变得沉默寡言,他曾哭着问父母:“你们不是说要助人为乐吗?”

(四)“详述简评”或“详评简述”训练

分别根据下面所提供素材,做“详述简评”或“详评简述”的练习。

素材1.《新民晚报》报道:11月29日傍晚,101路新风号公交车驾驶员杜明生驾车从吴淞驶向北站。途中,人们看到一辆外地汽车油箱起火,那位外地车驾驶员急得束手无策。小杜看见后,立即拿起车厢里的灭火器下车,迎着呛人的浓烟,冒着油箱随时会爆炸的危险,快速扑灭了烈火。外地司机拉着小杜的手感激万分,但遗憾的是,当小杜回到车上时，隔车观火的部分乘客指责他擅离岗位，多管闲事，有的人抱怨小杜耽误了他们回家做饭的时间。

素材2.据报道：四川成都举办“竹之神韵”中国巨星演唱会，演员们被热情的观众追得无路可逃，某著名主持人的嘴被撞肿了；同日，自贡体育场举行大型演唱会，某女歌唱家被歌迷强行拥抱，并发生踩踏事件，致使十几人受伤住院；中央电视台《同一首歌》光临潮州，演员被观众拉扯，差一点被扯下舞台……

训练提示

1.要想说出新意，就要注意推敲自己的观点。观点和材料不能脱钩，不能光是材料的堆砌，而忽略对观点的阐释，忽略对材料的剖析。选例要精准。

2.“述中有评，评中有述”时不一定有完整全面的见解，应注意“散”与“聚”的关系。可以抓住几个片段、几个细节展开议论，评述观点的主线鲜明。既然“评”就不要浮光掠影，要切中要害。

3.“详述简评”切忌对细节恣肆渲染，否则就成了说故事。要抓住能够反映本质特征的侧面，通过叙述折射出理性的光彩，这样画龙点睛的评说才有说服力。

4.“详评简述”是一个论证过程，但它不像议论文那样需要完整的篇章，那样会走回书面语代替口语的老路。它要求我们在即兴评述时具有决断性的命题意识，思维处于敏锐清晰的状态，在讲述时做到言之有据、言之成理。

第四节　述中显评　融评于述

在即兴评述中，有一种只叙述而不予评说的特殊评述方式，这就是“述中显评，融评于述”。这种评述看起来全是叙述——说现象或者说某个事情，但叙述者的目的完全是在特定的语境中表明某种观点和见解，或对某个错误观点进行评价或批驳。这种即兴评述，可以转述过去发生的事情，包含着人们的生活体验；可以描述某种可能出现的状况，虽没有议论，却明确无误地表明自己的看法。

这种“以述代评”的“评述”，是“用事实说话”，没有说教的色彩，所以有潜移默化的说服力，被看作是高明的评述技巧。

例话

对企图自杀者的劝告

你已经孤注一掷，生命对你已经不再有吸引力，你选择了自杀。

好的，在你杀死自己之前，请让我告诉你几件事情。

我是精神病院的护士，亲眼见到过一些自杀场面。

请看这位25岁的青年人,他试图电死自己,然而他活着,不过两条胳膊已经没有了。那么,去跳楼?去问问约翰吧,他曾经是个多么聪明和富有幽默感的人,但这都是他跳楼以前的事了。如今,他的脑子损伤严重,拄着拐杖,步履蹒跚,永远要人照顾,但最糟糕的是,他记得他曾是一个正常的人。

吃安眠药吧,不过且慢,安眠药种类很多,药效也不一样。看看这个12岁的孩子吧,他赌气吃下了许多,现在肝功能已严重损坏。医生说,他将会在全身颜色慢慢变黄中死去。这条路实在太痛苦了。

实在没有万无一失的办法——想用枪吗?我们这里有位24岁的年轻人,对着自己的脑袋开了枪。现在,他拖着一条腿和一只没用的胳膊,度日如年,实在可怜。同时,他也丧失了半边视觉和听觉……

朋友,自杀不是英雄之举,不那么有魅力。谁从地板上擦掉你的血迹、刮掉你的脑浆?有谁壮着胆子看你扭曲的面容、把你从上吊的绳子上解下来?有谁从河里捞起你肿胀的尸体?你的妈妈,你的妻子,还是你的儿子?要知道,这种差使连清洁工也不情愿甚至会拒绝的,但是,这种事情总得有人去做。

你那封措辞精心、爱意切切的诀别书,是没有用的。那些爱你的人永远也不会从这件事情的悲痛中挣脱出来。看到那几张纸,他们懊恼,会陷入无边的痛苦,甚至感到愤怒,因为你自杀的时候只想到了你自己。

应该有其他的选择,生活的路沟沟坎坎,不过总会有时来运转的时候。

(据《大众心理学》)

这是社会心理学家路赛罗一篇文章的节录。

作者观点很鲜明:任何自杀方式都存在风险,人们应该对生活抱有希望。但是,路赛罗没有直接说出自己的这个看法,而是不动声色地步步紧逼,用描述展示过去所见过的自杀失败的各种不堪入目的状况,含而不露地将轻生者潜在的轻生手段和理由一一予以否定,并显其荒谬。这种"以述代评"的评述方式,没有一点教化的色彩,但却潜移默化地让想走向黄泉路的人犹豫起来。

第五节 语言通俗 语态亲和

即兴评述不必把问题说得太复杂、太抽象,说一堆堂皇而又空洞的话,张嘴就是哲学名词,反而华而不实。我们应当联系自己所熟悉的社会环境,入情入理。必须改变由职业优势带来的教化式的居高临下、俯视众生的语态,应该站在群众的立场,关注人们的生存境遇,揣摩人们的所思所想,以平等的心态、平和的"商榷式"交流增强即兴评述的亲和力。

即兴评述的表达应该口语化，简明通俗，既入耳入心，也有助于听众的理解和消化，有利于调动听众的参与积极性。口语化表达要流畅、准确；评论语言要干净，不要用太多口语助词、副词；语言要轻松幽默，要举重若轻，不要危言耸听，不要上纲上线；用事实讲道理，贴近听众。

例话

刘元元评“队长他妈”

主持人刘元元在《元元说话》节目中，对京郊某村的“队长他妈”以代收信件方式向收信人索取“手续费”的做法作了介绍，然后评论道：

“这位老太太今年 80 多岁了，耳不聋，眼不花，身体特硬朗。我想，如果她不是队长他妈，她可能就是一个特慈祥的老奶奶，能教街坊的小媳妇做针线，能给孩子们讲故事……可当了队长他妈，怎么就这样？倚仗家里人的权力就把便宜占尽了，这就真有些一朝权在手的感觉。今天说的是队长他妈，其实生活中不像话的干部又何止一个‘队长’？不像话的家属又何止‘他妈’？”

节目播出后，听说当事人很不满，元元在续集中继续评论道：

“上一集我说了这么一句话，说这位老太太要不是队长他妈，可能是一位特慈祥的老奶奶，如今做了队长他妈怎么就盛气凌人了？队长本人对我这句话有意见，他说，我妈怎么不慈祥了？如果我的话对老太太多有冒犯，还真要请老太太原谅。但是我觉得，自己的儿子越是干部，越要严于律己，不让别人戳脊梁骨，这才是对儿子最好的支持。自古就有岳母刺字的故事，岳飞的母亲在岳飞背上刺上‘精忠报国’，告诉他先保国家再保小家，保了国家才有小家，是所有做母亲的典范。您看，我换个说法，可理儿还是这个理儿。”

（据节目整理）

刘元元的两段评述显示出通俗化的平民语言特色，分寸把握也很到位：开头夸“队长他妈”身体好是铺垫，接着的假设推论是善意、隐晦的批评；然后进一层，把话挑明了说，显示出评论的针对性；最后由此及彼针砭时弊，十分有力。在续集里又将说理推进一步，也是外圆内方、绵里藏针。

第六节　观点新颖　彰显个性

在即兴评述中，独特的角度必然产生独特的观点，独特的观点如果用独特的语言风格去体现，就会显示出个性。沈力说：“生活中的每个人都有自己的性格特征，屏幕上也应如此。因为主持人是一个真实的人，而不是机器，他有自己的喜怒哀乐。有个性才有活力，才产生魅力。”

例话

尖刻不是深刻,“毒舌”不是幽默

2013年春晚,有人一上场就大秀“毒舌”功夫,尖刻挖苦,满嘴钢牙,见人就咬。也许是我们的生活太缺乏笑点,也许是如今的小品除了拿人开涮之外,再也没有更好的招数,反正“毒舌式”幽默还是赢得了一些掌声。

但是,逗乐如果离开了对现实的深层次介入,没有了入木三分的幽默讽刺,恐怕剩下的就只能是拿别人的外貌和弱势群体去胳肢观众了,也许能博得一时的皮笑肉不笑,但终究不是上乘的艺术。

喜剧作为一门艺术,前提是要捕捉到生活的细节,巧妙地提炼编排,然后让人会心一乐,捎带着讽刺社会现象,比如姜昆的《虎口遐想》,就百播不厌。

春晚出现“毒舌女王”,还捎带着把“腹黑体”拉进了人们的视线。所谓“腹黑”来源于《厚黑学》,腹黑体,就是“肚子里都是黑的”,看起来笑意盈盈,亲切有加,内心却恶毒,不动声色地把快乐建立在别人的痛苦之上,不折磨死人誓不罢休。常言道:“都是千年的狐狸,你玩什么聊斋啊。”没有智慧的幽默只有刻薄。生活是艺术之源,我们的大腕们缺的不是表演能力,而是深入生活的身段。

(据《南方周末》)

在人们被“毒舌女王”逗得开怀大笑时,有人从另一个角度,指出“尖刻不是深刻,‘毒舌’不是幽默”,这就是彰显个性的评论。近些年,富有个性的主持人不断出现,他们直抒胸臆、酣畅淋漓的新闻评述很受欢迎。主持人个性适度张扬而产生的思想火花,包括生活哲理、思维方式、生活态度和爱憎情感,转化为略带棱角的评述,是主持人节目中难得的文化元素。

训练设计(26)

(一)“述中显评,融评于述”训练

请根据下列素材进行“述中显评,融评于述”即兴评述的续讲练习:

(1)你说春节多放鞭炮才热闹,大街小巷都噼里啪啦地放起来才显得红火。好,我来讲几件事情给你听……

(2)你说不要把使用煤气灶讲得那么玄乎,不要拿安全用气的条条框框吓唬人。好,不说不知道,一说吓一跳,有个人家……

(3)你说酒后驾车没啥,你别那么盲目自信,你听我说……

(二)"角度新颖,彰显个性"训练

请根据下列提供的两段素材进行即兴评述练习:

素材 1.1990 年 3 月 7 日,比利时布鲁塞尔一个警察局接到报告,有人在一幢表明"不能居住"的房屋里发现一具枯骨。经司法部门查证,死者名罗莎丽,女性,死在此屋已经有 13 年了。

素材 2.同是布鲁塞尔,在某公园一棵树上贴有一张"寻狗启事":"本人不慎丢失爱犬一条,一岁两个月,毛棕黄色。走失一个多月,好不可怜!如有见者请电话联系;若领爱犬前来,本人面酬 14 万比利时法郎,不胜感激。电话……"

训练提示

1."述中显评,融评于述"是以"示之以形"达到"晓之以理"的目的,因此叙述的内容要真实可信,不可添油加醋,随意夸大或缩小。叙述中虽然没有抽象的议论,但必须有一根"理"的红线贯穿其中。叙述时可以适当注入感情,有助于启发受众有所感悟,获得认同。

2.有许多评述,可以在交流和商榷的过程中进行,因此,主持人要掌握"言不尽意"和"语不及"的语言策略,所谓"语不及"就是说话要留有余地。古人说"事不可做尽,言不可道尽,势不可倚尽,福不可享尽,凡事在不尽处,意味最长",是很有道理的。我们切不要以"权威说教者"的姿态进行评述,而是要隐蔽地显示自己观点的倾向性,体现一种平视的语态,尽量以探求真理的参与者的角色和大家一起讨论。

第七节 即兴评述 哲理思辨

即兴评述的过程,始终伴随着理性的思维判断,而理性思维的主要方法是运用辩证思维思考话题。这很重要,这样可以把话题说得深刻一些。

一、即兴评述要运用辩证思维

辩证思维是唯物辩证法在思维中的运用,是客观辩证法在思维中的反映。联系、发展的观点是辩证思维的基本观点。对立统一规律、质量互变规律和否定之否定规律是唯物辩证法的基本规律。具体地说:

1.要全面地看问题,注意换一个角度看问题。

2.要一分为二地看问题,注意事物的两面性。

3.要透过现象看本质,不要只停留于事物表象。

4.要注意事物之间的联系,不要孤立地看问题。

5.事物是运动的,不要孤立静止地看问题。

6.事物是变化的,看问题要注意由量变到质变。

7.事物是矛盾的,主要矛盾决定事物的发展方向。

……

二、即兴评述不要停留于直觉思维

直觉思维和分析思维,是两种常见的思维模式。直觉思维是本能的、潜意识式的,它一般比较快捷,是不假思索的判断。而分析思维则富有理性和逻辑,通常比较缓慢。研究显示,直觉思维和分析思维的结果,有时并不相关联,因为凭直觉通过表象得到的结论可能与事理相反。

比如在历史上主宰了一千多年的"地心说",就是古希腊学者直觉思维的结果,直到1544年,波兰天文学家哥白尼经过观测、分析推算,建立了正确的"日心说",才纠正了这个历史性谬误。值得一提的是,凭直觉对月球运转得到的结论是正确的,对太阳及其他行星运转的结论属于谬误。

由此可见,这两种思维方式是互补的,它们可以相互配合。人们往往从直觉开始,构思出新的观点和假设,然后通过严谨的分析获得正确的结论。

比如,某高校艺考话题评述的题目是:某地公安局同意某犯罪嫌疑人暂时离开看守所,参加女友的结婚典礼。警方动用警车派数名警员随同到酒店,典礼结束将嫌犯押回看守所。群众看到说司法腐败,公安局肯定收了好处费。

显然,群众的议论是基于直觉思维得出的结论。如果进行理性分析会发现,它从一个侧面反映了司法的进步。它维护了"犯罪嫌疑人"的基本人权,对特定个案做出符合司法程序的谨慎处理,是值得肯定的事情。当然这也说明,在人民群众中普及法律知识的迫切性。

即兴评述不要停留于直觉思维,要重视分析思维,才会准确、深刻。

三、即兴评述要树立"角度意识"

即兴评述要有"角度意识"。所谓"角度"是指人们观察事物、分析问题的立足点。即兴评述的角度,是指评述者选择和处理评述材料的着眼点。

正确的评述角度的选择,来源于对评述材料的科学分析。

刘勰在《文心雕龙》中说:"论如析薪,贵能破理。"这里的"析"字强调了议论得多角度分析。正是这种"析"和"理",使中心论点由概括变得具体,由现象触及本质,从而使人们对事物有全面、准确、深刻的认识。

角度意识,不仅对于即兴评述有着巨大的作用,对于养成多维的思维方法也具有重大意义。在即兴评述中,多角度思维有助于打开思路,有利于我们在构思过程中触发灵感,翻出新意,使即兴评述发挥出应有的逻辑力量和说服效果。

训练设计(27)

思辨性即兴评述训练

从富有新意的角度,完成下列即兴评述:

(1)在一次公务员考试时,一位考生忘记按照规定带身份证,监考人员拒绝她进场参加考试,她下跪请求监考人员开恩,却还是没有获得准许。

答题参考 11

(2)《老年人权益保障法》规定子女必须回家探望父母。某县为弘扬传统美德,规定公务员如不回家探望父母、不孝敬父母,一律不准提拔、不准入党。

(3)据外电报道,现在中国已经是世界第二奢侈品消费大国,主要购买群体是"富二代"和"官二代"等年轻人。这个现象,引起了人们的热议。

(4)某镇图书馆馆长准许街头乞丐把手洗干净进图书馆看书。有的乞丐进去看书,有的只是坐在凳子上休息。有些人很不高兴,对馆长这样做很有意见。

(5)江苏科技大学一位老师曾给学生布置一项特殊的作业:写遗书。老师说,此举是为了鼓励学生珍惜生命、珍惜时间,不要荒废大学四年的光阴。

训练提示

即兴评述成功与否,不仅取决于现场评述的语境,也取决于评述者个人的综合素质和认知水平,而真正考量的则是评述者的思辨能力和内涵修养。从外在语言表达的角度来看,即兴评述展现的是评述者快速思维和组织语言的能力、临场不慌的心理素质。从内在思维的组织上看,即兴评述是评述者几种能力的综合体现,即判断能力、逻辑思维能力和观点的创新能力。

第七章　即兴听悟

——训练目标:听知听悟　用听交流

常言道:“会说的不如会听的。”这说明“听”与“说”的关系密切,因为在交流语境中“听”与“说”不能独立存在。“说”与“听”的双方在信息输出与输入过程中进行言语的再生产,只有会听交流才能有效、和谐地进行下去。

在即兴口语表达中,“听”的重要性主要表现为:

第一,“听”是思维的“起搏器”。

言语交流是通过话语信息的“振波”引起思维活动而开始的,所以“听”是对思维的一种启动。如果交流者倾听意识淡薄,对方的话语就会听不准或听不懂,就不会有及时适度的反应,交流就会受阻。所谓“听君一席话,胜读十年书”,离开了良好的听辨、听悟,就是一句空话。

第二,“听”是信息的“过滤器”。

言语交流是在不确定的语言环境中进行的,话语信息有真有假、有好有坏;有的清晰,有的模糊;有的言近旨远,有的言此意彼。要想进行积极的对话和交流,就必须仔细听辨并注意过滤,才能去粗取精、去伪存真、由此及彼、由表及里地筛选话语信息,得到交流者认为有用的东西。

第三,“听”是应变表达的“定向仪”。

“听”发挥确定和调控言语交际走向的作用。如果听漏、听偏对方的本意,就会“岔题”“偏题”,造成误会,使交流受阻。只有会听,才能准确及时地获取信息,进行顺畅的交流。

第四,“听”是一种“无声交际”。

在人际交往中,“听”不仅是为了听懂别人的话、获取信息,它还应该体现为对别人的真诚关注和尊重。“听”是言语交际不可分割的组成部分。

例话

客套话里的"话外音"

有客来访，当该聊的话说完，主人会对客人习惯性地说上一句"看时间还很早，不如再坐一会儿？"从字面上来说，这仿佛是一种挽留，但琢磨一下这句话出现的时机，就能体会到其是不是暗藏"送客"的意思。

通常来说，主人说这句话，往往是在客人表现出有想走的意思之时。但是，如果话头仍然没有止住的时候，主人如此话语一出，客人原本想要深入的话题便只能就此打住，转而进入双方告辞—挽留的阶段。所以说，别只看话语的表面意思，它其实可能是主人不想再和客人聊话题的一种隐晦表达。

还有就是客人刚巧在主人家待到饭点儿，主人通常会问"要不留下来吃饭？"其实从礼节上说，这句问话是很没有礼貌的，因为如果主人确实真心想要留客吃饭，一般会直接把客人的饭菜做好，然后邀请客人上桌食用。如此直白相问，言外之意是在隐晦地向客人表示：抱歉啊，我们家没有做你的饭菜，我也不想和你继续聊下去，你快点儿向我告辞离开吧。所以说，当你听到这句话的时候，千万别傻乎乎答应坐上饭桌用餐，说不定这样一来，反而会令对方厌恶。

因为种种缘故，生活里的我们无法直白地表达自己的真实想法，只得通过不同的言语来向对方传达隐晦的意思。如果能掌握其中的技巧，会给自己的人际交往带来很大帮助。当然，我们也要能听出这些客气话中的"话外音"。

（据《现代交际》）

第一节　掌握"TQLR"听辨法

"听"的目的是获得信息，但是如何听才能获得最多的信息呢？

对于这个问题，许多人从接受心理机制的角度进行了研究，提出了各种见解。比较典型的见解是：说话听不清的原因在"脑"不在"耳"。

这一见解认为，大脑中有一个控制耳朵接收音量的开关（大脑回路），大脑不仅接收来自耳朵的信号，还对耳朵发射信号——要求人们把注意力集中到某人说话的声音上。由于有了听对方说的积极意愿，对方的话语就会以同样的音量同时到达你的双耳。加拿大科学研究会总结出一种科学的听辨方法，其缩写为"TQLR"，即"调频—提问—聆听—复现"。

1. 调频。这是借用无线电"调频"的术语，说明注意指向的调节。意思是要求听者在听话时将思维"调"向对方表达的话题，并唤起脑子里"库存"的与话题有关的回忆，排除有碍听知的一切干扰因素。

2. 提问。从一开始听就要在头脑里形成疑问,如“他为什么要说”“他的核心意思是什么”“他说的话有没有根据”“他还将说些什么”等。

3. 聆听。这是关键的环节。要聚精会神,力求提高听话“一次听清”的准确率,听清每个词、每句话,边听边记(暂留性记忆)边提炼归纳,并通过相关联想,预测对方还会说些什么。

4. 复现。这是“听”的终端环节,需要听话的组合能力和听话的品评能力。具体地说,就是要边听边回忆前面所说的内容,并与眼前说的内容联系起来,通过去伪存真、由表及里的推断,将之暂存于记忆“仓库”,然后继续听下去。

虽然“TQLR”四个步骤是在连贯的、合成状态下完成的,但是“TQLR”听辨法通过科学分解从听知、听记、听悟三个方面揭示了言语交流中听辨的基本规律,对我们正确听知、听记、听辨、听悟是有价值的。自觉运用这个方法,可以指导我们如何听得清、记得住、理解准、反应快。

训练设计(28)

(一)悄语听辨

训练方法:选择一次会议讲话的录像,将其音量放在低档,坚持听15分钟左右,说出所听的内容,然后放大音量复听对照。

(二)闹语听辨

训练方法:试在喧哗嘈杂的场所同别人谈话,可以谈一件事、一个道理;将电视机或收音机的音量开大,同时和别人交谈,力求听清对方的每句话。

(三)快语听辨

随着生活节奏的加快,人们说话的速度越来越快,“快语”正在成为一种富有时代色彩的语言风格,这就对我们的听辨提出了更高的要求。

训练方法:在日常生活中注意多与说话快的人对话,听清他们说的每句话;也可请一位说话快的朋友说一段话,听后复述其内容,看自己复述得是否准确、完整。

(四)方言听辨

使用方言会给人们的言语交际带来障碍,但能听懂一些方言还是必要的。我们可以通过方言听辨培养听辨注意力。

训练方法:试找不同方言区的人聊天,尽量不使对话中断,看能进行多久。谈的时间越长,越能表明听辨能力有了提高。

训练提示

1. “听”也是一种心理素质。要有顽强的自控力,全神贯注地听,甚至对于有些含糊不清、枯燥无味的讲述，也要能沉得住气，能够听得进、听得明。

2. 听一段话注意领衔句、结句及关键词句，边听边筛滤无用信息，浓缩要点并归纳。不管别人说得再急再快，听时都应尽力平稳心态。

3. 方言难懂，但容易引起听觉亢奋，可调动听辨注意力。方言的选择要难易适中，不能一点儿都听不懂。

第二节　动态语境的听辨

“TQLR”听辨法，一般是在比较稳定的状态下使用的，但是我们的言语交流经常是在不稳定的动态语境中进行的。

动态语境中的“听”归纳起来应当注意：

1. 排除一切干扰。在动态语境中听别人说话，需要增强自己的“抗干扰”能力。卡内基曾说，“除非房子失了火”，你听别人说话时最好看着对方的脸，要强迫自己聚精会神地听下去。

2. 浓缩信息要点。边听边将对方最重要的话记住，或将对方的话整理成几句话，记住几个最能表明对方观点的关键词。

3. 梳理对方思路。对方的表达再乱，也要沉住气并找到语脉的“线头”(有时不止一个“线头”)，切忌用自己的主观思路代替别人的思路。

4. 增强定向意识。准确判定话题指向，切勿把注意力滑向无足轻重的方面。认定听辨目标以后就坚持定向追踪，一般情况下不要随意游移。

5. 谨防超前判断。听要听完整。别人没有说完，不要武断地下结论，更不要轻率地打断别人的话，把自己的判断强加于人。

6. 不要因人废言。注意力要集中于对方所说的内容，不要因为对方令人不快就分散注意力或拒听，更不要专拣合自己心意的内容听。

7. 适应对方语速。每个人说话的语速是不一样的。对方说得快，要特别留心听；说得慢，也不可分神，可以利用其表达间隙，整理或思考已得到的信息。

8. 静听弦外之音。有时说话者说话会比较隐晦，此时听话者就要特别留意含有“潜台词”的关键处，留心寓褒贬于一句一词的地方。

训练设计(29)

(一)准确听记训练

1. 请几位朋友一个接一个地说出自己的出生年月、出生地点和个人爱好，然后复述，看看准确性如何。

2. 每人将下面的材料朗读一遍，大家听后填表。

考场上安静得很,只能听到刷刷的写字声和翻动试卷的声音。监考老师是今天考试科目的任课教师,她静静地站在讲台旁看着她的学生们。她发现坐在最后排的张明停下笔,一边盯着试卷,一边将笔放在手指间旋转;他前面的李敏猛然抬起头看着老师,若有所悟地微微点头,又埋头飞快地书写起来;平时有些淘气的王文手忙脚乱地一会儿写一会儿涂改,后来又用橡皮擦;赵宁趴在桌子上一动不动,两眼无神,好像在打盹儿;王文前面的刘群好像已完成答卷,在逐题检查,检查到试卷下端时他将卷子举得高高的,王文趁机看了几眼,监考老师快步走了过去,用手指在课桌边敲了几下……

听后填表:

人名	他/她的行为动作	你的理解
张明		
李敏		
王文		
赵宁		
刘群		
老师		

3.快速传话练习。第一人对第二人用耳语讲一件趣事,然后一个接一个地用耳语传下去……最后一人宣布所听到的内容,请第一人评议。

(二)听辨语脉训练

生活中常有这样一种人,说起话来东一榔头西一棒子,毫无条理,听不出他所要表达的语路、语脉,与之交流是很困难的。

训练方法一:试找喜欢用"散点式"表达方式说话的人聊天,或者设计一段杂乱无章的话,大家静静地听,为这段话梳理线索,归纳要点。

训练方法二:听几段别人的讲话录音材料,听过以后立即将其内容讲述出来,然后与原录音材料对照,并进行评议。

(三)归并概括训练

在动态语境中,尤其在节目主持现场,如何对嘉宾和其他参与者杂乱的、大段的讲述进行归纳,将各种观点组合起来,以顺势推动节目的进程,这是节目主持人的重要基本功。下面是《实话实说·其实不想走》的一个话轮。如果你是主持人,该如何接语?

费教授:是的,要敏感,因为大部分自杀是别人不知道他有这种心情而出现的,应该注意自杀的征兆,到底哪一些现象表示这个人可能有这个想法?另外,如果是你的家人或好朋友,你应该跟他谈,不是跟他理论,说"你不应死,因为你有这个责任、那个责任”。首先是倾听，让他说心里的不舒服、不快乐，在这个过程中，因为你应该知道自杀的人他的心理是不稳定的，一方面他想死，一方面他想活，应该把他想死的念头减少，把他想活的念头加强，那是你应该做的事情；同样，你得评估到底他的自杀危险有多大，国内外都认为不应该提“你是否想结束你的生命”这样的话题，我们觉得不好意思说这个话，专家意见说明这个不会刺激他去自杀，这样的话题可以说明你确实是非常关心他，你关心他是否到这个地步，他想结束生命，你先给他机会可以讲他自己的痛苦。

主持人：……

答题参考 12

训练提示

1. 听觉材料以连续的线性方式刺激人的记忆，稍纵即逝，要防止偏听、误听、漏听。想要快速地反馈内容，记忆力很重要。因此，听的时候要指向鲜明，抓住最有用的刺激信号。说的时候不一定按原句或原结构说，但要完整准确、语流顺畅。

2. 转述别人的话时，要防止“过度概括”的现象。因为话语的覆盖能力是有限的，所以心不在焉，或听得不仔细，而用过于抽象的概念化语言归纳别人的话，就是“过度概括”。“过度概括”不能“覆盖”别人的原意，应该避免。

第三节 提高听悟能力的途径

“TQLR”听辨法从听知、听记、听悟三个方面揭示了言语交流中听辨的基本规律。它也提示我们，培养自己的即兴听悟能力，可以从如下几方面入手：

第一，训练听辨注意力。注意力是听知的基本能力。必须在各种复杂情况下把思维“调”向信息源，并且要毫不分心地抵御干扰，精确了解话语内容。具体地说，听人说话的时候，要控制注意指向，快速捕捉对方的表述要点，对于话语的特殊语调、语气尤其要留意。

第二，训练听辨记忆力。听辨记忆多为暂留性记忆。把后面的内容与前面的内容连贯起来进行整体性思考，才能悟出其语意所在。具体地说，要根据别人话语的结构、关键词、语速、重音甚至态势语，归纳对方的讲述要点。所谓“不知所云”常常是忽视听辨记忆、无法进行准确判断造成的。

第三，训练听辨理解力。言语所表达的信息随语音的消失而流逝，理解跟不上，就会越听越糊涂。要听出别人的思路和语意，就要有快速的理解力。言语的表层意思与内在含义有时并不一致，因此，要听出哪些是题内话，哪些是题外话；哪些是正确、真实的话，哪些是错误、虚假的话；哪些是友好、赞扬的话，哪些是不怀好意或发牢骚的话；哪些是直率坦诚的话，哪些是试探性、带有言外之意的话。这些都可以在言语交际实践中随时加以训练。

但是,仅仅有了"听"的方法还是不够的,因为"听"不仅是一个感知过程,更是一个心理过程,从这个方面提升"听"的素养才是全面的。

例话

"听"来的钢盔

第二次世界大战期间,一位叫亚德里安的美国将军,利用战斗间隙到战地医院探望伤员。他走进病房,静静坐在病床边,倾听每一位伤病员讲述自己"死里逃生"的经历。其中一位炊事兵说,他听到炮弹呼啸而来,就不假思索地把一口锅扣在头上,虽然弹片横飞,战友倒下一大片,他却幸免一死。

听到这里,亚德里安将军略有所悟,走到这位炊事员床前同他握手,脸上露出赞赏的微笑。后来他发布了一道命令:让每个战士都戴上一口"铁锅"。

于是,在人类战争史上,"钢盔"这个重要发明,就因为一位将军有耐心和雅量倾听一个炊事兵的"唠叨"而诞生了。据说,这个别出心裁的"发明"使七万余名美军在第二次世界大战中免于战死。

将军诚意地倾听,表达的是对战士生命的关注。同时,他满足了对方倾诉并获得尊重的愿望,而自己也在倾听中获得了创造的灵感。

由此可见,一切诚意的倾听,在人际交往中其实是"互惠"的。

(据《当代交际》)

第四节 "倾听"的交际功能

"无言也是美丽的"这句西方民谚,是对善于"倾听"交际风格的赞美。但是,这样的交际风格正在逐渐被人们所忽视。

一、美国前总统提出的一条交际规则

美国前总统布什曾提出了一条交际规则,叫"read my lip",译成中文就是"请读我唇",他的意思是提醒人们在"言语的瀑布"一泻无余之前,先听听别人说了些什么。他的话针对的是美国一些人的言语交际状况,简而言之,就是"过度卷入":一人还没说完,另一人接过话茬就说起来,而另外一位又横插进来"踩"上别人的话头就"侃"——这种情况在其他国家也不少见。

出现如上情况的根源在于,他们忽视了一个重要的交际原理:当处于人际交往的情境时,"听"是一种很重要的交际行为。主持人就经常用"听"交流,用"听"主持节目。

言语交际作为一种互动的过程，如果互动双方都处于“过度卷入”状态，就会损害交流的质量。其实“卷入”除了运用话语方式外，还可运用情绪方式，“让对方感到一种内在的甚至情感的联系”，这就是“读唇”，即言语交际中的“洗耳恭听”，运用受话反应方式进行交流。这是一种富有智慧的交际“卷入”，甚至是一种有深度的“卷入”。

这样，就可以拓展“听”的交际功能了。比如：

——看着对方，体现对对方表述内容的关注；

——用一种很得体的姿态听别人说话，体现一种尊重；

——边听边看着对方，通过目光的接触，体现理解与认同；

——面部浮现一种神采或表情，体现欣赏的态度或浓厚的兴趣；

——用简单的插话接引，或者用一两句话附和，维系良好气氛。

二、“说话是人生的需要，听话是人生的艺术”

“倾听”可以看作是一种“无声的交际”。“听”不仅是为了听懂别人的话、获取信息，它还应该体现出对别人的真诚关注和尊重。这是超越技巧的。在这样的氛围里，自己也会感到一种交流的满足并有可能从中获得教益。

英国心理学博士玛丽莲·韦奇（Marilyn Wedge）倡导的“移情式倾听”，值得一试。

例话

心理学博士的“移情式倾听”

“倾听”这件事并没有一般人想象得那么简单。

英国心理学博士 Marilyn Wedge 说：“我一直以来倡导练习‘移情式倾听’，这是一个充满活力和富有同情心的过程，帮助我们在各种人际关系中取得更深刻的情感连接。需要的不仅仅是专心接收对方的话，还要真正传达出你关心他们、对他们的想法感同身受。”

Marilyn Wedge 博士提供的方法，核心是“同理”，具体而言是：

1. 不作任何判断，不试图解决问题。有时人们需要的是同理心而不是建议。暂时放弃自己的意见，专注于对方的观点和情感。这并不意味着你需要同意对方说的一切，只是让他们知道你关心他们的感受。

2. 耐心等待，不要害怕沉默。有时对方会跟你说“我跟男友处得不好，我感觉很糟，但不太确定……”这时她需要的是安静陪伴和耐心等候。

3. 表明“你在仔细听”，运用支持性的肢体语言，如眼神接触、点头等，明确表达你的注意力正集中在对方的这段谈话上。

4. 重申并解释对方的话，根据当下情况做出回应。保持那种无自我判断和尊重的精神，如果一时不知道怎么回应，不妨先重复并解释对方的话。比如“你感觉很糟，是他最近态度冷淡吗？”“不确定，先举个例子呢？”

5. 给予同理回馈。当你引导对方讲出一些细节时，可接着使用这个技巧。“他这么做，难怪你会伤心”，这么说会鼓励对方告诉你更多信息。

6. 同理心非怜悯。如果说“我觉得你很可怜”这种话，代表你没有站在对方同样的角度去体会他的感受，只会让对方感觉更糟。

7. 适度追问。不必急着给出建议，但可以追问看对方是否还有其他的困扰。

掌握这些技巧的人会发现，说话人的目的在于“倾诉”，倾听者在整段对话中的发言量不多，因为真正疗愈人心的安慰与鼓励的话，是重质不重量的。

英国有一句格言：“说话是人生的需要，听话是人生的艺术。”

（据《大众心理学》）

训练设计(30)

（一）听辨指误训练

训练方法：试留心别人说话时常出现的疏漏、偏颇，辨析其细微错误。你能指出下面几段话中的不妥之处吗？

答题参考13

(1)一位厂长在会上这样说：“我是厂长，厂里大事小事当然都得由我说了算。这同开火车一样，厂长就是火车司机，启动机车，把握方向，掌握快慢都得由我决定，你们各位如同司炉，只管给锅炉添煤就是了。如果你们七嘴八舌，都冲我又喊又叫，还要我这司机干什么？”

(2)美国亚利桑那州菲尼克斯市“脱口秀”主持人布赖恩·詹姆斯说，解决亚利桑那州移民问题的方案是，在那些人越境时就枪杀他们。他说：“我们只要每周随机选择一个晚上，我们可以杀死任何越境者……只要你跨过来，你就死，你必须考虑今晚你是否够幸运。我觉得这样做更有趣。如果我在那里，我会抱着高性能步枪和夜视镜，愉快地蹲守在边界线隐蔽的地方，杀死那些非法越境者。我建议，每射杀一名非法移民，应该得到100美元奖励！”

（二）听辨悟情训练

训练方法：试留意别人说话，尤其是遣词造句和语情语态，判定其思想感情或情绪色彩，分析表述者的性格特点。

下面几种说法，一般反映了表述者什么样的内心状态与性格特点？

(1)“趁我没忘记，我说一下……顺便提一下……”

(2)“我听说……听别人讲……好像有人说……”

(3)话里嵌入较多的“老实说、真的、不骗你……”

(4)话里嵌入较多的“你懂吗？你懂不懂？我不客气地说……”

(三)听辨隐意训练

试说说下面表述的言外之意：

(1)某商店为配合夜市，准备让职工晚间在路边设摊推销商品，开会请大家发表意见，献计献策。一位中年女职工这样说：“这个活儿我们干不了，可以到寺院里请一批和尚来担任夜市营业员。”

(2)里根担任美国总统时提出削减预算的方案。议员们议论纷纷。里根笑着说：“有人告诉我紫色的软糖都是有毒的。”然后拿起一粒紫色软糖塞进嘴里。

(3)阿凡提与皇帝一起洗澡。皇帝问：“凭我这模样到奴隶市场能卖几个元宝？”阿凡提说：“10 个元宝。”皇帝火了：“胡说！光我那条绣花围巾就值 10 个元宝！”阿凡提说：“正是呀，高贵的陛下！”

(4)**甲**：我很爱看琼瑶的小说。你喜欢吗？

乙：啊，很有意思……

(5)**甲**：你看看，小李一当上先进就……

乙：——啊，今晚有个音乐会，你去吗？

甲：音乐会？那不是对牛弹琴吗？

训练提示

1. 在日常生活中，有些难言之隐往往是通过双关、借代、仿拟、反语、婉曲等修辞手法表达出来的，而且与特定语境有密切关系。要周密观察、细心演绎，才能做出正确推断。

2. 生活中有人喜欢转弯抹角地说话，并且话说得也很俏皮，多听他们讲话，可以辨析出他们的弦外之音。例如日本超一流棋手加藤正夫在中日围棋擂台赛中被我国棋圣聂卫平击败，他信守诺言将头发剃光。记者问他有何感想，他说：“削了发，脑袋怪冷的，但清醒多了。”这就是婉曲双关的说法，言外之意是：挫折使我注意到中国棋手不可轻视，我要认真对付了。

第八章　即兴语智

——训练目标:应对裕如　举重若轻

《周礼》说:“发端为言,答述为语。”是说“一问一答”的会话方式是人类社会语言交往的基本形态,双方处于“应对”的状态。

“应对”这个词最早出现在《史记·屈原列传》:“入则与王图议国事,以出号令;出则接遇宾客,应对诸侯。”所谓“应对诸侯”是用娴熟的辞令斡旋于诸侯之间,或力主是非,或仗义执言,或调解争端,或出使公务,这些都离不开语言的智慧——可以这样说,有人出现的时候,就有了“说话的技巧”。

在我国传统文化中就有“话术”和“语智”这两个概念。

第一节　破解话术　开发语智

“语智”是明清时期出现的概念。冯梦龙的《智囊全集》辟有“语智篇”。但是,有据可考的“语智”早期称“话术”,其鼻祖是春秋时代的鬼谷子。

例话

鬼谷子的“话术”

鬼谷子,姓王名诩,又名王禅,春秋时代卫国(今河南鹤壁市淇县)人。因隐居清溪鬼谷,所以人称鬼谷子。鬼谷子是春秋战国史上一代显赫人物,是“诸子百家”之一——纵横家的鼻祖,也是一位卓有成就的教育家。鬼谷子经常进入云梦山采药修道,也是一位将“话术”发扬光大的能人异士。中国有史可考的《话术》,据传为其弟子编撰而成。

比如鬼谷子的“话术”(游说术)有九句口诀:“与智者言,依于博;与博者言,依于辨;与辩者言,依于要;与贵者言,依于势;与富者言,依于高;与贫者言,依于利;与贱者言,依于谦;与勇者言,依于敢;与愚者言,依于锐。”

鬼谷子教导众多弟子时都辅以“话术”，因此数百弟子全部成才，相比孔子的门生默默无闻有天壤之别。他有两位弟子堪称不世奇才：苏秦和张仪，一者连横，一者合纵，口才说动六国，可谓古今杰出的纵横之士。其他徒弟如孙膑、庞涓、商鞅、李斯、毛遂等百余人，虽所学不同但也得到了鬼谷子“话术”真传，成为当时了不得的人物。我们熟悉的“毛遂自荐”“孙子兵法”“晏子使楚”“触龙说赵太后”“烛之武退秦师”等都是“话术”实践的传世名篇。

（据《鬼谷子旷世经略》）

一、“话术”在传承中逐渐变味

“话术”在古代，是同治国、谈判、纵横、兵法等联系在一起的综合艺术，是古代能人奇士必备的基本要术。但到了今天，“话术”逐渐成为骗术，没落到成为一种谋生取财的方式，实在是这门语言艺术的悲哀。不过这也不奇怪，“话术”作为一门说话的技巧，依心而生，因人而异，故对“话术”的评判，由使用者的品性和目的决定。

例话

张良对“话术”的传承

传说公元前251年，有个叫张良（字子房）的人，为“仙人”三次捡鞋而获赠《鬼谷子》十四篇中遗失的两篇《百战兵法》《修心话术》，从而帮助刘邦统一了天下，成就了汉室江山。虽然这个故事有些神奇，但三次捡鞋却可以看作是某一位老者对于张良的心术的考验，因此还是有一定可信度的。

后来张良在徐州“子房山”吹箫，领悟“话术”的精妙，写下了《张子家训》洋洋洒洒数百句，教导子孙如何学习“话术”，如何精进“话术”。张良家道中落以后，家训散落民间，流传于世。《张子家训》只在江浙一带还有残本流传。

（据《鬼谷子传奇》）

二、破解“话术”要克服人性弱点

“话术”并不等同于骗术，现在社会由于出现了“电话诈骗话术”“传销话术”“推销虚假保健品话术”等现象，致使许多善良的人蒙受损失，这也使得“话术”蒙受污名。其实，破解这类“话术”并不难。“话术”就是“心术”，一切诈骗的“话术”都是围绕“人性的弱点”进行的，所以是可以破解的：

第一，不要相信“天上掉馅饼”。电话推销、保险推销、生活导购等“话术”，就是利用人爱贪小便宜的弱点让人上套的。

第二,不断地提出质疑。当对方背诵"经典话术"引诱你入局时,你要勇于提出质疑,并且要不断地提出质疑,这些质疑一旦超出了一般业务员背诵的常规"话术"范围,自然就会露出马脚。

第三,不要轻易接受夸奖。喜欢接受夸赞是人之常情,常规"话术"就是套近乎,虚伪赞美客户。只要声明"你言过了",就可以减少被蒙骗的概率。

第四,不要被对方控制话题。如果不擅长说话就直接结束交谈,因为"话术"需要控制话题。如果被对方牵着鼻子走,就会落入他们设计的"话术"陷阱。

第五,干净利落地拒绝。当接到陌生的推销电话时,是什么让你犹豫不决甚至上当呢?记住,正是躲在阴暗角落的那个人在用"推销话术"引你上钩。

三、即兴口语需要高质量的语智

从鬼谷子的"话术"到冯梦龙的"语智",是我国说话技巧的一个变化。这个变化,将带有玄妙色彩的说话"技术"变为一种说话的"智慧"。

古人说"慧于心而秀于口",它揭示了人的口语表达与思维智慧之间的紧密联系。但是,这句话不十分准确,现实的情况是,"慧于心"的人并不一定就"秀于口",有些比较聪慧且知识经验也相当丰富的人,在许多场合却"知"其然而不能"表"其然。这说明,虽然"慧于心"是"秀于口"的必要前提,但人的思维智慧并不等同于人的言语智慧。

"语智"是"应对"的智慧,是处于动态语境中的言语智慧,是机敏的思维和灵巧的表达组成的统一体。"语智"是与思维智慧紧密相连而又相对独立存在的一种口语表达智能,是人的多种智慧、多种素养的综合反映。

当今是一个社会语境空前活跃的时代,人类的社会交往日益繁密,竞争日趋激烈,许多现实话题催迫着我们立即要做出相应的回答,尤其是主持人,在富于变化的节目语境中,要相时而动,应对裕如,要出语迅捷、出口成趣,要巧语解困、妙语服人……这就需要高明的快速应对的语智了。

四、语智和语智的开发

语智有时可能是一种语言游戏,但又不仅仅是语言游戏。思辨的时代呼唤主持人能够对答如流,具有高质量的语智。

即兴语智需要开发。我们可以通过训练,开发自己的语智:

第一,快速调取。提高在动态语境中对头脑里"库存"的语言材料的控制和驾驭能力,重点是提高应激反应的能力。

第二,快速推进。提高动态言语生成过程中的语旨确定、语句完型和词语选择等环节的推进速度。

第三，重在创意。提高口语表达认知思维的深度、广度和难度，在语旨形成和言语生成的同步训练中，培养创造性的语智。

第二节　触机即发　巧问智答

富有语智的应对是在动态语境中所做的适应性表达，其特征是语境催迫下的敏锐与快捷，所以语智训练必须突出一个“快”字。快节奏的应对正在成为一种富有时代色彩的言语风格——思辨的时代呼唤着对答如流的人才，精彩的对话应该具备“短、平、快”的特色。“快语应对”应该具有如下特点：

1. 触机即发，即兴而成，轻快迅捷；
2. 句式短小，干净利落，句句有用；
3. 语态平稳，挥洒自如，平中显巧。

例话

白岩松面对“挑战性”提问

白岩松曾应邀到广州大学，与该校新闻传播系的同学座谈，他遇到了大学生挑战性的提问。

学生：我看你有危机感，你看起来冷冷的，这是为什么？

白岩松：我喜欢把每一天当成地球末日来过。（鼓掌）

学生：你什么时候才会笑？

白岩松：会不会笑不重要，懂幽默才是重要的。

学生：有评论说，你个性木讷。

白岩松：所有评论是说我严肃，与木讷是两个不同的词。

学生：有一天你的缺点多于优点，怎么办？

白岩松：没有优点也没有缺点的主持人，连被评论的机会都没有。我有缺点我觉得幸福，它可能是优点的一部分。（鼓掌）

学生：你同意性格决定命运吗？

白岩松：我采访过400多位成功人士，我同意“性格决定命运”这句话。但性格不是与生俱来的，自信是最重要的品质。

学生：我是学历史的，能当新闻节目主持人吗？

白岩松：今天的新闻就是明天的历史。（鼓掌、笑声）

（据《广州大学报》）

这是具有“短、平、快”特色的对话。面对散点式、连发性的诘问，白岩松的回答快捷而富有气势,“以动制动”。尽管学生提问刁钻,但他采取怪问智答、怪问趣答的策略,出语简洁,说得富于哲理色彩;对预设前提的提问,他旁枝逸出,来个引申转移,“亮”出自己的想法,将自己的思维个性体现得淋漓尽致;他从容坦率,不说空话、套话,更不程式化应对,且不失含蓄和幽默。

即兴语智训练要由易到难,逐步深化。我们可以分为常式应对和变式应对两个阶段进行训练。常式应对一般是怎么问就怎么答,较少变化,答话与问句的语意指向扣得比较紧;而变式应对则不同,其接对的角度、接对的方式讲求变化,通过或逆或顺、或曲或隐、或迂或避的答对显示语言的智慧,力争尽快赢得对话的主动权。常式应对是变式应对的基础。

高质量语智不是“耍嘴皮”,常式应对也要遵守对话的规则。

例话

对话守则:规则比观点更重要

作家羽戈认为,对我们的公共生活建构而言,“怎么说话”优先于“说什么话”,说话需要遵守的规则优先于说话的内容。

他引用了捷克共和国前总统瓦茨拉夫·哈维尔亲自制定的《对话守则》与议事规则,也叫《守则八条》:

1. 对话的目的是寻求真理,不是为了斗争;
2. 不做人身攻击;
3. 保持主题;
4. 辩论要用证据;
5. 不要坚持错误不改;
6. 要分清对话与只准自己讲话的区别;
7. 对话要有记录;
8. 尽量理解对方。

这八条规则,尽管皆属常识,并无出奇之处,却是我们在公共对话生活中最紧缺的东西。

(据《北京青年报》)

第三节　顺应语势　语脉接引

常式应对作为最基本的交际方式,应当尽量创设和谐的交际氛围,这是“合作原则”在即兴对话中的运用。

一、语脉的顺向接引拉近双方的距离

只要对方说得有道理，就应当把握话语内在的语脉接引线索，进行融洽的对话。即使有些认识上的差异，如果没有太大的分歧，可以暂时“克己”而“适彼”，在相辅相成的配合、补充过程中进行交谈，逐步达成对某一问题的共识。对话中，语脉的顺向接引可拉近双方的距离。

“语脉接引”有时也可以“垫话”的方式出现，例如下面的例子：

例话

叶惠贤的语脉接引

一次选秀活动中，经过激烈竞争，台上还有五位佳丽。

主持人叶惠贤登台向她们进行最后的提问。

叶惠贤：你们认为谁最有希望获得“金华小姐”的称号？

甲小姐：（笑而不语）……

叶惠贤：不说话，我明白了，沉默是成功的法宝。

乙小姐：（犹豫了一下）我觉得我有希望。

叶惠贤：好的，自信是胜利的武器。

丙小姐：不管谁当选，对我来说都是个学习的机会。

叶惠贤：嗯，谦虚是进步的钥匙……

（据《叶惠贤的主持艺术》）

二、顺应语势的坦诚富有个性色彩

“语脉接引”以对方为中心，是顺着对方的语意说，这是必要的。但是，我们的时代是一个可以全方位展现自我的时代，因此，在应对中大可不必始终被对方“牵着鼻子走”而失掉了“自我”。社会是复杂的，应对方式也多种多样。

对方如果作散点式或连珠炮式的诘问，那就不妨来个直抒胸臆，让思维立即兴奋起来，及时捕捉脑子里“跳”出来的灵感火花；答对有时可以不加修饰，也不作推敲，用短句，说实话，干脆利落，直陈己见。这种坦诚的、直截了当的答对，往往会闪现出灵气，富有个性色彩。并且答对短促有力，留给对方思考的时间就少，话语主体就有了变被动为主动的可能性。

例话

华莱士采访邓小平

迈克·华莱士是美国哥伦比亚广播公司《60分钟》著名主持人。他采访时经常单刀直入、咄咄逼人,被称为"硬派采访"代表人物。1986年9月,他采访邓小平,看见邓小平掏出香烟,他要了一根,看了一下。

华莱士:你的香烟过滤嘴怎么比香烟还长?

邓小平:这是专门对付我的。我抽烟的坏习惯改不了啦。

华莱士:我刚从马萨诸塞州的小岛度假……

邓小平:我也刚从北戴河回来,在海里游泳。

华莱士:每次游多少时间?

邓小平:一个多小时……

华莱士:你休息的时候打桥牌,是吗?

邓小平:有时打。

华莱士:听说你与同事打桥牌,谁输了谁就钻桌子。

邓小平:没那回事。那样太不礼貌了。

华莱士:你每天工作多少时间?

邓小平:每天工作两小时。

华莱士:其他时间干什么?

邓小平:与孙儿们玩,也看些书。

华莱士:你有几个孙儿?

邓小平:有四个,最小的才一岁零两个月。

接着,邓小平坦率地谈了中美关系和中国的现行政策等问题。华莱士眼看约定的一个小时已经过去,要求延长一二十分钟。

邓小平:我又犯了一个错误,违反了只谈一小时的协议。

……

(据《记者的交际艺术》)

没有一句外交辞令,邓小平自信从容的应对显示出一种豁达和睿智。我们从这个采访片段也可以看出迈克·华莱士在采访中的沟通技巧,他的切入点选择和语脉接引的灵敏,使采访有了一个很好的开端。

克己适彼,顺应语势,也是人际交往中最常用的沟通技巧。所谓沟通是一种体察对方特定处境,迅速选择恰当表达方式以争取认同与配合的交际形式。它是一种主动性的交际行为。不善沟通常使交际受阻。

例话

沟通之道重在平和

美国作家马克·吐温在没有成名以前，很不善于沟通。一次，有人把他介绍给后来成为美国第18任总统的格兰特将军。当时马克·吐温竟想不出一句可讲的话，而格兰特将军则保持着平时的庄重和严肃，也不说一句话。最后，马克·吐温说："将军，我感到尴尬，您呢？"

但是，素不相识的平民百姓由于心态平和，即使偶然碰到一块，也能因沟通顺畅而成为朋友。比如：

甲：您高寿？

乙：57。

甲：57？比我大4岁，您看上去比我年轻多啦。看来大家各有养生之道，又各有巧妙不同啊！

乙：您就是头发早白了点儿，瞧您身子骨也还硬朗。

甲：硬朗啥呀，高血压。

乙：上了岁数也难免。我也高血压，后来好了。

甲：怎么好的呀？

乙：练气功呀。

甲：我也练气功，你练哪家气功，这么见效？

乙：我练的是……

甲：啊，这么说……

（据《交际的艺术》）

这两个语用案例相映成趣。前一例中，马克·吐温和格兰特将军显然都不懂得沟通之道。他们不懂得沟通需要主动、平和的心态，且格兰特将军"保持着平时的庄重和严肃"是不可能实现与马克·吐温的沟通的。而在第二例中，由于两人都把对方看作是可以交往的朋友，甲在沟通中趋于主动，一开口就很热情，而且善于克己适彼，顺应语势，接引语脉，选择共同话题。乙很快就被感染带动，交谈一拍即合，双方的沟通很快进入顺畅的轨道。

由此可见，沟通之道还有两点特别重要：一是必须说好开头的几句话，这几句话要有鲜明的情绪色彩，就像掘井选炮眼一样，如果选得准，就能泉流奔涌，就能打开"言路"。二是要抓住某些共性的要素作为沟通的切入点，如个人的经历、爱好、职业、年龄、处境、感受和社会热点话题等。人与人之间相似相通的东西很多，我们可以从对方的烦恼、忧虑谈起，给予理解，启动双向交流的枢纽；也可适当自我坦露心迹，引起交流的"回报效应"。

训练设计(31)

(一)逼问快答训练

1. 限时答问:请按照下面提供的例题,设计一组常识性或“脑筋急转弯”问题,然后双方限时进行快速提问、快速回答的练习。100 秒为净答所需时间。问句语速稍快,以训练听辨者的反应能力。回答基本正确即可放行。

答题参考 14

(1)“雷鸣电闪”和“电闪雷鸣”哪个说法更合理?

(2)什么动物代表澳洲?

(3)处于困境又遇生路可用什么成语表达?

(4)话不投机、投机取巧,两个“投机”的意思相同吗?

(5)鸟都是会飞的,马都是会跑的,对吗?

(6)什么话说了自己却不知道?

(7)两个父亲两个儿子去打野兔,每人打了一只,怎么只有三只?

2. 限时快速接对相近或相反的成语(此为题例,可自编增加):

“寸步不离”相反的成语是——

“阳奉阴违”相近的成语是——

“土崩瓦解”相反的成语是——

“门庭若市”相反的成语是——

“唯我独尊”相近的成语是——

“祸不单行”相反的成语是——

“时来运转”相近的成语是——

“不足为奇”相近的成语是——

(二)快问智答,对答如流训练

1. 设计一组内容广泛、思维跳脱的问题进行训练,例如以“我说我”为内容,对以下提问快问快答,做到对答如流。

你的优点是什么?

你的缺点是什么?

你的爱好是什么?

这个爱好给你带来什么好处?

这个爱好为什么没有转移?

你的烦恼是什么?

你最珍惜的是什么?

你最讨厌什么?

你最崇尚什么?

你最喜欢的格言是什么?

你最大的乐趣是什么?

你平时经常想的是什么?

你做人的信条是什么?

你最大的愿望是什么?

你怎样评价自己?

你最喜欢的颜色是什么?

你是喜欢春天还是冬天?

你是不是开始觉得金钱并非微不足道了?

你现在是不是打消出国留学的念头了?

2.接对成语练习。这是思维和语言的反射性训练。方法是:先就某个成语的意思做简明概括的解释,再要求对方快速说出相应或相近的成语。

题例:事物消亡前的表面辉煌——回光返照

按自己的需要引用别人的话——断章取义

(1)在即将成功的时候失败了——

(2)不需攻击,自己就失败了——

(3)治平乱世,恢复正常——

(4)一下子解开心结,明白了某种道理——

(5)以空想代替现实,以此自我安慰——

(6)羞愧得下不了台,就发脾气——

(7)力量很小却想撼动强大的事物——

(8)行动和目的相反,背道而驰——

(9)行动出没无常,不可捉摸——

(10)不管到什么环境,都安然自得——

3.妙对成趣。用对偶句训练择语反应力,是我国传统语言教学中行之有效的方法。对偶句也可以增添情趣。请快速完成下列民谚的接对。接对的评定尺度可适度放宽,不一定要工对,对已流行的俗语也可做改动,但要能自圆其说。

题例:虎不怕山高——鱼不怕水深

(1)千军易得,____________

(2)尺有所短,____________

(3)鱼怕离水,草____________

(4)滴水成河,粒米____________

(5)抓鱼要下水,伐木____________

(6)生姜老的辣,笋子______

(7)甘蔗老来甜,辣椒______

(8)明里一把火,暗里______

(9)敲锣敲锣心,敷药______

(10)路不走长草,刀______

(11)人勤地出宝,人懒______

(12)宁吃鲜桃一口,不吃______

(13)柿子拣软的捏,山芋______

(14)菜刀越磨越快,文章______

(15)一锹挖不成井,一笔______

(16)大河有水小河满,大河______

(17)快马也要响鞭催,响锣______

(18)好花不浇不盛开,小树______

(19)云彩经不住风吹,露水______

(20)稗草长不出稻穗,狗嘴______

(三)讨论和研究

1. 讨论题:

美国著名主持人沃尔特·克朗凯特在报道"阿波罗11号"着陆月球的一刹那,只说了这样一句话:"哎哟,我的天哪!"而当时其他电视台的主持人都滔滔不绝地说了不少事先准备好的诗一样的赞美语言。克朗凯特这样说,为什么会受到普遍的赞赏?

2. 研究下面线性接引方式的应对例题,然后各人设计几个应对题。

教师:祝贺你成了省劳模。过去我经常批评你,说你是"差生",没想到你这么有出息……

学生:老师,我之所以取得了一些成绩,是因为您没把我当成一个好学生,您那是恨铁不成钢,催我奋进啊!

甲:有人主张搬几个兵马俑出来拍卖给"老外",说这些"泥巴人儿"咱们中国有的是,拿几个去敲他洋人大笔的外汇,是合算的。这说的是人话吗?

乙:(顺承应对)______

训练提示

1. 快问快答、坦诚表白的问语角度,应避免单调和程式化,要富有变化。答语要诚率从容,不要模棱两可、不痛不痒;可以多用短语,直截了当地应对;要力避用"是""不是"答对;也可以含蓄风趣一点,有一些哲理色彩;要少说空话、套话,力求内涵丰富充实一些；要敢于亮出自己的想法，不要遮遮掩掩；要显示出自己鲜明的言语个性。对复杂问语（复杂问语是隐含前提的问话）要留意问话中隐含的前提，进行有针对性的回答。

2.交谈中的“线性接引”是“接近的艺术”。我们说话应尽量切合对方心理，与人为善，这样才可能达到交际目的。

第四节　变通顺承　机敏转移

有的人在言语交际中缺乏“接近意识”，说起话来拗着劲儿，这就是人际交往中的“否定心理定式”。具有这种心理定式的人，往往认为自己高人一等，给别人挑刺儿可以显示其“个性”，殊不知那可能是在开凿人际交往之间的鸿沟。

一、“变通顺承，机敏转移”是“接近艺术”

对话作为最简便的交际方式，出发点和落脚点应是沟通。

常式应对是人们普遍的交际方式，但是“沟通”不仅仅是“顺承”，还应该包括在尊重对方的前提下说出自己的想法并争取对方的认同。

为了这个目的，应对往往是先顺承对方的语意，将自己的想法与当时的语境、对方的心理作一番调适，然后灵活地转入对自己见解的表述，这就是“变通顺承，机敏转移”，它也属于交际对话中的“接近艺术”。

例话

林肯坦然面对公开羞辱

在林肯当选总统时，整个参议院的议员都感到有些尴尬，因为林肯的父亲是个鞋匠。当时美国的参议员大都出身名门望族，从未想到他们面对的总统是一个卑微的“鞋匠的儿子”。

于是，在得知林肯要到参议院演讲时，就有参议员计划要羞辱他一番。

林肯走上演讲台，一位态度傲慢的参议员站起来说：“林肯先生，在你开始演讲之前，我希望你记住，你是一个鞋匠的儿子。”所有议员都开怀大笑了起来，为自己虽然不能打败林肯却可以公开羞辱他而感到十分解恨。

林肯等到大家的笑声停止之后，坦然地说：“谢谢你，我非常感激你使我想起我的父亲。他已经过世了，我一定会永远记住你的忠告：我永远是一个鞋匠的儿子。我知道我做总统永远无法像我父亲做鞋匠做得那么好。”

参议院陷入一片静默，林肯转头对那个傲慢的参议员说："据我所知，我父亲以前也为你的家人做过鞋子，如果你的鞋不合脚，我可以帮你修改它，虽然我不是伟大的鞋匠，但是我从小就跟随父亲学到了做鞋子的手艺。"

然后他对所有的参议员说："对参议院里的任何人都一样，如果你们穿的鞋是我父亲做的，而它们需要修理或改善，我一定尽可能地帮忙，但是有一件事是可以确定的，我无法像他那么伟大，他的手艺是无人能比的。"

说到这里，林肯流下了眼泪，所有的嘲笑都化为赞叹的掌声。

林肯没有成为伟大的鞋匠，但鞋匠的儿子如今成了伟大的总统。他最伟大的品质，正是他永远不忘记自己是鞋匠的儿子，并引以为荣。

(据《林肯传》)

面对"来者不善"的"提醒"，林肯运用了"变通顺承，机敏转移"的应对策略。听到"我希望你记住，你是一个鞋匠的儿子"这样刻薄的羞辱时，他毫不回避，并且表示"感激"，还表示"一定会永远记住你的忠告"，进而赞美自己的父亲是一个"伟大的鞋匠"，并"以此为荣"。

这是在"顺承"中巧妙机敏地"转向"，回敬那位议员浅薄的羞辱。

林肯告诉我们：尊严是人类灵魂中不可践踏的东西，只有在你能够坦率、真诚地面对自己的时候，你才会真正尊重你自己，并且赢得别人的尊重。那些懂得尊重自己的人，才会去尊重别人。林肯语气庄重，采用"发挥式回话"的语用方式为自己做了辩护，堪称可圈可点的精彩应对。

二、"变通顺承，机敏转移"的修辞功能

委婉是人类语言生活中很普遍的修辞现象。它是得体性原则、礼貌性原则的重要内容。说话委婉也是主持人适切性修辞的重要内容。

从口语修辞的角度看，委婉的语用目的主要是：

第一，为避免刺激、图吉利。比如把听力差、耳聋说成"耳朵有点儿不好"；古人说"重听"，英语说"hard of hearing"(听觉不好)都是委婉的说法。

第二，为避免粗俗以求雅。如"怀孕"，民间说"有喜了"，甚至更隐晦地说"有了"，交际场合则说"她快做妈妈了"。

第三，为表示礼貌或谦虚。如"还凑合""没关系""还差得远呢"等。陈望道在《修辞学发凡》中将双关、讽喻、婉转、避讳、藏词列为委婉修辞手法。这些辞格在主持人口语中会经常用到，但主持人更多地是从内容与表达方式上体现委婉，将语意、语音、语调、语势、语态做一些变通处理。

三、"委婉"修辞方式的语用规律

1. 直话曲说。一般是先来个迂回铺垫，然后再切入正题。在对话中，先承接对方的意思，选择性地表示某种认同，然后通过过渡转入自己要说的意思。

2. 急话缓说。一般是先宕开话题，在交流中进行情感沟通，说到正题时语速减缓，择词审慎，在商询中说出自己的意思。

3. 明话暗说。一般是不把话挑明，而是言此意彼。即不把话说得过于确定，用语意指向较宽泛的模糊语言，达到暗示之目的。

4. 硬话软说。一般是根据语境和对方的反应，在遣词造句方面弱化用词的分量，避免用直言否定句式和反问句式说话。

例话

演员章子怡委婉面对歌星那英的质疑

演员章子怡将应邀出任《中国最强音》明星导师的消息一传出，歌星那英快人快语，对记者说："我祝她成功，这个很难做"，"她带不出来冠军，这很难评，唱歌的技术啊，隔行如隔山，这是我对她的劝告"，"我也不知道为什么找她，可能她对选手造型上有作用吧……"

章子怡听到那英带刺的质疑和"忠告"后比较冷静。她说："我准备今天晚上就跟那英姐取取经。"又说，"有质疑才有进步嘛"。

章子怡委婉得体的回答，体现出她的低调和大度，因此获得粉丝的赞扬。

后来她现身成都，出席某名表代言活动，欣然接受采访。她对首次参加综艺节目做评委大呼"过瘾"，对那英的质疑并不在意，说："我的确不是一个专业的音乐人，有质疑肯定是好事。只是我觉得唱歌不是给所有专业人士听的，唱歌也是给我们老百姓听的，我觉得能感动我的就是好的。"

（据《南都周刊》）

歌星那英从音乐的专业角度表示对章子怡的怀疑，反映了她认真的态度，但是章子怡的回答，没有从技术的角度去回应，而是"明话暗说"，从音乐是世界语言、"能感动我的就是好的（音乐）"来定位自己做导师的态度，可谓四两拨千斤。

章子怡的聪明之处在于变换了应对的角度和层次，外圆内方。这也说明，"委婉"需要稳定的心理和良好的素养。章子怡心态很好，她说："这是我第一次不用去扮演任何人。我用心去感受和体会他们的歌曲就好了。"恰到好处。

第五节　以简驭繁　一语中的

“以简驭繁,一语中的”的答对,是思维和表达的化简。词约意丰的快接快对,是语智的最好体现,在一定的语境中会收到意想不到的表达效果。据记载,美国总统乔治·华盛顿的就职演说只有 135 个单词,堪称经典。

南非前总统曼德拉曾被关押 27 年,受尽了虐待。他就任总统时,邀请了 3 名曾虐待过他的看守到场。当曼德拉起身恭敬地向看守致敬时,在场所有人乃至整个世界都静了下来。他说:“当我走出囚室,迈过通往自由的监狱大门时,我已经清楚,自己若不能把悲痛与怨恨留在身后,那么我仍在狱中。”曼德拉用一句话浓缩了 27 年牢狱之灾的感受,言近旨远,发人深思。

这说明,一句言简意赅、击中要害的话可以代替冗繁的解释和说明,正所谓“删繁就简三秋树,领异标新二月花”(郑板桥语)。也就是说,“化简”本身就是一种智慧、一种“领异标新”、一种创新。

“一语中的”的最大特点是话语的概括性和应变性。由于“一语中的”是一种“要言不烦”的创造性表达,所以,要做到一语中的,答对时就要有求异意识,克服从众心理,在切合语境的前提下迅速选好角度,精心组织语言,话一出口就要准确揭示客观事物繁杂表象背后的本质,揭示出富有规律性的东西。这样,就很可能是富有新意的见解。

训练设计(32)

(一)“变通顺承,机敏转移”训练

请用“变通顺承,机敏转移”方式回应:

(1)天已很晚,你的朋友还在你家闲聊,你碍于情面不好意思下逐客令。这时你看看表,打了个哈欠,说……

(2)“听说你发表了一篇小说,可不能飘飘然啊!”其实自己没有“飘飘然”,于是这样回应……

答题参考 15

(3)“我最近不是表现好点了吗? 班长,这个月不会再扣我的奖金了吧?”(其实仍表现不好)班长说……

(4)某青年在学校时担任过学生会宣传部长。毕业后他到一家大公司求职,想应聘推销部经理。经理说:“从您的简历看,担任过学生干部,择业方向最好是行政工作,当推销经理合适吗?”

青年觉得经理的说法欠妥,于是说……

(5)某中学一位优秀教师随中国文化艺术代表团访问日本。访问期间,他应邀到东京一所中学,见到了日方校长和老师,接过日方校长要这位优秀教师转交该中学的礼物后，日本朋友说："我们学校希望和你所在的中学结为友好学校。"

面对这一友好请求，教师既不能擅自决定，又不便拒绝，该怎么说？

（二）"顺承转接"的委婉训练

请用"顺承转接"的委婉方式，就盲目地在穿着上追求名牌的现象、整天手机不离手的现象，谈一谈自己的看法。

（三）"巧发微中，一语中的"训练

题例：问：你赞成"一见钟情"吗？

答："一见钟情"叫人心醉，后来多半让人心碎。

（1）为什么人的手、耳朵、腿都是双数，嘴却只有一张？

（2）什么样的学生是最好的学生？

（3）他读了那么多书，怎么在社会上总是碰壁？

（4）一个人怎样才能乐观呢？

（5）为什么有的人总是那么自卑？

（四）"巧接话茬，一语中的"训练

先选定一个排比句式，一人讲出排比句的前半截，另一人讲出排比句的后半截，构成一组并列句群。请完成下面的句子。

（1）金钱能买到纸笔，但不能买到____________

（2）金钱能买到伙伴，但不能买到____________

（3）金钱能买到权势，但不能买到____________

（4）金钱能买到服从，但不能买到____________

（5）金钱能买到躯壳，但不能买到____________

（6）金钱能买到奉承，但不能买到____________

训练提示

"变通顺承，机敏转移"的前提是宽容的心态和认真地听辨、听悟，"变通"要善于从别人的表达中发现合情合理的成分，这样才顺承自然，毫不勉强。而"转移"则讲究渗透的技巧，尽量毫无痕迹地渗入己见，尽量做到从对方的语意中引发出自己的见解，让对方感觉到你的见解富有理性，从而逐步达成共识。

第六节 直觉思辨 速喻明理

直觉思维又称知觉思维，指人的主观意识对客观事物及其相互关系的直接理解。直觉思辨跳过逻辑思维程序，直接作出判断、得出结论，它以突发性、直接性、统摄性为特征，以长期的知识积累和丰富的经验感悟为前提，因此是一种创造性思维。一个人知识越渊博、经验越丰富、洞察力越强，其直觉思维就越活跃。大跨度地超越逻辑流程，凭借直觉顿悟，对问题迅速做出合理的假设、推测或判断，是直觉思辨和语智的重要方面。

在口语表达中，直觉思辨经常表现在比喻的运用上。

“能博喻然后能为师。”我们要重视比喻在即兴口语表达中的功能。所谓“善喻者，以一言明数事。不善喻者，百言不能明一意。”(《人物志》)说话时，语出于口常常是一瞬之间，这时运用比喻叫“速喻”，它可以以浅喻深，化深为浅；以简喻繁，化繁为简；以熟喻生，化生为熟。主持人应学会打比方，经常训练自己快速的喻理思维，以适应各种现实的话题。

例话

郑局长的“速喻明理”

郑宇民是浙江省工商管理局局长。下面是他2012年时接受中央电视台采访的片段。

董倩：郑局长，以前我们都在那儿站着说，这次为什么坐着说，是不是因为气比较短了，所以坐着了？

郑宇民：站着说话和坐着说话跟气短气长有什么关系呢？中央电视台《新闻联播》(播音员)都是坐着说话的。我不愿意站着说话，是因为不愿意跟穿高跟鞋的人在一起比高。你们是央企，穿着高跟鞋；我代表民企，穿着平底鞋。我们站在一起，我觉得不公平，应该坐下来平起平坐，你就没有高跟鞋的优势了。

董倩：今年全国工商联提供了一个数字，说五百条民营企业的胳膊，比不上两条国企的大腿。五百个民营企业它们所有的利润加起来，不如中石油、中石化两家，然后再加上中移动。我不知道您怎么看，胳膊就这么没力气吗？

郑宇民：不能因为国有企业的成绩来否定民营企业存在的价值。举一个简单的例子，所有女人的胡子加起来不如一个男人的胡子长。为什么？女人没有这个功能。国有企业是酒，民营企业是水，水更多体现的是社会功能。大家都知道，上甘岭战士们呼唤的是“水、水、水”，上甘岭战士他不会说“酒、酒、酒”。汶川大地震的时候灾区群众说的也是“水、水、水”，上海大火救济也是“水、水、水”，不会说“酒、酒、酒”。如果“酒、酒、酒”，那不完蛋了？所以水有特殊的社会功能。全国4 300万的企业，民营企业占多少？92%以上。全国有多少就业人口？7.79亿。国有企业安排就业人口多少？6 300万。(就业人口的)91.8%都是民营企业承担的。……

(据央视网)

第七节 迂回曲对 岔答诘难

在不便于直白应对时，可以绕开话题焦点，用曲折迂移的方式表达自己的意思。这是一种应对的策略。“迂回曲对”的关键是“避锋”，话虽然说得比较婉转，但却包含着合理的逻辑，让人能心领神会。由于省略了一些推理环节，采用富有弹性的“模糊语言”来说，这样反而显得比较得体。

如果对方用刁钻古怪的诘问使你猝不及防，这时权宜之计是突破问句的限制，将问句“岔”到有利于自己的方面来，这只是应对的一种策略。故意的曲解是为了摆脱被动的局面。多姿多彩的妙接妙对是高超口才的展现，更是睿智的语言艺术的展现。

例话

著名人物的妙接妙对

——1979年中美建交时，邓小平访问了美国。有记者提问：美中双方决定实现关系正常化，国内遇到政治上的反对派了吗？

邓小平：有反对派呀！我在中国一个省遇到很严重的反对，就是台湾。

（注：邓小平平静地对待不怀好意的诘问，用别解岔答的应对技巧让对方“扑”了个空，机敏地维护了国家的尊严。）

——威尔逊任美国新泽西州州长时，一位议员突然去世了。他很难过，取消一切约会，一个人待在家里。这时电话铃响了，里面传来一个人吞吞吐吐的声音：

“州长，我……我想代替那位议员的位置。”

威尔逊答道：“我想，如果那家殡仪馆同意的话，我本人是完全同意的。”

（注：这个岔题妙对，是对卑鄙者毫不客气的回敬。）

——俄国诗人普希金参加一位爵士的家庭舞会。他走上前邀请一位傲慢的漂亮小姐同他跳舞。小姐不屑一顾：“我不能同小孩子跳舞！”

普希金微微一笑：“对不起，小姐，我不知道您有孕在身。”

（注：这是剥离语意的自我防卫，稍带冷峻的顺贬之意。）

——鲁迅先生在原北京女子师范大学校董会上为爱国学生辩护，校长打断了他的话：“学校是有钱人办的，还是听听有钱人的高见。”鲁迅从兜里掏出一块银币，“砰”地放在桌上：“我有钱，我可以说话！”

（注：鲁迅顺势别解“有钱”，岔答对方诘难，同时也是辛辣的讽刺。）

（据《交际与口才》）

训练设计(33)

(一)"直觉思辨"训练

看下面的题目,请立即做出辨析和说明:

答题参考 16

(1)北京亚运会期间,在泰国对科威特的一场足球赛中,泰国队打得勇猛、顽强,可是光开花不结果,一直没有破门。但是到了终场,泰国队却以 2∶1 险胜科威特队,这真叫泰国队喜出望外了。

——这是怎么回事?

(2)一位幼儿教师领着孩子们画热带鱼。老师边画边说:"春天来到了,雪慢慢融化,热带鱼妈妈带着鱼孩子们游过来。这些鱼都在吐水泡,吐出的水泡多大呀!大大的水泡浮到水面,越浮越小,多么有趣呀!"

——这位老师说的话对不对?

(3)四个学生上学时拾到一个钱包,同去交给老师。老师问:"究竟是谁拾到的呢?"甲说,"是丙拾到的";丙说,"甲说得不对";乙说,"我没有拾到钱包";丁说,"是甲拾到的"。这四位同学有一位说的是实话。

——谁说的是实话?

(二)"速喻明理"训练

试以最快的速度用比喻说道理,把下面的几段话讲完:

(1)企业岌岌可危,面对几个好方案却犹豫不决。这好比是________________。

(2)废话说了不少有何用?言不在多,达意则灵。这比方说________________。

(3)他"跳槽"多次了还在"跳",不会有所作为。好比是________________。

(4)缺几节课没关系?数学知识是有系统性的。这好有一比________________。

(5)不能偏科,每门知识都很重要。比方说________________。

(6)光听课不复习巩固,是学不好真本领的。这好比是________________。

(7)甲:新婚不久就吵架,恐怕不是好兆头吧?

乙:不一定,________________。

(8)甲:我们国家还比较落后,有什么可爱的?

乙:不对,________________。

(9)甲:人怎样才能增强自信心?

乙:________________。

(10)甲:这个工作太低贱,我不想干了。

乙:________________。

(三)"迂回应对"训练

(1)在公共汽车上,驾驶员刹车过猛,有人不慎碰到一位姑娘。姑娘娇里娇气地骂道:“流氓!”这个人笑了笑说:“小姐,__________。”

(2)孩子成绩不好,家长问教师:“他现在成绩不好吧?”

教师没有直说,而是说“__________。”

(3)一个人近年收入颇丰,有人问他:“你现在是发了大财了吧?存款至少有几十甚至上百万了吧?”

这人答道:“__________。”

(4)火车就要开了,有人赶到车站售票处购票。售票员还在里面说笑,这人急得喊了起来。售票员说:“你喊什么?不能等一会儿?”

这人说:“__________。”

(四)“分离曲解,岔答诘难”训练

请用“分离曲解”的岔答方式完成下列话题的应对:

(1)甲:(冲着乙)“一个身上有缺点的人也成了先进人物?”

乙:“身上的缺点? __________”

(2)甲:“我从小王嘴里听不到对你的半句好话。”

乙:“确实,不过__________”

训练提示

在做这类应对练习时,我们应注意超越习以为常的思维定式和回答方式,坚持反常原则,快速抓住对方用语外延模糊的地方,将其曲解,然后剥离到有利于自己的方面来。这一“岔”,常能收到“兵来将挡,水来土掩”的表达效果。

第八节　以问制问　适度碰撞

不只在生活中,在主持节目时,我们有时会遇到突发性的诘难,虽然对方可能不完全是出于恶意,但若拒而不答或者逆来顺受表示默认,会使我们很难堪,有些“咽”不下去;但如果“且战且退”、详细解释、曲折搪塞,也不一定能摆脱窘境,这时可以选择“以问制问,适度碰撞”的应对方式。

主持人在节目中一般以“软碰撞”为宜,以“不失和”为前提。运用硬碰撞要注意语境,要慎之又慎。如果顺贬或反诘要注意把握分寸。

应对要沉着,处境难堪时不要自我泄气。“急智”来自突破“定型思维”框架,因此主持人要一眼看穿对方“怪问”中某种隐含的荒谬前提,选准突破口,给对方来个出其不意,攻其不备。

例话

孙小梅台湾“斗嘴皮”

中央电视台节目主持人孙小梅曾随同一个文艺演出团到台湾,受到当地观众的欢迎。当地某电视台邀请她临时担任一个综艺晚会的嘉宾主持。

一上场,同台的台湾著名主持人就咄咄逼人、出言不逊——

主持人:啊,孙小梅,你跑到这里来抢我的饭碗啊?

孙小梅:(诧异)我怎么是来抢你饭碗啊?

主持人:你可是中央电视台的大红人啊……

孙小梅:(笑)哈哈,我抢不了你的饭碗,我是来帮你赚钱的。

主持人:什么?帮我赚钱?好哇,你说说,你怎么帮我赚钱?

孙小梅:你想一想,祖国大陆有十几亿人口,台湾地区只有几千万,你说我是中央电视台的“大红人”,那么我来同你主持节目,回去一播出,认识你的人多了,你名气更大,不是可以赚更多的钱了吗——你要知道好歹,该好好谢我才对!

主持人:咳,嘴皮儿挺厉害啊……

(据节目录音)

随着娱乐节目形式的变化,话语成为主持人主持节目时重要的创作元素,主持人可能“遭遇”为寻求意外效果而故意咄咄逼人的诘难,这时如果逆来顺受,是自陷窘境,那就不妨“背水一战”,同对方“斗”一回嘴皮子。

孙小梅一眼看穿对方“怪问”中隐含的荒谬前提,以静制动,答语平中显巧,运用“仿答”来了个适度碰撞,取得了应对的主动。她仿用对方的逻辑顺势“推”出其不合理的“荒谬点”,再极度放大,现场效果就出来了。

孙小梅的即兴应对,以问制问,顺势反诘,这属于女性的“软碰撞”,回敬的力度也控制得恰到好处,在说笑中又维系了和谐快乐的气氛。

第九节　突破惯性　语境生智

“语境生智”应是主持人必备的语言技能。在节目进程中经常会出现一些意想不到的情况,尤其是技术故障和表演者的意外,这时就需要主持人头脑灵活、反应机敏了。

例话

歌手孙楠退赛　汪涵机智救场

2016 年，在湖南卫视举办的《我是歌手》总决赛中，共有 7 位歌手入围，其中韩红与孙楠形成对决之势，堪称“歌王之战”。这时孙楠突然发布退赛声明，打乱了比赛进程，直播现场一片哗然。主持人汪涵沉着地走到台前救场。

主持人汪涵说：

“首先请导播为我准备 3 到 5 分钟的广告时间，谢谢。我待会儿要用。

“接下来我要说的，可能只代表我个人，而不代表湖南卫视的立场。我从 21 岁进入湖南广电，所以我觉得我自己身上的很多优点和缺点似乎都打上了湖南广电的烙印，包括所谓‘没事儿不惹事儿，事儿来了也不要怕事儿’。

“在这么大一场直播当中，一个顶尖级的歌手、一个顶梁柱一样的歌手，突然宣布退出接下来的比赛，我想我是摊上事儿了，甚至是摊上大事儿了。但是说实话，我内心一点儿都不害怕，因为一个成功的节目有两个密不可分的主体，除了这个舞台上的 7 位歌手之外，还有电视机前的亿万观众和现场的这么多观众。（掌声）

“我之所以不害怕是因为你们还踏踏实实地坐在我的面前，我还可以从各位期待的眼神当中读到你们对接下来每一位要上场歌手的那一份期许。（掌声）

“我还可以从各位的姿态当中感受到你们内心的那种力量，这个力量足够给楠哥、给红姐、给 The One、给李健、给维维、给黄丽玲、给彦斌，给所有已经准备好了的歌手，会有千万个掌声要送给他们。楠哥，不信，你听。（掌声）

“这是我要说的第一层意思。

“第二层意思我想表达的是，我虽然不同意楠哥您的一些观点，但是我誓死捍卫您说话的权利。所以刚才我从话筒中听到您那一段（退赛声明）的时候，我并没有试图打断您要说的话，虽然我可以这么做。其实，每一位歌手来到这个舞台，都有权利选择自己退或者是不退。

“当然，您有权利选择在您认为对的时刻，依着自己认为对的那个想法做出离开的决定。我们应该尊重一个成熟男人在这一刻做出的决定。当然，我在这里也提出一个希望和请求，就是希望您以一个观众的身份继续坐在那个地方，来看你最爱的弟弟妹妹们向歌王的舞台进军，我也相信我们现场的 500 位大众评审已经做好了准备，用掌声来接纳这位不期而至的观众，不信，你听。（掌声）

“接下来，对于我，一个主持人，也不可能有这么快的反应速度，不可能有这么大的权力去调整因为楠哥退出而要改变的比赛规则，请导播在这一刻放 3 到 5 分钟的广告，我要跟我们的制作团队商量，怎么样对节目赛制做相应的调整。各位观众朋友，不

要走开,真正精彩的时刻会从广告之后开始!"(掌声)

(据《综艺时报》)

汪涵不卑不亢、临危不乱的救场词,可圈可点。

他的话包含两层意思:第一是稳定现场,首先用"没事儿不惹事儿,事儿来了也不要怕事儿"的鲜明态度扭转失控的现场,然后强调现场观众和选手的主体地位以"稳住阵脚";第二是比较客观地表明自己对孙楠退赛的态度,并热情预示"向歌王进军"的比赛将会更加精彩。这段话是主持人"语境生智"的即兴语言创作。

惯性思维是人的基本思维方式,但思维惯性有时也可能成为思维的惰性,会影响语智的正常发挥。汪涵突破了遇事"打圆场"的思维惯性,面对孙楠的"突然袭击"摆出"不惹事但不怕事"的进取姿态,这是一般主持人难以做到的。而对孙楠的批评虽比较隐晦,但分寸拿捏却十分到位,并且运用借力打力的策略,推动现场的气氛。有人说这是"教科书"式的救场,并不为过。

"语境生智"需要突破惯性。面对突发状况,如果处变不惊,就可能说出几句精言妙语;如果心情过于紧张,思维难以聚合,语言表达迟钝,就可能落入思维惯性的陷阱。"语境生智"就是"急中生智",是优秀主持人必备的能力。

训练设计(34)

(一)"突破思维惯性"训练

(1)"红砖"可以造房子。请你在一分钟内说出"红砖"的其他十种用途。

(2)人们总认为"老鼠"是害人精,偷吃粮食、损坏衣物。请你说一段话,讲一讲"老鼠的贡献"。

(3)人们都讨厌"狗仔队",请你为"狗仔队"讲几句"公道话"。

(二)"顺贬反诘,适度碰撞"训练

(1)一位大嫂问一位大龄女青年:"你长得不丑,怎么不早点儿找个男人结婚呢?"女青年应怎么顺贬反诘、适度碰撞呢?

(2)某厂竞选厂长,一位年轻的竞选人对年已50岁的对手说:"你该尽享天伦之乐了!当厂长不会像我们年轻人那么得心应手,你就别操那份心了。"对手应怎么顺贬反诘、适度碰撞呢?

(3)顾客:"卖肉的,把你的肉割两斤给我!"对方应怎么反诘?

(4)一个人戴一顶破旧的帽子,有人取笑道:"你脑袋上那东西是什么玩意儿?"对方怎么顺贬反诘以实现"软碰撞"?

答题参考17

(5)电车上一位先生给一位女士让座,她大大咧咧地坐下了。先生凑过去,问:"您刚才说了什么没有?"女士说:"我没有说什么呀?"先生怎么顺贬反诘?

(6)一位牧师突然接到一封信,里面写了"蠢材"两个大字。他拿给别人看,该说句什么话以顺贬呢?

(7)一位戴耳环的售票员在电车上卖票。售票员:"哎,那个戴鸭舌帽儿的,买票!"该乘客票已买过票,他怎样回答以实现"软碰撞"?

(8)英国某记者采访作家梁晓声。记者问:"没有'文化大革命'就产生不了像您这样的一代中青年作家,那么,在您看来'文化大革命'是好还是坏?"想一想作家梁晓声该怎么反诘?

(9)"你搞试验用这么多材料,我看简直是极大的浪费。"对方如何反诘?

(10)一位中年人说:"媳妇刚过门,抽烟就吸'伸手牌',怕是得了'妻管严'吧?"对方如何反诘应对?

(三)"语境生智"训练

下面各题都对语境做了说明。请快速说出在这样的情况下说什么话比较好。当然,话语的设计可能有多种选择,大家可以讨论哪一种说法最得体、最切境并富有新意,然后与答题参考对照,看看你能获得什么启发。

(1)德国科学家格尼亚长得很英俊。成名以后,有些妙龄女郎不断地纠缠他,想要嫁给他。但是格尼亚专心于科学研究,对恋爱、成家不感兴趣。有个漂亮姑娘看他太"迂腐",觉得需要用点"厉害的"手段去诱惑他才能奏效,于是就壮着胆子穿着超短裙,很风骚地袒胸露背,深夜闯进他的实验室。她问:"亲爱的,你不觉得我很美、很诱人吗?"格尼亚笑了笑,平静地说了几句话,既没让姑娘的自尊心受到伤害,也很礼貌地表明他不会碰她一根毫毛。

——格尼亚是怎么说的?

(2)俄罗斯女大学生尼娜来到广州旅游,临行前同新结识的朋友小俐去爬白云山。尼娜不小心将新买的裙子挂到了路边带刺的灌木上,拽了半天才脱身。看着划破一个小洞的裙子,尼娜神情黯然。小俐说了几句话,尼娜笑了。

——想一想,小俐说了什么让尼娜破涕为笑的?

(3)大年初一,孩子把父亲给他买的新帽子玩丢了,怯生生回到家里。父亲正在同拜年的客人闲聊,见儿子光着头回来,正要打儿子,客人笑着说了几句吉利话,把孩子的父亲说得眉开眼笑,就让孩子出去玩了。

——这位客人是怎么说的?

第十节 巧解妙释 反常合道

语智,需要知识的积累,但这并不意味着把书本知识死记熟背就有了语言的智慧。

语智需要的是“活的知识”,这种“活的知识”带有创造性、批判性的色彩,是一种再生的、带有原创色彩的新见解、新观念。

我们这里所说的“反常合道”,指的是违背常规但合乎情理。现在提倡观念更新,就是要换个角度审视已成定论的事物或说法,发现它不够准确周密的地方,这就是“再生”的活知识。“反常合道”的思路是综合的,它造就出色的个性;智慧的思路是求异的,它可以创造新的思想。如果我们经常对一些固有观念进行“反常合道”的思辨,既能训练语智,也有激浊扬清、革故鼎新的意义。

例话

“忠言”也可以“顺耳”

苏州园林狮子林里有个“真趣亭”,亭子上方留有乾隆皇帝当年亲笔题写的“真趣”两个大字。它的来历是有故事的。

据说乾隆特别喜欢狮子林的假山,有一次,他玩到兴头上时,不假思索提笔一挥写下了“真有趣”三个字,写完后问别人怎么样。

随从心里知道,这三个字有失水准,但如果说不好那可是要掉脑袋的。

这时旁边一个状元心生一计,他直夸皇上字写得好,并且求圣上能将中间的“有”字赐给他。乾隆皇帝也不傻,咂摸了一会儿,觉出了意思,就高高兴兴地把中间的“有”字赏赐了出去。

这样一来,留下“真趣”两字,皆大欢喜,至今还挂在苏州狮子林里。

我们都说“忠言逆耳”,其实“忠言”也可以“顺耳”。如果让“忠言”说得委婉点儿,拐个弯儿,这样对方揣摩一番就会明白,而自己的目的也达到了。

(据《当代交际》)

一个富有语智的人,必须使自己的思维具有批判性、创造性。从“忠言逆耳”到“忠言顺耳”,“反常”却“合道”,即是一例。

爱因斯坦说过:“要是没有独立思考和独立判断的有创造力的个人,社会向前发展是不可想象的。”经常进行“反常合道”的思辨,有助于成为创造性人才。

第十一节　据理力争　力排众议

“据理力争,力排众议”是用紧张的辩论训练语智的方法。

由于辩论时立场尖锐对峙,思维处于动态的戒备反射状态,辩论双方既要准确表达自己的观点,又要机敏捕捉对方的破绽,而且还要随时防止自己的表达出现漏洞。双方都紧张快速地选择概念,审慎地作出判断,周密地进行推理,在唇枪舌剑的论辩中，双方措辞比较激烈，但并不轻率；为了防止被对方抓住把柄，语言分寸感的把握也很慎重，有时甚至到了字斟句酌的地步，所以“据理力争，力排众议”是语智的较量。思维缜密程度和驾驭语言能力的高低，直接影响辩论的成败。

例话

切斯特·朗宁驳斥血统论

加拿大前外交官切斯特·朗宁在参加议员竞选时遭到许多人的反对，原因是他出生在中国，是由中国奶妈的乳汁喂养大的，因此反对派认定他的身上具有“中国血统”，不能完全算是加拿大人。切斯特·朗宁毫不畏惧，“据理力争，力排众议”，勇敢地同反对派展开了激烈的争论。

切斯特·朗宁说：“我喝中国奶妈的乳汁长大，这是事实。但是请问我喝了中国奶妈的奶就一定具有中国血统吗？诸位女士，诸位先生，你们喝过加拿大的人乳就具有加拿大血统了吗？如果喝什么奶就具有什么血统，你们喝的牛奶是加拿大的牛奶就具有加拿大牛的血统了吗？可是，加拿大的牛有许多是来自国外的，有的是杂交才生产优质牛奶的，请问，你们的加拿大血统怎么判定呢？而且你们长大以后，不仅‘喝’牛奶、羊奶、马奶，而且还‘吃’得很杂，吃鸡脯、吃羊腿，这样，你们的血统究竟怎么认定呢？”

切斯特·朗宁“据理力争，力排众议”，得到了选民的支持。他运用类比推理的“归谬法”，将反对派驳斥得哑口无言。

（据《演讲与口才》）

辩论是论证、反驳的结合，目的是驳倒对方，而“力排众议”则是以“一”对“众”的论辩，目的是培养孤立无援却处变不惊的快速反应能力。

三国时，诸葛亮曾以滔滔雄辩驳倒张昭等人的轮番刁难，人称“舌战群儒”。“力排众议”很像“舌战群儒”。

“力排众议”反驳的方法和技巧很多，归纳起来主要有直接反驳和间接反驳两种。直接反驳是直截了当地予以反驳，例如用事实说话就是直接反驳，是很有力量的，正如鲁迅所说“因为真实，所以有力”。另外，通过归纳、演绎论证反驳对方，也属直接反驳。直接反驳属于辩论中的“正面进攻”，它以真实判断、直接确定对方观点的虚假而取胜，常能置对方于不攻自破的境地。

间接反驳可分为独立证明和归谬反驳两种。独立证明是通过证明与论题相矛盾的论题的真实性达到反驳论题的目的。切斯特·朗宁对血统论的驳斥使用的就是归谬反驳，即先假设对方观点是对的（其实是放大谬误），然后从中推出更加荒谬的结论，从而达到推翻对方观点的目的，使论敌处于无地自容的窘境。

俗话说“打蛇打七寸”。反驳不要面面俱到,要抓住本质,击中要害。

反驳常用的方法与技巧,除了上面提到的外还有:明确概念——对方偷换概念,要明确被偷换概念的内涵;喻证或类比论证——用相类的喻例将“本象”与“类象”或“喻象”在人们不言而喻的联想中连接起来,产生雄辩力;指出对方论点前提的虚假或论据的虚假;运用对比,通过正反论证进行反驳;指出类比推理中的机械类比,机械类比是根据两个对象表面的相似性进行推理,指出二者之间的本质差异以驳倒对方;指出对方推理中以偏概全的错误……

训练设计(35)

(一)“反常合道”训练

对下列论题作“反常合道”的思辨,并进行言之成理的讲述:

(1)班门弄斧——“弄斧”必到“班门”前

(2)知足常乐——知“不足”者常乐

(3)良药苦口——“良药”应当“爽口”

(4)敝帚自珍——“敝帚”何须“自珍”

(5)想入非非——“想”必须入“非”

(二)“及时反驳”训练

1.试对下列论题做出快速而有说服力的反驳:

答题参考18

(1)“你的爸爸当海员,死在海里;你的爷爷当海员,也死在海里。我看你就不要再当海员了。”

(2)“我男人好歹是个科长,你男人是什么东西?扫垃圾的!扫垃圾的老婆,你不害臊,我倒替你害臊!”

(3)“我是能人,能人不是完人,我用公款吃喝旅游是不太好,不过只算是个小缺点。我当厂长,还掉了几亿贷款又赢利几千万,报纸上夸我一个人救活一个厂,我让你们几百号人不下岗,我吃点儿喝点儿用点儿不要不服气。社会主义初级阶段嘛,不可能尽善尽美,这些事多得很,不要大惊小怪。”

(4)20世纪30年代,香港发生了一件引起社会广泛关注的商业索赔案件:

香港茂隆皮箱行生产的皮箱货真价实,生意特别好。英国皮具商威尔斯出于嫉妒企图敲诈,于是向茂隆皮箱行订购3 000只皮箱,讲定一个月后取货,茂隆皮箱行逾期如不按质按量交货,赔偿货款总额的50%。后来茂隆皮箱行如期交货,但是威尔斯却说,他订购的是皮箱,茂隆皮箱行交的皮箱里面衬的是木板,不能算是皮箱,因此茂隆皮箱行违约,应给予威尔斯货款总额50%的赔偿。茂隆皮箱行不服,于是双方对簿公堂。在此案的审理过程中,茂隆皮箱行所请的律师做了精彩的辩护,最后茂隆皮箱行赢得了胜利。威尔斯因诬告，当庭判决罚款五万元港币。

——如果你是律师，将如何反驳英国皮具商威尔斯？

2.指出下列反驳运用了什么方法：

(1)对方观点：“一个国家向外扩张，是由于人口过多。”

反驳：“美国面积小于中国，人口不及中国人口的五分之一，但美国军事基地几乎遍及全世界，海外驻军100多万。中国人口13亿，但无一兵一卒在外国领土上，更没有建立军事基地。”

(2)汉武帝刘彻很相信《相书》上的话。《相书》上说，一个人的“人中”(鼻子下面的一道沟)如果一寸长，这人能活100岁。汉武帝问侍臣是否是这样。在场的东方朔心有讥讽之意，说：“我想彭祖的脸一定很长。因为据传说彭祖活到800岁才死，那么他的‘人中’该有八寸长，这么说，他的鼻子该有多长呢？他的脸该有一丈多长了吧？”东方朔的几句话，引得汉武帝哈哈大笑。

3.指出下面的错误说法可以用什么方法进行反驳？如何反驳？

(1)有个乘客在车上打破了窗玻璃，乘务员找到他，说：“你损坏了人民的财产，请你赔偿！”乘客说：“我是人民中的一员，人民财产有我一份，用不着赔，我的那份就不要了！”

(2)阿Q偷了人家的萝卜，主人发现了，问他为什么偷他家的萝卜？阿Q说：“这萝卜不是你的，你能叫得它答应你？”

(3)有人为了证明上帝的存在，就说：“宇宙和钟表都是由许多部件组成的。钟表有一个创造者，那么，宇宙也有一个创造者，那就是上帝。”

(三)对峙“抬杠”训练

“抬杠”是一种通俗的说法，指两个人为了一个问题进行短兵相接的争论。“抬杠”可以作为即兴语智训练的一种形式。

试请一人做仲裁，进行一对一或组对组的“抬杠”练习。组对组的“抬杠”可以请一人作为“主攻手”，另一人为“副攻”，其他人做“参谋”，“参谋”随时提供必要的论据材料，或提出应注意的问题，必要时“参谋”也可上阵“参战”。

请以下列论题做“抬杠”练习：

(1)正方：不要这山望着那山高

反方：应当这山望着那山高

(2)正方：好汉不吃眼前亏

反方：好汉爱吃眼前亏

(3)正方：小赌怡情

反方：小赌未必怡情

(四)"据理力争,力排众议"训练

方法:开始时主辩用3分钟时间明确亮出对论题的见解,然后进行答辩。起初双方可以采取"一对众"的"散辩",众人一方可随时换人,轮番上阵,每次限说1分钟;10分钟后提高"舌战"难度,"一对一"地辩下去。最后双方各做3分钟的小结。可以请一位水平较高的人做仲裁。

论题1.有了"三八妇女节"是否需要"男人节"?

论题2.小学生不能同老师顶嘴,是不是?

论题3.女儿在外有谈恋爱的迹象。母亲考虑女儿尚在高中读书,绝对不能谈恋爱,就拆了某同学给女儿来的一封来信。见信里并未写有关恋爱的内容,母亲就把信交给了女儿。女儿对此大为不满,同母亲发生了激烈的争论。

正方:做父母的看儿女的信,并没有什么过错

反方:父母不能拆看儿女的信

论题4.某记者"守株待兔",拍摄了一骑车人于大雨中摔倒在马路边大水坑中的全过程,并将这组照片放到了互联网上,引起网民的热议。

正方:记者太自私,太不人道

反方:记者不自私,很人道

训练提示

1."反常合道"是一种"绝路逢生"的独创性语智,有时甚至是"死里说活",但是,说话必须合乎逻辑,我们不提倡诡辩。可以对论题予以必要的限制,比如说"开卷未必有益",就要讲清在什么样的情况下"开卷"未必"有益",这样就可以自圆其说、言之成理了。

2."抬杠"练习时,各方发言时间要做出限制,整个"抬杠"时间也要有个限定;要控制情绪,不要以势压人或强加于人,更不要急不择语伤害对手,"抬杠"应以不损害友情为前提。仲裁要做阶段性小结,对于偏离论题和论而不辩的情况,要及时指出。"抬杠"的胜败可不以客观的事理正误为标准,而以是否使对方进退维谷、无言以对来论定。

3."力排众议"训练时,可以给主辩一点"优惠",即允许主辩事先准备。问题一时辩不清,可以不求辩"倒"只求辩"明"。论辩可以设置主持人,在限时"舌战"过程中和终结阶段,主持人应条分缕析地指出双方的共同点、接近点和分歧点,及时做出评价。

第九章 即兴播讲

——训练目标：无稿播讲 优质播出

即兴播讲是广播电视节目中根据现场需要进行的无稿讲述，是媒介常规性的话语操作方式。《美国播音技艺教程（第5版）》列出了几个章节，强调了对即兴播讲能力的训练。

即兴播讲能力正在成为广播者百宝箱中最珍贵的东西之一。今天的新闻记者必须比以往任何时候更多地采用即兴方式播讲，这在很大程度上是因为现代实况转播方式技术的迫切需要。[①]

即兴播讲不仅仅要注意语流顺畅、字正腔圆、即兴成篇等技术性的问题，我们还必须从播出要求出发，注意语态、语体、语境、语质等方面的问题。

第一节 即兴播讲 语态变革

即兴播讲首先要解决的是语态问题。语态体现讲述者的心理定位，是解决用什么方式说话的态度问题。当下，我国的广播电视媒介主要有三种语态：主流语态、精英语态和大众语态。前两种语态长期居于主导地位。

语用观念与时代语境相互影响，是“共变”的。我国的媒介语态从改革开放之初就开始逐渐改变，而媒介语态的突破性变化则发生在20世纪90年代。最有代表性的是1991年《望长城》中主持人焦建成的尝试。这位朴实得像“长城砖”的主持人开创了一种平民化的风格，他那以无文本话语操作为特征的“原生态主持方式”，给人耳目一新之感。

孙玉胜认为，自1993年以来，我国电视改革主要体现在“语态的变革”上，即“从俯

---

① HAUSMAN，etc. 美国播音技艺教程：第5版[M]. 王毅敏，刘日宇，译. 上海：复旦大学出版社，2007.

视语态改变为平视语态”。改变的动力“不仅来源于国家执政理念的改变,也不仅来自道德感和新闻理想,更主要的是来源于广播电视生存方式的改变”。孙玉胜在回答《南方人物周刊》记者提问时说:

这一场新闻变革的根本就是“改变了电视的语态”,降低了说话人的口气,尝试一种新的叙述方式,让人们从一贯严肃刻板的屏幕上,看到、听到民间话语的鲜活、幽默,看到冲突的故事和人物的命运。这种转变具体在主持人身上,要求他们更像邻家兄弟,像一个朋友,以聊天拉家常的方式说话。我们这里有一批没有经历正规播音训练的主持人反而得到了好处,他们不用扮演一个播读稿件的传声筒了……①

新世纪以来,执政观念强调民本意识、媒体实行商业化运作、娱乐元素泛化等新情况接踵而至,中央广播电视总台借力更新,开始了一轮前所未有的尝试。他们在尝试“还原世界的本来”方面,迈出了可喜的步伐。这是一波重大的有时代意义的变革,是从内容到形式以“民本思想”为核心的语态变革。

第二节　即兴播讲　调整语体

人们在长期的语言交际中,根据不同的交际语境,各自形成的一系列语言体式就是语体。在即兴播讲时,主持人根据不同节目语境选择不同的语体,使表达十分“得体”,这就等于与受众之间架设起了一座沟通的桥梁。

一、即兴播讲需要增强语体意识

语体的分类,大的方面可分为书面语体和口头语体。口头语体又分为日常口语体(亲切、通俗易懂)、正规口语体(严谨、用语规范)和典雅口语体(凝练、富有文采)。语体不当是说话的大忌,有时还会闹出笑话。

例话

假斯文出洋相

古时候有个白面书生叫贾思文,肚子里有点儿墨水,就爱咬文嚼字穷卖弄,常闹出笑话,大家索性叫他“假斯文”。有一次他进京应考,钱花光了,就写信给父亲要钱,又想显露一点文才,就这么写:“父亲阁下:值此应考之际,鉴于该生业已断银,兹责成其父速汇银 20 两,接函速办是荷……”假斯文的父亲见儿子用公文套语对他“打官腔”,气得七窍冒烟,三下两下把信撕得粉碎,一个子儿都不给他。假斯文名落孙山,没钱回

① 孙玉胜. 十年:从改变电视的语态开始[M]. 北京:生活·读书·新知三联书店,2003.

家，只得卖衣卖书作盘缠。

一回到家，他又羞又怕又累，钻进被窝就蒙头大睡。睡到半夜，一只蝎子把假斯文蜇醒了。他呼地坐了起来，摇头晃脑说道："贤妻啊贤妻，速燃银灯，尔夫为毒虫所袭!"连说了几遍，可是这酸溜溜的文言八股腔他妻子一句也听不懂，只好看着他干瞪眼。最后，假斯文疼得实在受不住了，脱口大喊道："哎哟哟，老婆子呀，快快点灯，我被蝎子蜇啦，疼死我啦……"

这位假斯文，地道一个"寻章摘句老雕虫"。说话不分场合、卖弄文才，当然到处碰壁、出尽洋相了。

（据《笑禅录》）

中国有句俗语，叫"语无常路，言无定势"。各种语体之间并非毫不相通，日常语体可以用几个典雅的词语，典雅语体里也可能出现几句生活气息很浓的"大白话"，而正规语体里更是常有生活用语和雅语的渗入。但是主持人应该有鲜明的语体意识，根据节目的内容和形式，根据目标受众群的需要，逐步形成比较适合的、相对固定的语体风格。

二、我国主持人语体风格新变化

任何单一语言都有缺陷，异质语言方式的创造性介入是时代发展的必然。可以肯定的是，随着"语态变革"的深化，广播电视节目语言将会出现多元共生、多体混成的局面。在这一过程中，依靠创造和整合，依靠理论的总结与必要的引导，可以推动语言演化朝着健康的方向前进。例如：

平民的语言：百姓话语、市井话语，嵌入较多的惯用语。

调侃的语言：以嘲弄、揶揄的语调说话。

华丽的语言：典雅而富有文采，提供丰富的想象空间。

哲理的语言：惜言如金、字斟句酌地说话，给人以回味。

评话的语言：像说书一样，绘声绘色，娓娓道来。

自为的语言：即"关涉自我"的一种个性张扬的语言。

游戏的语言：讲究话语的趣味性，追求表达的快感。

边缘的语言：疏离主流，半遮半掩，对某些禁忌"打擦边球"。

……

现在，广播电视用语还有一种现象，就是"惯用语"的大量使用。

所谓"惯用语"是日常口语交流经常使用的一种"熟语"，它由定型的词组构成，一般通过比喻、借代表达意义。例如"私房话""狗头军师"，前者不是在私房里说话，是指不愿公开的话；后者指给别人出不高明主意的人，并不是长着"狗头"的"军师"。惯用语贴近民众，富有表现力，可以适当选择使用。

语言的作用不仅是“表达思想的工具”,它的交际功能、娱乐功能、休闲功能、审美功能等都已被开掘出来,因此,选择一种语言就是选择一种文化价值。主持人口语应该寓雅于俗,这里的“俗”是通俗,不是媚俗、低俗,是贴近现实生活的亲切和朴实。从口语表达风格上说,曾志华认为“质朴是主持人口语的一大特点。生活中自然说话时,声音最放松,语调最自然。主持人应该借鉴生活中自然说话的调子,在话筒前可以像平时说话那样……”这是媒介语言与日常口语“对接论”比较恰当的论述。

三、媒介语言观转型:“说人话”

媒介语言的一个最基本属性是“诚实”或“真实”。如果主持人话语不具备真实性,语言就失去了应有的效度,媒介言语交流就失去了最起码的信任。

例话

关于春晚说“人话”

2013年,春晚总导演哈文对记者说:“今年春晚主持人一定说人话。”

这位女导演快人快语,而且颇有胆识,间接承认,30多年春晚,央视节目主持人没有说“人话”。我们听腻了模式化的激情澎湃,熟背台词、华丽夸张、拿腔使调、模式固定,确是春晚的一大软肋。

但是,后来我们在央视新闻的“春晚动态”现场报道中,看到几位主持人在休息室紧张地“对台词”。撰稿人于蕾告知大家:“原本零点前的27段串词,有15段主持词从语态到内容都要进行修改……”正说着,总导演哈文推门快步进来打断说——“新的调整:第8页毕福剑那个‘咱们仨组合可以起个名儿’这儿直接就让朱军打断……撒贝宁的‘一路趋吉避凶’要改成‘一路畅通’……”

主持人董卿抱怨说:“每天中午12点才拿到新的台本,下午两点就得带妆上场,还得脱稿,不能带错的,因为台下坐着观众。每次都挺紧张的。”

这就是所谓的说“人话”吗?

据哈文说,“人话”就是接地气、贴近百姓,不是高高在上,要说得更实在。但是,哈文只是描述了语言的形态,她不太懂得“人话”该怎么说。这位导演用排练话剧的方式让主持人们说“人话”,越俎代庖设计语言、设计语境,让主持人鹦鹉学舌、机械复制,那样会说得特别流畅、特别干净、辞藻华丽、天衣无缝。很遗憾,那不是说“人话”。借用崔永元的话说,那“不是说话,是语言的表演”。

(作者:应天常)

但是,哈文提出“说人话”涉及媒介语言观的转型,还是值得赞赏的。

语言的本质是交际。语言在现实的交际语境中产生才是鲜活的,才是“接地气、贴近百姓”的。威廉·洪堡特说:“不同的语言,都是人类精神以不同的方式、不同程度的自我显示的结果。语言是精神的不由自主的流射。”[①]这时,它所包含的丰富的感情因素和生命气息,是“人话”必须具备的。

几年前,凤凰卫视的窦文涛主持“新年音乐会”,误将“廖昌永”说成“赖昌……”,“星”字还没出口,便引起了哄笑;他后来救场时自我解嘲说“对不起,我刚才一不留神,差点让那什么人干扰我们……”引来满堂的欢笑和掌声。

这就是“人话”,即使有口误、有冗余,但它是鲜活的,甚至是幽默的。

训练设计(36)

语体训练

答题参考 19

1.假如你获得了某种成功、某项荣誉,许多人来向你表示祝贺,说你“真不简单、真了不起”,请以“谦虚”为语旨,用日常口语体、正规口语体、典雅口语体三种不同的口语语体分别做出回答。

2.请将下面这段话改成通俗口语体表述。

高大宝是个桀骜不驯的少年,他的身上透出一股难以驾驭的野性。仅仅为了撵上一只正在风驰电掣般奔跑的野兔,竟然携带着短刀、领着他那条棕色的小狗在麦浪滚滚的田野迅捷地奔跑,全然不顾即将成熟的庄稼,所过之处,一片狼藉。有一天,狂风大作,山雨欲来,高大宝溜出家门,轻捷地攀上村东头那棵高大挺拔的大树,把喜鹊窝里的喜鹊蛋悉数收入囊中。此时乌云密布,雷声隆隆,家里人心急如焚,高大宝蹲在树上俯瞰大地。呼啸的狂风摇撼着大树,树冠大弧度地摇晃着,似乎要教训这个调皮的孩子,然而高大宝却如同一只顽猴,身手轻盈地跳动于树干树梢之间,对即将到来的倾盆大雨置若罔闻毫不在意……

3.指出教师家访时,对学生的奶奶说话使用了哪些惯用语:

您老身子骨挺硬朗啊!您说啥?告状?我不是告状来的。最近啊,您老的宝贝疙瘩在学校还行,没捅娄子,我告什么状啊!不过话又说回来,小毛病还是有的,比如念书还有点分神儿,校门口打游戏机几个钟头不挪窝,作业呢,有点糊差使,最近数学测验又挂红灯啦。在学校您老就别操心了,我们给他开小灶,补功课,可放学回家,您老可要敲敲边鼓、管紧点儿啊!

训练提示

1.文字材料改为口语体,要尽量做到说起来上口,听起来顺耳;内容化繁为简、长句改短句、单音节词改双音节词、文言词或高级形容词改为通俗的口语词;为便于理

---

① 洪堡特.论人类语言结构的差异及其对人类精神发展的影响[M].姚小平,译.北京:商务印书馆,1999.

解,句子之间可嵌入过渡句或解释句,或作必要的补释。

2.“心态”决定“语态”,把受众看作自己的亲朋好友,才可能“像邻家兄弟聊天拉家常”那么说话。

第三节　即兴播讲　重视语境

语境(context)是1923年人类学家马林诺夫斯基(B. Malinowski)提出的概念,指语言运用的环境因素。语境可分为两类:一是情境语境,一是文化语境。前者属于语言性语境,是现实的语言环境;后者属于非语言性语境,比较隐蔽。

一、“口无遮拦”导致“口舌风波”

因说话不慎而引起的“口舌风波”,大部分是由于语境意识淡漠造成的。尤其是文化语境,包含社会风俗、人文心理、历史记忆、价值判断、审美取向、社会情绪等,很容易被忽视。

例话

语境意识麻痹引发“口舌风波”

——据美国《侨报》报道,美国有线电视新闻网(CNN)创始人特德·特纳(Ted Turner)接受湾区KGO电台主持人欧文斯采访时,因为说了句“中国人都很聪明,你见过很笨的中国佬吗”,引发全美华裔对“中国佬”称谓的强烈不满。湾区行政总裁温达曼先生当即致函特纳,敦促其向华裔社区居民道歉。第二天,特纳发表书面声明,就自己错误地使用“中国佬”一词道歉,他说:“对于因为我的言论导致苦痛的人,请接受我的致歉。”

——日本前首相麻生太郎曾在富山县高冈市发表演讲,说到日本大米与中国大米的差价时说:“日本一袋普通大米售价是1.6万日元,在中国要卖到7.8万日元。你说哪个更贵呢?即使是老年痴呆症患者都明白这一点……”麻生太郎“老年痴呆症”之说遭到民众的狂轰猛批。当天深夜,麻生在电视上公开道歉:“我使用了一个不恰当的比喻,我对那些因此感到受了冒犯的人道歉!”

(据“环球时报网”)

我们很难说这些领袖人物不善表达,或是有意地冒犯公众,他们即兴讲述的“口舌风波”完全是因语境意识麻痹造成的。

“中国佬”事件为什么会酿成社会风波?湾区行政总裁温达曼在敦促特纳道歉的信中对此分析得很清楚:“……很不幸地,我想你知道,对于你谈到‘你见过很笨的中国佬吗'的用语拥有一段很不好的历史，这个名词与'英国佬'(Englishman)或'法国佬'(Frenchman)并不相同。不管内容如何，这肯定是一个不应该使用的名词。"这是说，特纳忽略了华人曾在美国作为"贱民"被蔑称"中国佬"的"一段很不好的历史"，"中国佬"至今仍是华裔社区居民的隐痛。

而麻生太郎的"老年痴呆症"事件则是因为他忽视了日本是世界老龄化程度最高的国家这一事实。在日本，年龄超过 65 岁的人占总人口的 20%以上，而老年痴呆症患者有 150 多万。何况，麻生得罪的不仅仅是这些老年人，还包括他们的亲人和朋友，以及这种病的潜在患者。

二、警惕"弱语境文化"的隐蔽性

这些语言事件提示我们，要警觉文化语境的隐蔽性。作为一种文化的存在，文化语境分为强语境文化和弱语境文化。媒介人物公开的语言行为有强烈的主流意识，属于强语境文化，它是一种统一凝聚的权威力量；而弱语境文化，是一种大众的、世俗的语境文化，没有统一性，是一种隐形的存在，所以很难把握。

弱语境文化的隐蔽性和不稳定性，随时可能成为即兴语言运用的陷阱。主持人在这个方面应倍加注意，不可大意。

例话

脱口秀节目引发的血案

2005 年 5 月，在土耳其一个收视率颇高的脱口秀节目中，一位中年妇女声泪俱下地讲述自己遭受丈夫施暴的不幸。她忧伤地说，自己几十年都在凌辱中生活，最后她泪流满面地撩起衣衫，展示她血肉模糊的伤口。现场观众一片唏嘘。

节目播出第二天，她的儿子愤怒地朝她连开五枪，她倒在血泊中。

儿子认为，母亲在电视上讲这些"有辱门风"的事情，令他无脸见人。

半个月后，这位可怜的女人在痛苦中死去。

与此同时，节目主持人艾塞诺·亚西吉也受到"死亡威胁"。

（据《参考消息》）

这是忽视"弱语境文化"的隐蔽性酿成的悲剧。主持人倡导保护妇女权益，宣扬主流文化(即"强语境文化")无可厚非，但是土耳其地处欧亚交界，长期面临多元文化的冲击，伊斯兰文化无所不在，"家丑不可外扬"的传统观念与"血泪控诉丈夫施暴"的行为格格不入。主持人和节目编导忽视这类世俗文化的存在，对节目嘉宾也没有任何保护性技术处理，是导致血案发生的直接原因。

三、重视即兴口语的语境化处理

我们的一切即兴口语都应该有一个语境化的过程。所谓语境化,就是对自己表述的内容加以适境适体(得体)的处理。也就是在合适的时间和合适的环境,说最合适的话。

比如杨澜曾在《正大综艺》节目中说:“我觉得,教育小孩子特别要顾及小孩子的自尊心。如果他很淘气,就不要当着其他小朋友的面批评他,那样他会觉得没有面子。有个小女孩,在她4岁的时候,有一次她尿床了。她害羞,就跟她爸爸说:‘你别把床单晾出去,就放在家里晾,行不行?’孩子的爸爸就照她的要求做了,她一辈子都很感激她的爸爸。那个小女孩,就是我……”杨澜所言,在当时的语境中,面对的是广大成年观众,作为一个刚刚走出校门的女大学生这样说,是适境得体的。这就是即兴口语的语境化。

中国人说话讲究“察言观色”,就是为了适应语境。即兴口语表达尤其讲究“上什么山唱什么歌”,注意随机应变,这是语境知觉清醒的表现。

第四节 即兴播讲 提升语质

即兴播讲是没有周详准备的讲述,所以很容易出现语质下降的情况。

从我国广播电视和自媒体即兴播讲的现实情况看,需要解决的主要问题是:适度降低话语中的冗余度;端正心态,杜绝不负责任的、低级趣味的戏说与调侃;控制附加语的密度;杜绝“口头禅”。

一、降低冗余度,控制话语“无限生成”

现在,部分广播电视主持人和网络主播在即兴播讲中存在无限生成废话的情况,他们喋喋不休是为了掩饰思想的贫乏与苍白。语流质量不高,问题出在冗余度过高上,原因主要有以下几个方面:

——讲话前没有想好,思维点聚集不起来就开始说,于是就“放野马”;

——讲话时思想不集中,随想随说,言不及义,于是随时再加上几句;

——过于追求面面俱到,追求严密,因而增饰不断、追加过多,终成累赘;

——习惯性附加语、口头禅,牢固扭结于他们的语言系统,已成痼疾。

话语的“无限生成”是以极少的语料使言语无限扩张,他们依靠“有限的手段”想到哪儿说到哪儿,可以无休止地说下去;他们利用语言生成的递归性说个不停,生产大量平淡无用的“语言垃圾”。

即兴播讲,必须摒弃“轻质意识”,确立“过滤意识”。

社会上能侃、能说个不停的人很多,但他们不一定能胜任主持人(或主播)这一职业。主持人的过人之处在于,他们精于信息系统的调节和控制,善于信息存在方式的设计和信息交换过程的优化。如果主持人语量颇丰却语质低下,不做任何修饰就将自己的初始思维语言一股脑儿“倒”出去,其实是对受众的不尊重。

二、即兴播讲:杜绝随意的“戏说”

即兴播讲不是信口开河。这些年,新闻娱乐化乘着民生新闻的列车跑得很快,新闻节目中出现了一种“戏说”的趋势,这些主持人的特点之一是在节目里保持喋喋不休的随意性表达惯性,他们俨然以“知识精英”“智慧化身”自居,胡乱评说,暴露了专业素质和人格修养的缺陷。

例话

要贫嘴“戏说”新闻案例

一位电视节目主持人“说新闻”说到“冬季护肤品旺销”时,就随口加了句导入语:“俗话说,饱暖思淫欲……”

——这随口而出的话,让护肤品也沾上“淫欲”了。

美国发出恐怖袭击预警,广州某电视台新闻主持人戏说道:“一遇风吹草动,山姆大叔就胆战心惊。”

——幸灾乐祸,溢于言表。

广东某电视台主播在说到乌克兰总统候选人尤先科“遭遇投毒使面部变样”的新闻时戏说道:“看来这位靓仔想恢复原样是没指望了……”

——随意挖苦,狂妄无知。

有一年广州出现酷暑,热死了20多人。江苏某新闻主持人戏说道:“广州热浪滚滚,酷热难熬,‘酷毙’20多人……”

——信口开河,面目可憎。

有位打工青年被机器切掉了9根手指,被辗转送到省城医院,匆忙之中将一根手指遗忘在事故地点。某新闻主持人如此戏说道:“话说手术即将开始,出现了戏剧性的场面:哦嗬,第9根手指忘带来了……”

——冷漠调侃,令人厌恶。

娱乐化“戏说”扭曲了新闻价值,反映出某些新闻节目主持人和自媒体主播对弱势群体的泛娱乐化心态,这种心态是一种无关痛痒的、冷漠的看客心态。比如对尤先科“遭遇投毒使面部变样”的调侃,不仅是对尤先科的不敬,也不符合事实——据《羊城晚报》报道,英国鲁道夫医院指出:“尤先科的面部瘢痕几年内可以痊愈。”同时,这样的调侃也容易引发外交风波。

三、控制会话附加语的密度

会话附加语是一种口头语。某个词或某个词组由于经常使用,就牢固扭结于语言系统中,致使出现频率很高。会话附加语的类型主要是:

1. 句首附加语。例如“这个嘛……”“那么……”“那个……”“我不会讲话……”“我随便说几句……”“说起来……”等。

2. 延宕附加语。例如“这个、这个……”“呃……”“好像……”等。现在比较流行“那么……”“然后呢……”“接下来……”等。

3. 掩饰性附加语。例如“怎么说呢……”“老实说……”“或许是……”“说不定……”“反正吧……”等。

4. 商询附加语。例如“是不是”“好不好”“对不对”“行不行”“能不能”“可不可以”“至于不至于”等。

5. 聆听附加语。聆听附加语是一种应答语,是交谈中表示呼应、表示礼貌或为了避免沉默而随口说的话。例如“啊”“后来呢”“还有呢”等。不同的国家或民族,聆听附加语各不相同。

例话

日本的“嗨”遭遇美国的“哼哼”

日本的聆听附加语是一个字“嗨”(有的还辅以点头),其实,这个聆听附加语一般并不表示同意的意思。有一次日本某企业主同美国厂商进行商务谈判,美国商人误以为“嗨”表示对方同意谈判条件了,于是自己也“互动”地作了一些让步,后来才知道上了大当,致使己方在谈判中处于很不利的地位。

美国商人无奈,说日本人“太狡猾了”。日本人反唇相讥,说你们美国人也很“狡猾”,因为英语国家的聆听附加语是“哼哼”,第二个“哼”的语调上扬,人们听起来觉得有点儿矜持,也有点不置可否之感。

其实,“嗨”或“哼哼”本国人听了并不会有不置可否的感觉,它表示的只是呼应性的应答之意罢了。

(据应天常《节目主持语用学》)

会话附加语如果在人们的承受范围内,可以传递某种主观信息。以上所举的这些附加语可以用来调节语速,也可以发挥语言的结构作用。但会话附加语使用过于频繁,有点泛滥成灾就需引起人们的注意;而且很多主持人都不约而同地使用同一附加语,这就和陈词滥调一样,使得附加语本身的语用意义不复存在。

四、杜绝令人腻烦的口头禅

口头禅之所以会令人厌烦，是因为它与某些会话附加语有所不同：

第一，口头禅是言语的累赘和痈疽。它表现形式单调，表述者不断地、下意识地集中使用某一两个会话附加语，出现频率毫无节制，影响了表达的质量。

第二，口头禅不表达任何有意义的主观信息，但是它表达无意义的负面信息，甚至使话语的语用意义发生扭曲。

这些负面信息，大致可以分为三种：

一种是让人们觉得，表述者想掩饰表达的无能或焦虑。比如“怎么说呢”这个口头禅，就无奈地透露出“我下面的话一时出不来了”的信息。

一种是让人们觉得，表述者想掩饰语言的苍白，现场言语生成达不到主持人的既定要求，只能高频率地使用口头禅来填补不断出现的言语断档或间隙，这些被美其名曰“稀释”的表述，会令听者厌烦甚至难以忍受。

一种是让人们“读”出主持人的某种“人品信息”。比如“是不是”成为口头禅，人们会觉得是一种“作秀”的商询，故作谦虚；再比如“老实说”成为口头禅，会让人感到此人一再强调“老实”，很可能说话并不“老实”。

所以，主持人使用会话附加语要特别慎重，切忌滑向口头禅的泥淖。

训练设计(37)

（一）“即兴播讲，重视语境”训练

分析下面的案例，指出为什么会出现这样的媒介事件？

主持人崔永元到成都主持节目。在台上，他开玩笑说：“有一个城市，我就不说这个城市是成都了，不过成都这个地方很有趣，坐飞机还差 200 米落到机场，就能听到哗啦哗啦打麻将的声音。”全场哑然。

（二）“提升语质”训练

1. 下面这位主持人加入的新闻导语，有何不妥？

某主持人在报道莫斯科将要举办“日用奢侈品展览”的新闻时，附加的导入语是：“都说俄罗斯的经济不景气，可俄罗斯人举办‘莫斯科日用奢侈品展览’对日用品很挑剔，这就是所谓‘穷讲究’……”

2. 下面的说法有何不妥？

（1）我们热烈欢迎奥运兵团凯旋而归。

（2）没想到如今在北戴河与您邂逅而遇。

（3）北京奥运后，群众体育活动正方兴未艾。

答题参考 20

(4)××首当其冲,率先到达终点获得冠军。

(5)今天是国庆节,是我们伟大祖国的生日。

3. 下面是嵌入会话附加语的主持人言语(画线部分为会话附加语),请分析"是不是"这个附加语透露出了什么语用含义?

——是不是请您把这一段经历说一说?

——我们现在是不是再接一个电话?

——你的这个经历现在看来是一份财富,是不是?

训练提示

如何控制会话附加语不滑向口头禅的泥淖?这里提两点建议:

第一,在主持人的口语中,运用会话附加语总体上应当是一种有意识、有节制的言语调节行为,因此应保持清醒的语感,让会话附加语更好地为自己的表达和受众的理解、接受服务。

第二,主持人应该经常进行自我"语言净化"工作。方法是:将自己的即兴讲述录音,严格地进行习惯附加语的量化统计与分析,以警醒自己。

第五节　即兴播讲　现场采访

美国著名新闻记者约翰·布雷迪给"采访"下的定义是:"采访是一种取得信任并获得消息的质朴和直觉的科学。"拿着事先拟就的题目(或事先告知被采访者采访提纲)去进行类似表演的采访,那不是真正意义的采访。

只有坚持进行"质朴""直觉"的现场即兴性采访,才能体味采访的妙旨。而当采访渗透了人格的魅力,进入完美崇高的精神境界时,才是最出色的。

例话

美国新闻史上的一次"追踪采访"

据记载,100多年前,美国一位叫利文斯通的医生兼传教士独自驾船出海探险,不久就失踪了。《纽约先驱报》当即委派记者亨利·斯坦利进行追踪采访。

被采访者踪迹茫茫,生死未卜,但记者亨利·斯坦利带领武装探险队出发了。他们历时9个多月,直到1871年,斯坦利才凭借一张糖纸,在非洲大陆深处的坦噶尼喀湖畔一个破败的窝棚里找到了身患重病的利文斯通。

斯坦利急切趋前,定定地看着奄奄一息、形容枯槁的病人问道:"我猜,您是利文斯通医生吧?"病人缓缓睁开眼睛,苍白瘦削的面孔勉强露出一丝笑意:"是,是的……"他虚弱得再也说不出话来,眼里涌出浑浊的泪花。

——这已不仅仅是一次单纯的采访了。

亨利·斯坦利的追踪采访是一次伟大的采访。这个追踪采访，体现了可贵的人性之美、人格之美、友情之美，给后人以启迪。它的价值，已超越了作为一个记者为获取独家新闻而进行的采访工作本身了。

（据布雷迪《采访技巧》）

一、现场采访：一种形式独特的采访

采访者与采访对象有时似乎是偶然相遇，采访者漫不经心、灵机一动甚或是咄咄逼人地提出一个问题，而这个提问就像一把打开采访对象内心世界门户的钥匙——这种感觉虽转瞬即逝，却那么强烈而真实；现场即兴采访的提问可以跨越一切复杂的思维流程脱口而出，却充溢着灵气和活力。正如一位老记者所说："即兴采访提问是一项无法预测的令人兴奋的工作。"

既是科学，又凭直觉；既有规律，又无定则——这也许正是即兴采访的奥妙之所在。但是，总体来说，即兴采访还是有其基本要求的，那就是：明确主题、了解对象、确定角度、把握思路、发现细节、有的放矢、切中要害。

现场采访虽然需要了解采访对象的经历、兴趣、性格、成就以及近期有关情况等，但更多地是无框架、无细致准备的采访，预设框架反而妨碍有价值信息的追踪和捕捉。采访者仅凭一条思路，靠"质朴和直觉"即兴拟定采访问题和方式，这对采访者的知识积累、思维素质和交往能力等都是严格的考验。

无准备的即兴采访，是有风险的，随时可能触礁。

例话

一次失败的现场采访

我国女科学家修瑞娟教授研究人体微循环系统成绩斐然，出国领奖、讲学归来，一位青年记者在机场对这位中年女科学家进行了即兴采访。

记者：请问，您毕业于哪一所大学？

修瑞娟：啊，对不起，我没有进过大学，没有大学学历，我搞科学研究全是靠自学和求教名师。我以为，自学也能成才。

记者：（愣了一下）我听说您成果累累，成功完成了一个一个项目，请问，您现在研究的新课题是什么，能谈谈吗？

修瑞娟：（笑）看来您并不解我的工作。我一直致力于微循环的项目研究，目前，只在这个项目的某些课题上有了一些小小的突破，远没有成功，所以谈不上有什么新项目、新课题，对不起。

记者:(想转移话题,缓和气氛)您取得了令人羡慕的成绩,一定有一个支持您专心致力于科研的家庭,请问,您有孩子吗?在哪儿读书?

修瑞娟:您大概不太了解我,我早已决定把毕生的精力贡献给自己所从事的科学事业,所以一直独身至今。请原谅,这个问题我不愿多谈。

记者:(语塞)啊……对不起……

修瑞娟:好吧,我工作也很忙,恕不奉陪了。

(据《中国记者》)

二、预先设计一套"一问就灵"的问题

现场采访时间短促,是一种目的性、针对性很强的采访,采访前做准备是必要的。提出的问题要注意可答性,尽量大化小、整化零、联成串。

一般说来可以有两种切入方式:一种是从开放性的泛问逐渐收缩聚焦,有点儿像正放的漏斗,从广口渐入漏斗嘴;另一种是小角度切入,提的问题现实性强,采访对象容易回答也愿意回答,这样步步为营,可以渐入佳境,就好像是倒过来的漏斗,嘴儿朝上,切入口小。两种切入方式可根据采访对象而定。一般文化水准较高的采访对象用"正漏斗"法,反之用"倒漏斗"法。

现场采访中可供选择的提问方式主要有:

1. 限制性提问:是……还是……。
2. 选择性提问:……好不好/是不是……。
3. 直接性提问:为什么……/是什么……/怎么样……。
4. 婉转性提问:也许……/可能……/……是吗。
5. 假设性提问:如果……/假如……。
6. 祈使性提问:那就……/能不能……。
7. 反诘性提问:……不是吗/难道……/怎么……呢。
8. 商榷性提问:是不是……/可不可以……。
9. 推进性提问:步步为营,提问层层递进。
10. 潜在性提问:以陈述句形式,隐含问意,期待回答。

三、用"情绪引力"打开"言"路

现场采访者要自信而真诚,善用"情绪引力",以坦诚和热情感染对方,使对方很自在,在轻松愉快的氛围中接受采访。

采访初始,可迂回切入,以假设前提"诱"答。采访"触礁"要随即岔入其他问题;提问用语要简洁,点到为止。采访过程可运用语脉的"联动效应"扩大采访的扫描面,营

造融洽的气氛。对方谈兴不浓，可用隐含前提的"错问"激发对方；也可随机改用平淡的交谈活跃气氛，用以过渡，然后再适时切入正题。当对方说的时候可暂时不作插入，将对方置于主角地位；对方大段表述以后，随即跟进作深化提问。

四、群体性采访要注意点面结合

群体性即兴采访，要有一条思路或构思提纲，凭借"质朴和直觉"即兴选择采访方式和采访对象。可以先用穿梭探询方式"扫描"发问，然后自然引入话题。深入话题时要区别对待，有的穷追不舍，有的迂回曲折；有的随机深入，有的将话锋转移，既切合主题，又开启、调动"子话题"。但要注意"子话题"的展开不可信马由缰，要及时巧妙地引入主话题。

五、软性采访与硬性采访

软性采访是一种访谈，是"淡入淡出"的格调，有助于推进采访的深度。对于比较拘谨的采访对象比较适用软性采访。一般是先无拘无束地无所不谈，并随时渗入不使对方难堪的试探性追问，让对方渐渐适应采访的节奏。有时可以将提问暂时"冻结"，使这个采访空白包含悬疑，运用期待性沉默引发对方更深入的表达。这样的采访可以体现纪实的美感。

硬性采访的首创者是美国广播公司（ABC）的山姆·唐纳尔逊（Sam Donaldson），人们称他是"一位高级调查员""一个粗暴的提问者""一个敢向总统公开发难的狙击手"……有人喜欢他，也有人讨厌他，但是他在电视新闻界的地位，谁也不能忽视。他硬性采访的独特风格，被后人屡屡效仿。

硬性采访与一个国家的国情和新闻理念相关。在我国，硬性采访在某些新闻话题中曾被借鉴使用。比如早期中央电视台《面对面》节目主持人王志就"非典"问题采访时任北京市市长王岐山，那段硬性采访就颇获好评。

硬性采访节奏较快。为了追寻答案，往往单刀直入、穷追不舍，不惜问得比较迫促，虽可能要冒被"顶"回去的风险，但如属并无恶意的直率也可能得到勉强的配合。硬性采访的提问方式不是一味逼问，既有直问、追问，也有曲问、补问和创设悬疑情境的趣问，还可以暗问，步步为营，逐渐深入下去。硬性采访经常运用"打断"，但要注意对采访对象的尊重。

例话

华莱士的"硬性采访"

美国 CBS《60 分钟》主持人麦克·华莱士的即兴采访往往咄咄逼人，刨根问底，精于将采访引向纵深。他的采访之道，一是提关键性的问题，二是在适当的时候提出。

比如他发现里根竞选总统时有意回避其种族主义倾向,被他盯上了。在里根说到他的竞选班子时,华莱士马上发问:“里根先生,你的竞选班子里有多少黑人职员?”

里根愣了一下:“这个问题,我不能告诉你。”

华莱士激问:“你的这句话已经说明了问题。”

里根急了:“不对,我不能具体告诉你多少……我们有……”

华莱士:“你应该说清楚是白人还是黑人。”

里根:“哦,对,我的意思是我们有……我们有志愿者和职员。”

华莱士:“我的意思是竞选班子里的高级黑人职员。”

里根:“这个……我们这么来谈这件事情……”

华莱士打断:“我们不要绕圈子了。”

里根:“那好吧……”

华莱士:“很明显,你的竞选班子里没有黑人。”

里根:“不,我不这样认为,我的意思是不能……不能同意你说的。”

……

(据《名记者采访艺术》)

第六节　即兴播讲　现场报道

在电视直播报道的现场,记者走进镜头进行即兴播讲,是新闻报道形式的重要变革。现场报道的传播优势是明显的——

这时,记者是新闻的目击者和参与者,很有深度地“卷入”新闻,成为新闻的构成元素;记者即兴播讲的“我在场效应”,增强了新闻事实的透明性和实证性,这时,出镜记者的眼睛就转化为了观众的眼睛,引导观众去观察、发现新闻事实的方方面面,而出镜记者的现场播讲,通过背景陈述、即兴点评、现场采访,也扩充了新闻画面的信息,增强了新闻报道的时效性,拓展了新闻的深度和广度。

例话

央视记者现场报道片段

长江三峡截流现场,央视记者在合龙指挥船上的现场报道:

“各位观众,我现在站在合龙指挥船上,现在离最后合龙的时间已经不到1小时了,整个指挥部看起来比刚才更加紧张,但是一切都在有序地进行,应该说现在已经到了大会战的最后关头——现在的水流流速是每秒2.43米,从这个流速看,长江还算是体谅工人的艰辛,在这个特殊的日子也助了他们一臂之力……在我身边的显示器上,我们可以清楚地看到，龙口已经缩小成一个倒三角形了，最后数字显示，龙口还剩下14.5米了，要填满这个小的倒三角形，据说还需要27 000立方的土石方。好，现在我来采访现场指挥……”

（据节目录音）

这一条现场报道，记者对新闻事实进行了全方位的展示。既描述了现场的气氛，还通过对数字资料、合龙进展的细致入微的解释，扩充了新闻画面的信息。

现场报道的即兴播讲，应注意如下几点：

一、快速组织材料，确定报道要点

新闻现场纷繁复杂，这时主持人或记者就需要站在受众的角度，预测受众需要什么信息，确定表述要点和顺序，对新闻要素的表述做到心中有数。

例如，下面是一则有关飓风的现场报道：

“各位观众：这里是××在××飓风现场向您报道……我们这辆转播车，是现在道路上少数几辆汽车中的一辆。道路上杂物碎片很多，有倒下的大树和输电线，警方已经封锁了交通。这场在黑夜来临的飓风已经造成了很大的破坏，警方没有解释什么时候会情况好转……”

显然记者经过现场观察，将报道分解为三个要点：第一，警察已经封锁道路（重点）；第二，飓风已经造成很大损失；第三，没有迹象表明情况会很快好转。

二、力求在短时间内提供更多的信息

现场报道一般只有一两分钟左右的讲述时间，不允许滔滔不绝。模式化的叙述、充斥空话、套话的播讲是在浪费播出时间，因此，精选新闻要点、快速周密构思、过滤报道语言，是现场报道的重要环节。为了在有限的时间里使所说的话句句有用，报道前可以写出提纲或梗概，打好腹稿，对如何开头、如何展开、如何结尾做到心中有数，必要时可以先小声说一遍。

三、捕捉新闻点，注意细节描述

现场报道的现场是动态的，是瞬息万变的，报道者不能受预想提纲的限制，必须及时发现、捕捉值得报道的正在发生的新闻信息。这时，具象性细节描述尤为重要，要将环境信息、新闻细节和话语表述结合为一个整体。

例话

爱德华·默罗现场报道片段

1940年8月18日,美国哥伦比亚广播公司(CBS)主持人爱德华·默罗开始了《这里是伦敦》的现场报道。他孤身深入战争最前线作为目击者进行第一手报道,勇敢站立在英国广播公司(BBC)广播大楼的楼顶,进行全程直播报道——

“这里是伦敦,这里是伦敦……我现在站在屋顶上,俯瞰着伦敦全城……我估计,大约不出1分钟,在我们附近,就会听见炮声了。现在探照灯就向着这个方向移动。啊,你马上就会听到两颗炸弹的爆炸声。听!炸弹响了!……过一会,这一带又会飞过来一些弹片。现在弹片飞来了,越来越近了……”

默罗的现场报道,十分注意细节的观察和描述。有一次,他在描述英国伦敦大空袭期间可怕的寂静时,把麦克风对准一个被子弹穿破的水果罐头盒,将果汁一滴一滴落在被炸毁商店的地板上的声音传播出去,他用深沉的声音说:“这是果汁的声音……”这个细节,让人有身临其境之感。

(据任远《名主持人成功之路》)

在隆隆的炮声中,在德国机群的狂轰滥炸之下,在已经被轰炸三次的歪斜的办公室里,在倒塌的大楼旁……一位孑然屹立的美国节目主持人从容不迫地向全世界报道最新的战地消息。他的即兴报道,重视具象性细节描述,给人身临其境之感。爱德华·默罗的节目每次都以“这里是伦敦”开场,以“晚安,祝你好运”结束。他的报道风格“奠定了正处于黄金时期的美国新闻广播的基本格调——沉静庄重、声情并茂而又简洁精练,生动形象而又客观真实”。

这种风格,对战后主持人的专业精神有着深刻的影响。

训练设计(38)

答题参考21

(一)“现场采访”案例研究

请分析前文案例青年记者采访女科学家修瑞娟为什么失败?

(二)即兴播讲,现场报道

1. 分析浙江电视台农业记者的报道,遵循了现场报道的哪些要则?

各位观众,我现在站在绍兴县鉴湖镇和平村头。我到这里采访发现一件怪事,请看:在我的左边是一片金灿灿的稻谷,好一派晚稻丰收的景象,承包主也正在收割他们种植的晚稻。在我右边这块地呢,却连早稻还没有收割,大家现在看到的是刚刚抽穗的早稻。同在一片田地,怎么会出现这样大的反差呢?让我来问问他们……

2.下面是一组关于春运第一天的现场报道，指出各自的特点。

北京记者的现场报道："各位观众，这里是北京西站，春运第一天，我们在这里看到，十几个候车大厅已经挤满了旅客。今年春运不仅来得早也来得猛，学生成为第一批集中性客流，也是今年春运的一个特色。"

上海记者的现场报道："各位观众，这里是上海虹桥机场，旅客的增加使这里比平时繁忙了一些，从我身后的航班信息显示屏可以看到，今天从这里出发的航班也比昨天有所增加……"

三峡大坝茅坪港记者的现场报道："各位观众，这里是三峡大坝上游湖北宜昌秭归县的茅坪港2号码头，我们看到，春运开始后的第一批从大坝下游乘车翻坝的旅客，已经在今天上午8点10分顺利抵达这里，他们将从这里乘船前往上游的重庆和四川各地。"

3.下面的飓风现场报道存在什么问题？

各位观众，这里是××在××飓风现场向您报道……这里风很大，道路上到处是杂物碎片，这里有桥，一座小木桥，汽车……汽车按喇叭……汽车开起来非常困难，看不到人，看不到房子，路上只有汽车，许多汽车停靠在路上，我们不知道什么时候风会小一点，风一直在吹，路上满是碎片，警察们正在把道路封锁起来，风很猛，雨也很大，我的身上淋湿了，就像我们说过的四处走动很困难，路上有输电线和倒下的大树……因此警察大喊大叫不让人们待在道路上，哎哟，没人知道什么时候会变得好起来……

第七节　即兴播讲　规避口误

即兴口语的难度，在于"语出于口即抵达信息输出的终端"，一次成型，不便更改，所谓"君子一言，驷马难追"就是这个意思。所以人们有感于"说比写难"。文字语言可能出现笔误，但只要多看几遍，公之于众之前做出修改就不会出现问题。即兴口语则不同，话说出口就成为"公产"，进入人们的感知系统，如果主持人出现口误就可能把自己置于十分尴尬的境地。

口误是即兴口语研究和训练绕不过去的问题。语言学家沈家煊指出："任何语言和认知系统的理论，如果不能够解释'语误'现象，就一定是不完善的甚至是错误的。"[①]

一、主持人出现口误的原因

口误产生的原因很复杂，归纳起来大致有以下几个原因：

---

① 沈家煊．口误类例[J]．中国语文，1992(4)．

第一，语音、词汇、语法形式的不慎失误。

(1)“语音联动”造成口误。

相近字音“打架”偏离预想语音出现失误。表现为：其一，声母联动先置，比如“临场发(fā)挥(huī)”说成“临场发(huā)挥(huī)”；其二，音节联动先置和声母或韵母联动滞后，比如“岳阳”说成“越南”，是阳(yáng)和南(nán)联动失误，“赖(lài)”说成“廖(liào)”是整体音节的联动。语音联动造成口误，就是俗话所说的“舌头拐不过弯儿来”，这和英国人说“the slip of the tongue”是一个意思。

(2)“用词不慎”造成口误。

有的口误是认知水平的问题，比如有主持人说“家父去世，我们都很悲痛……”这是对“家父、家母”概念认知错误造成的口误。还有“词语组配联动”造成的口误，比如“向老导演敬献花”，“圈”字卡住了，引发哄笑。主持人可能潜意识觉得，该加个什么词表达对老导演的敬重之情，于是“敬献”二字脱口而出，由于汉语双音节词具有无可逆转的联动组配特性，这位主持人就只能眼睁睁地掉进“敬献花……(圈)”的口误陷阱里了。

(3)“语法错乱”造成口误。

比如“我要非常地对大家说一句抱歉……”这是慌乱中急不择言而形成的搭配失误。许多词语的固定结构不能出现任何错误，有的连“吃螺丝”都不允许出现，比如美国总统奥巴马在宣誓就职时说“美利坚合众国”国名时，也只吃了一个“小螺丝”就造成国名说“破”的口误，不得不当晚在白宫重新宣誓。当然，这些都与表达注意力的分配和认知心理的调节有直接的关系。

第二，情绪过于亢奋，注意力过于集中。

过于专注，反而会出现兴奋的抑制或者兴奋点的转移，进入盲区，从而出现忘言、失言的情况。这就是物极必反。

比如体育解说员韩乔生本来要讲“今天是大年初五，我给大家拜个晚年”，但可能是节后与球迷首度见面，比较激动，就“说漏嘴”变成“今天是中秋节，我给大家拜晚年”了。再如出现“敬献花……(圈)”口误后，主持人高度警觉，然而由于过于专注，随即致歉语又出现口误：“我要非常地对大家说一句抱歉……”这就是“越怕越犯错”，掉进了过于专注的“反作用力”怪圈。

第三，头脑中“记忆残留”对潜意识的干扰。

每个人都可能有潜伏于记忆中的“残留物”，它作用于潜意识，极易误导人把话“说走了嘴”。比如因为有了“春天的故事”记忆残留，说“秋天的诉说”时，稍不留神就成了“春、秋天的诉说”。美国心理学界将这些称为“TOT”(tip of the tongue experience)现象，他们认为，言语思维中某种“潜伏影响”无所不在地“常驻”于人们的思维网络系统，人们却毫不知晓。我们要做的是，警惕它们不期而至地干扰我们的表达。

第四，惯性运行导致漫不经心和言语知觉麻痹。

播音主持工作单调的程序化，容易导致播音员、主持人短暂的漫不经心，它的后果是思维语符的编码“悄悄地”受潜意识支配，出现“自动化”组接的误差或偏离，这就是所谓的“心口误差”，它的危险在于它的顽固性。尤其当播音员、主持人表达心理处于过分松弛状态时，就会口误频频而自己却浑然不知。比如韩乔生将“打开电视”说成“打开电梯”，“裁判员一声哨响”说成“守门员一声哨响”……口误顽固性地密集发作，据说他竟靠荒诞性口误“一举成名”，成为娱乐人物。

二、即兴播讲中口误规避要则

即兴播讲中的口误规避，关键是增强角色自觉，排除知觉心理障碍。主持人在播讲时，须保持稳定、灵敏的语感，使自己处于直觉同化的灵动状态，包括对语境、语体、语旨的整体性知觉，随时排除知觉盲点，实现言语对象与言语主体之间牢固的心理连接。

第一，增强注意的稳定性。

即兴播讲时，要排除一切潜伏的记忆残留，杜绝亢奋，以稳定的“平常心”去表述，运用自我监听清醒地调节现场话语，把握语脉和语意的指向。适度控制语速、节奏，用娓娓道来的表达心理说话。

第二，增强注意的广泛性。

我们强调注意的稳定性，是相对的稳定。过于稳定的知觉是脆弱的，极可能造成顾此失彼的问题。稳定的注意不是平面的、直线的注意，它应该是具有空间动感的曲线，这样，注意在一定范围内移动，就形成了广角度的注意，所以应该培养自己一心二用、一心多用的本领。

第三，增强注意的发散性。

人的注意力是一种有限资源，人不可能注意世界上的一切事物。在动态语境中，即兴播讲要合理地分配自己的注意力。注意力分配有两种方式：一是平面分配，即把注意对象平分为不同的份额，由于这样的分配没有体现轻重强弱，容易被意外情况牵制，所以就需要层级分配加以协调；层级分配是将注意力按照主次、缓急分配在不同的注意层面，将兴奋点分布在不同的环节上，这就构成了发散性注意，对于控制口误、失言是很有好处的。

第四，克服惯性运行的感知麻痹。

播音主持工作进入惯性运作，容易造成短暂或周期性心不在焉，思维语符的编码鬼使神差地受潜意识支配，某些偏离的“自动化”组接就会找上门来，这样就在“自我感觉良好”的情况下口误频频，自己却浑然不知。

规避这类口误其实并不难。热爱工作，增强责任心，“寂寞坚守”岗位而不分神，提高综合素质和心理调节能力,都是很重要的。这些能力的提高并不是一蹴而就的,需要主持人多“做功课”。

三、口误出现后的紧急处置

即兴播讲不慎说错了话,或遇到意外的情况陷入尴尬的境地时,不必慌乱,冷静地进行及时的补救和化解,是难度很大的即兴处置能力的体现。

第一,“失言”不“失态”。

如果出现口误,要及时排除瞬间的知觉心理障碍,实现言语对象与言语主体之间的心理连接,以获得敏锐的语感。有了语感,就可以在这个基础上通过归纳、演绎获取新的意义。有了这种状态,在失误的临界点才可能机敏挽回。

第二,用“智慧的坦诚”化解。

罗曼·罗兰认为:“真实是人生最罕见的美德。只有真实,才会有内心的充盈和坚定的自信。”即兴播讲处于动态语境,什么情况都可能出现,出现口误时需要真实面对,而不是虚伪掩盖。应该在不失态的同时,运用“智慧的坦诚”紧急处置,予以化解。这是绕过“暗礁”的必经之路。

第三,将错就错,自圆其说,力挽狂澜。

面对口误反而将错就错往下说,是“超常补救”的语言策略,是绝路逢生、化险为夷的处置技巧,是力挽狂澜的语言智慧。

例话

袁鸣的“神来之笔”

主持人袁鸣应邀到海南省海口市主持“狮子楼京剧团”建团庆典,由于匆忙,准备不足,一上场就闹了个令人捧腹的笑话。

袁鸣:……现在我荣幸地向大家介绍光临“狮子楼京剧团”建团庆典的各位来宾——今天参加庆典的有……有海南师范学院党委书记南新燕小姐!

(台下缓缓地站起一位白发苍苍的老教授,全场诧异,一片哄笑……)

袁鸣:(歉然一笑)对不起,我这是望文生义了——不过,南教授的名字实在是太有诗意了。一见到“南新燕”三个字,我立刻想起两句古诗:“旧时王谢堂前燕,飞入寻常百姓家”,这南飞的新燕是一幅多么美丽的图画!而且我觉得,今天我们这里也出现了类似的情景:京剧一度是清末的宫廷艺术,是流行于我国北方的戏曲,但是现在已经从北方流传到南方,跨过琼州海峡,飞到了海南,而且今天就要在这里安家落户了——这又是一幅多么美妙的图画呀……

(掌声、欢呼声)

(据《大众电视》改写)

袁鸣的口误很荒诞，引起现场的哄笑，当然先要道歉，但道歉后她没服输，反而快速构思，浓墨重彩地描绘了两幅“图画”：一是古诗之画，意在赞美老教授名字富有诗意；一是现实之画，扣住京剧历史的话题，联系“狮子楼京剧团”建团庆典的现场语境，自圆其说而又言之成理，这样就渐入佳境了。

袁鸣面对口误展现的是“骏马跃栏不失蹄”的灵动和机敏，让人们看到了她错得聪明也改得精妙，她的“神来之笔”终于“力挽狂澜”。就这样，她利用口误，还换来个“满堂彩”，确是一种语言的艺术。

训练设计(39)

即兴播讲，规避口误

1. 广东电视台一位女主持人，在克莱德曼钢琴演奏会上采访这位“钢琴王子”，一开口就出现口误：“克莱德曼的先生，我想向您提个问题……”引起了一片哗然。她为什么会在“克莱德曼”后面加“的”？

答题参考 22

2. 美国著名“脱口秀”主持人拉里·金事业如日中天，是家喻户晓的名人，他在迈阿密曾有一次尴尬的“口误事件”。请分析拉里·金口误出现的原因。

那一次拉里·金被盛情邀请，为一家兄弟面包店做广告，当时的广告词是：“The Brest in Bread”(普来哲兄弟——给你最棒的面包!)尽管不断地提醒自己，但是拉里·金连续在三家电视台的晚间新闻插入直播广告时，次次都出现口误，说成“The Brest in Bed”(普来哲兄弟——给你床上的乳房)。

后来拉里·金懊恼地说：“真是烂透了，越害怕越犯错。”

第十章　即兴访谈

——训练目标:互动和谐　言路畅通

访谈是采访者对被采访者进行"访中有谈,谈中有访"的口语交际形式。它是采访者就某个新闻话题和被采访者进行即兴的面对面的交谈,富有探询、探究的特色。

与其他语言交际方式相比,访谈更强调现场的互动性。采访者与被采访者在现场进行面对面的交谈,气氛是轻松、随意的,不经意间说出的话语往往最能体现人的性格、阅历。采访者的工作是在较短的时间内尽可能多地挖掘某人某事的深层信息。访谈在给访谈双方更多风险和挑战的同时,也给他们留下了更多即兴发挥的空间,也正是因为现场的即兴发挥,访谈节目才会引发受众更多的兴趣。

例话

丹·拉瑟对海伊斯的访谈

有一次,美国哥伦比亚广播公司(CBS)《晚间新闻》的人物特写以当天92岁高龄去世的著名女演员海伦·海伊斯(Hellen Hayes)为新闻人物。海伊斯人生辉煌,五岁就登上百老汇舞台,两度获奥斯卡金像奖,有"美国舞台剧第一夫人"之称。

她去世前,CBS主持人丹·拉瑟来到医院,在病榻边对她进行了采访。

丹·拉瑟静静地和她交流,着力挖掘这位一生幸运、成就卓著的舞台明星与普通人相近的一面。在海伊斯去世前最后一次访谈即将结束时,丹·拉瑟轻轻地问这位垂暮的白发老人"一生是否有过什么遗憾",海伊斯平静温和地说,她是有遗憾的,她的遗憾是"我一生没有骑过自行车。唉,我真希望我骑过。就这些。"

面对摄像机,丹·拉瑟深沉而轻缓地将这句话重复了一遍,节目到此戛然而止。这个温馨隽永的访谈结束了,却不禁让人陷入沉思,回味无穷。

(据任远《名主持人成功之路》)

可见,访谈不仅是获取信息的有效途径,也是给受众以感悟和启迪的心与心的交流。高明的访谈，应该是一种和谐的“二重奏”，轻松随意的即兴访谈体现的是人性之美和人情之美。访谈训练，既可以有效锻炼快速反应和口语交际能力，也可以丰富阅历和知识，为文明交际打下良好的基础。

第一节　案头工作　访谈基础

访谈通常有两种类型：一种是人物访谈，一种是事件或问题访谈。

所谓人物访谈是指访谈目的是为了了解被采访者，以人物为访谈的核心；事件或问题访谈则以人们广泛关注的社会事件或特定话题为核心，被采访者是谈论这一话题的合适人选。

访谈类节目的语言是即兴的，但也可以有所设计。设计从低到高有三个层次：最低的是随意之后的随意；第二个是刻意之后的刻意；最高层次的是刻意之后的随意，即随意而不随便，自然而不流于自然。

无论哪一种访谈，无论哪一层次的设计，它的基础都是就一个人物或就一个问题专访某一个人或几个人。个人与个人的交流，往往需要访谈双方进入和谐的交流状态，这比随意性采访要求要高得多。

即兴访谈的第一个步骤就是做好充分的案头准备。

一、明确访谈目的，熟悉相关背景

访谈过程中的即兴提问如果一味信奉“即兴”、信马由缰，离访谈目的越来越远，势必会将采访者引向“歧路”。

美国新闻学教授威廉·梅茨说：“采访要人时，最糟糕的失误是表现出你对他的工作一无所知。”意大利著名女记者奥琳埃娜·法拉奇每次采访前总要用几个星期的时间做准备。为了采访邓小平，她看了好几公斤的材料。

因此，案头工作是访谈成功的前提，必须花时间分析采访对象；在此基础上，确定访谈重点。因为采访者所要面对的采访对象的构成是十分复杂的，存在着各种差异。要想做好即兴访谈，就要在掌握采访对象背景信息的基础上，根据访谈目的、受众需求、节目定位，对采访对象的信息进行筛选、剖解和整合，并结合其心理状况、个性特点、兴趣爱好进行设计，对采访对象的回答和态度有所预期，从而使访谈更具个性，使提问更有针对性。

例话

董倩采访华为公司创始人任正非

2019 年 1 月 17 日，华为公司创始人兼 CEO 任正非在华为深圳总部接受中央广播电视总台记者董倩的专访。下面是访谈的一个片段：

董　倩：因为涉及孟晚舟事件，大家都很关注，但是我想大家的关注点和您作为一个父亲的关注点应该是不一样的。您作为父亲，想为自己的女儿做些什么？又能为她做些什么？

任正非：我们首先感谢党和国家对一个公民权利的保护，但我们能做的还是要靠法律的力量来维护自我的权利。

董　倩：您现在能和女儿联系吗？用什么方式联系？

任正非：打电话，说说笑话。

董　倩：您现在担心她吗？

任正非：我觉得不应该有多大的担心，估计她需要很长时间来解决这个问题。

董　倩：您多久没见到她了？

任正非：不知道，应该是很长了，很长吧。

董　倩：因为工作的关系，很长时间见不着，这是一个正常状态吗？

任正非：不是，每个人都有一个小家庭。每个人都以小家庭为中心，忙碌完了以后各回各的小家庭。我们不像农村，大家聚在一个大锅里面吃饭，每个人都有小家庭。

董　倩：因为工作的原因、大家有小家庭的原因，长期见不到面是正常的。但是因为这种情况、这种意外，您会不会因此而特别惦记她、想念她？

任正非：她总比我的小女儿好一点，我的小女儿回国到我家住一晚上，第二天就飞走了。大女儿还好一点，还能看一看我。

董　倩：您不会因为这件事特别地……

任正非：不会，不会，因为我觉得儿女最重要的是他们翅膀要硬，他们要自由去飞翔，这是父母的期望，父母并不是期望儿女来照顾父母，这个不是我们的期望。所以他们飞得越高，他们跟我们的差距就越大，代沟就越多，他们愿意跟我们沟通就沟通，不愿意沟通就不沟通。

董　倩：但是她毕竟遇到这么一件事。

任正非：这个事我们还是要通过法律解决的，我们是有信心能解决的。

（据“央视网”）

这是以父女之情为主线的采访片段。显然，主持人董倩对“孟晚舟事件”进行了跟踪研究，对卷入事件的新闻人物的个性和处境有所体察。这样，切入口的选择定在“作为一个父亲的关注点应该是不一样的”，这就打开了“言路”，然后纵向深入到父亲对女儿的关爱与期待，也展现了任正非的顽强与豁达，这些“随意却不随便”的访谈是真诚的交流，信息丰富，也满足了受众的心理期待。

可见，所有的即兴访谈都是有准备的，如果没有对素材的预先掌握和“武装”，也就难有主持人在访谈中的游刃有余和轻松自如。

二、拟定访谈提纲,设计采访思路

采访提纲是采访者逻辑思维和思考问题层次化的体现,它是在对访谈内容进行事先准备和研究的基础上产生的。采访者依据采访目的和受众需求,既要有开头,又要有中间过渡,还要有结尾,就像写文章要有起承转合一样;问题与问题之间也要有内在的关联;问题设计不宜过大,尽量要有针对性。

采访提纲是采访问题设计的依据。美国内华达新闻学院教授拉鲁·吉尔兰德曾就如何推进采访问题提出了"GOSS"的设计思路:

G(goal,目标)——要实现的目标是什么?

O(obstacle,障碍)——会遇到什么难题?目前的阻力是什么?

S(solution,解决)——怎样对付这些难题?是否有解决矛盾的计划?

S(start,开始)——这一设想何时开始的?根据谁的意见提出的?

吉尔兰德教授曾明确告诫记者,虽然这一公式可以在某些时候帮助采访者,并可增强提问的逻辑性,但"GOSS"只是采访问题设计的辅助公式,而不是万能公式。预先设计的问题越充分越好。

美国哥伦比亚广播公司的名牌节目《60分钟》的主持人麦克·华莱士在采访邓小平前,足足设计了一百个问题,采访中真正能用到的不过十来个,但这样的"问题清单"有助于采访者在访谈中自然地寻找到提问的最佳时机,并为现场访谈的灵活掌握、即时调整提供依据。

第二节 适度预热 创造语境

在现实生活中,人与人之间的交谈不可能一下子进入融洽的状态,而是要有一个"预热"的过程。访谈的过程其实也是如此。采访者和被采访者如果预热顺利,就能够很快摆脱陌生感、紧张感,并能放松自己,创造出良好的人际沟通氛围和语境。有人将其称为访谈的"首因效应",即在正式的访谈开始之前,采访者通过自身的努力赢得被采访者的好感和认同。这样的预热既在于礼仪、举止和语言等的得当运用,更重要的则在于采访者本身的学识、思想、现场状态以及提问的技巧和深度等。

例话

法拉奇采访邓小平(片段)

1980年8月,意大利著名记者奥琳埃娜·法拉奇来到北京采访邓小平。

法拉奇一向以尖锐辛辣、锋芒毕露的提问而闻名,她的很多问题都因为过于敏感而让被采访者大伤脑筋。当时邓小平在中国的核心领导地位呼之欲出,世界的目光都投向了他。法拉奇选准这一采访时机。但出人意料的是,这段让很多人都为之紧张的采访竟是从庆贺邓小平生日开始的。

法拉奇:"明天是您的生日?"

邓小平:"我的生日?我的生日是明天吗?"

法拉奇:"不错,邓小平先生,我从您的传记中知道的。"

邓小平笑了:"好吧,如果您这样说,那就算是。我从来不知道我的生日是哪一天。而且,如果明天是我的生日,您也不应该祝贺我:那就意味着我已经76岁了。76岁的人已经是江河日下了!"

法拉奇:"邓先生,我父亲也76岁了。但是,如果我对他说76岁的人已是江河日下,他会扇我几记耳光的。"

邓小平:"他干得好!不过您不会这样对您父亲说的,对吗?"

(据《国际新闻界》)

这是法拉奇访谈的预热环节,采访就是在这样的闲聊和拉家常中轻松展开的。尽管后来法拉奇也以她的一贯风格提出了一些敏感话题,但由于法拉奇访谈前细致深入的调查研究和她巧妙构思的轻松、友好、富有人情味的开场,不仅给采访对象一个估量她的机会,也给采访营造了一种轻松、愉快的氛围;既调节了现场因敏感问题带来的严肃气氛,也缩短了与采访对象的距离。

第三节 准确定位 顺畅交流

访谈节目主持人作为话语角色,应该有准确的定位。一次成功的采访,简而化之,主要取决于采访者和被采访者双方。在谈话节目中,二者绝不是单纯的一对一的关系,而是一对三,甚至是一对多的关系。艾丰在《新闻采访方法论》中,曾把采访双方的对立概括为这样的三对矛盾:"取"和"予"的矛盾;"生"和"熟"的矛盾;"说"和"做"的矛盾。即在采访过程中,二者之间既有索取信息和给予信息的碰撞,也有在短时间内要与大量生疏的对象迅速熟悉起来的矛盾,同时还会产生传播者和当事人"看事容易当事难"的冲突。

在访谈节目中,主持人还将面临一个矛盾,那就是既要保持轻松交流的顺畅,又要随时警惕语流走向的游离。当主持人处于这样的矛盾之中时,清醒的角色认知和角色定位,是保证交流顺畅的关键。

需要强调的是,在角色定位中,不要误将自我角色优势看作是定位的依据,要结合所在媒体、所在频道和栏目的定位来给自己定位;同时,这种定位不仅要站在传播者的立场上，还需要在一个更为宏观的背景下，从局外的角度、从观众的心理诉求等方面，以宽容、平和的心态来界定自己，从而为访谈确立一个较为客观的自我认定和评判。

训练设计(40)

(一)即兴访谈的准备训练

选定一个人物或一个事件进行一次访谈。并按照下述问题顺序，做好各项准备、搜寻、记录、整理工作。

思考：为什么要采访这个人或这件事？与其他人或同类事相比，被采访者哪些特点是值得采访的？你想通过采访了解什么？这个人能满足你的采访目的和需要吗？谁可以满足你的采访需要，为什么？通过对这个人或这件事的了解，你想提出哪些问题？你的采访希望给人提供怎样的信息和启迪？

撰写访谈报告，内容包括：访谈理由；采访对象的背景和特色；访谈基本结构；访谈主要问题。

(二)即兴访谈提纲和提问训练

1.确定两位采访对象。一位是有名的，如电视节目主持人、体育明星等；一位是身边熟悉的某位老师、同学或邻里。按照以下步骤写出访谈提纲：

首先分组讨论，通过什么途径可以了解到对方的个人信息；整理、分析采访对象的资料，包括成长背景、好恶习惯、个性特点等，制定出各自的访谈提纲；为各自的访谈提纲设计问题。

2.选取一个你喜欢的访谈节目，选取这个访谈节目中你熟悉的采访对象，比如《鲁豫有约・白岩松》。尝试着写出自己采访白岩松的访谈提纲，并设计出自己想问的问题；将自己完成的采访提纲、采访问题和现成的电视节目加以对比，思考还可以通过哪些问题的提问来得到对采访对象较为全面的描述。

(三)主持人访谈案例分析

在下面的采访片段中，王志、鲁豫的访谈存在什么问题？

答题参考23

(1)主持人王志曾在《面对面》里访谈周星驰，王志问："有人拍到你在上海吃方便面，如果你的工作目标就只是吃方便面的话，你的工作动力从何而来？"周星驰懵懵懂懂地回答道："没有啊，我也不是只想吃方便面，我……我还想吃馄饨面、吃阳春面……"

(2)在某期《鲁豫有约》中，蔡康永坦率地说起他的同性爱人，这时鲁豫立即追问了一句："那你的父母现在知道你的性取向了吗？"话音刚落，蔡康永愕然地看着鲁豫，节目在这一刻陷入难耐的尴尬。

(3)在某期《鲁豫有约》中，鲁豫问周华健的数学成绩好不好？周华健顺口说了句

“不好”,鲁豫信以为真,说“我在学校时数学成绩也不好……”节目播出后,很多观众在凤凰网论坛和天涯社区发帖评论此事,嘲笑鲁豫。

训练提示

在准备访谈时,要将对被采访者,即采访对象的了解放在首位。不要急于写下采访问题;不要以个人兴趣好恶来确立采访目的;对于事件访谈,可以多设计几个采访对象,并给出相应的采访理由,最后选出最有代表性、典型性和权威性的一位;养成访谈前主动思考和带着目的查找资料的习惯。

第四节　保留未知　多向提问

即兴访谈的现场感是引起观众浓厚兴趣的“看点”。

但是,主持人如果忽视“保鲜”,即与采访对象事先有了较多的交流或沟通,可能会降低访谈的效果。采访者为了保留这种“未知”感,从访谈准备阶段就应开始铺垫,比如在进行人物访谈时,应尽量少接触“当事人”;即使接触,也应注意对即将要问的问题尽量回避或不触及太深,以保证谈话的即兴性和彼此对话题的新鲜感。最好与采访对象保持“间接了解”的状态,把“直接了解”的灵感和好奇留给现场。

访谈的主体部分是采访者的提问和采访对象的回答。在访谈中会出现这样的情况:问题提出后,采访对象没有反应,或者支支吾吾。这往往是因为采访对象没有听懂问题;或者是问题太大,不好把握,难以回答。这时就需要采访者调整提问的方式了。因此,提问既是有备的,但更多的还是即兴的。无论是即兴的还是有备的,都应该是生动活泼的交谈。有效交流的秘诀就在于提问的适切性。

常见的即兴提问方式有:

1. 开门见山式。直奔主题,直接发问,切中要害,这是获取信息、了解对方最常用的提问方式。

2. 借问式提问。主持人将自己的疑问剥离出来,隐藏在“借问”中,这是访谈提问的常用技巧之一。有时可以从观众的角度发问,引发采访对象回答问题的兴趣;还可从对立面的角度提问,让采访对象处于辩解的地位。有时“借问”具有委婉得体的修辞效果,容易激起采访对象回答问题的兴趣。

3. 激发式提问。激发式提问就是所谓的“激将法”。为了打破采访对象的思想禁锢,尤其是面对戒备心很强、不太配合,或者清高固执的采访对象时,激发式提问有助于触及要害,达到采访的目的。但有时,激发式提问也可用于相对平和的采访对象,用以激发其回忆,使其打开“话匣子”。

4. 诱导式提问。诱导式提问指采访者掌握好谈话的时机,运用语气、语调或措辞来引诱对方给出肯定性回答。诱导性提问会产生什么样的结果，取决于采访者和被采访者之间关系的融洽程度。只要融洽关系得以保持，诱导性提问便可能引出意想不到的真切表述，产生生动活泼的谈话效果。

5. 迂回式提问。遇到敏感微妙的问题时，需要对提问的方式进行必要的修饰和迂回，以减少问题对被采访者的“冲撞”，给对方留有回旋的余地。尖锐的问题会让采访对象拘谨不安，要么支支吾吾，要么闪烁其词，因此，采访者就要具备追问的毅力和技巧，可以先用一些宽泛的话题迂回缓解气氛，然后再逐渐引入正题；或旁敲侧击，追本溯源，引出未知的细节。

例话

让尼克松认错道歉的主持人

“水门事件”是美国历史上不光彩的政治丑闻，这个窃听事件的主谋是美国时任总统尼克松。但是，尼克松遭弹劾下台后，一直没有在媒体上公开承认自己对“水门事件”的责任，更没有真正承认自己的错误。

三年后，尼克松受英国BBC的邀请，在TW3节目中接受大卫·弗罗斯特的采访。弗罗斯特将话题引向“水门事件”，但步步为营的尼克松经验老到，避实就虚，巧妙地将弗罗斯特的提问转化成为自我辩护的机会。

比如，当弗罗斯特问尼克松政府阻挠《华盛顿邮报》和国家安全部门对“水门事件”进行调查，是否侵害司法的独立性时，尼克松搬出林肯在南北战争时期的讲话：“在国家安全受到威胁的时候，总统的命令具有法律效力。”

弗罗斯特没有放过这个绝好的机会，立即追问：“也就是说，在某些情况下，总统可以为了国家的利益做一些违法的事情，是吗？”

这是很巧妙的“顺推式”借问，未改变原意，只是改变了尼克松原话的措辞方式，但其“归谬效应”准确触及“水门事件”的要害，尼克松瞬间陷入逻辑的两难境地，只能犹犹豫豫地使用多重否定句式，遮遮掩掩地说：

“总统做了原本不合法的事情之后，这件事情就不再不合法了……”

于是，弗罗斯特继续追问，让尼克松尽可能长时间地谈这个话题。

访谈结尾，尼克松承认，自己因“水门事件”而崩溃哭泣，他说：“我让我的朋友失望了……我让美国人民失望了，我将背负着这个包袱，度过我的余生。”

这段录像在全球吸引了4 500万名观众的观看。这个政治访谈类节目的收视纪录，至今无人打破。

这位主持人一生先后访问过从哈罗德·威尔逊到托尼·布莱尔在内的六届英国首相，以及自尼克松到乔治·布什在内的七任美国总统，此业绩至今也无人出其右。2013年8月31日，大卫·弗罗斯特突发心脏病去世，享年74岁。

英国首相卡梅伦在悼词中说:“这位风云人物,既是可亲的朋友,也是令人畏惧的采访者。”

(据《作家文摘》)

从形式上看,提问在逻辑上要有承接关系,即后一个问题和前一个问题在逻辑上环环相扣;提问是采访者对采访目的、访谈背景、观众需求以及采访手段熟悉、掌握的综合结果。因此,在运用多元手段进行提问时,采访者不要过于追求现场的即兴而偏离了预先设置的访谈提纲。要知道,一个合格的即兴访谈者首先是访谈目的和提纲的实现者,不要因现场热烈的访谈气氛而遗忘了访谈的初衷。即兴提问的基础是访谈的脉络和主线,否则便成了徒劳。

第五节　动态平衡　渗透推进

即兴访谈不完全是一问一答的形式,那样就略显单调了;另一种情况是不见波澜的你一言我一语的聊天方式,访谈完全处于“稳定平衡”的状态,节奏推进缓慢,有些索然无味。访谈的启动和推进,还应该注意从语言心理、言语生成、话语结构、话语操作等微观层面进行仔细的研究和细致的训练。

蒂东尼提出的“语言动态模式”理论,可以有效地指导人们如何在言语交际的动态过程中生成言语。蒂东尼指出,在一个交际语言环境中,表达者首先要做的是对语境的熟悉(familiarize)、适应(adapt),然后是言语的实践(try out),并在表述的过程中随时做出调整(adjust)和评估(evaluate)。这时的言语生成,追求的应该是语境变量系统中信息输出的“动态平衡结构”。

动态语境中言语生成的一般规律启示我们:主持人的访谈行为需要有意识地创设不稳定的节目语境,这样做,不仅可以打开言路,而且还可以通过熟练运用平衡—不平衡—平衡的话语结构,推动节目的进程。

我们来研究杨澜对电影演员巩俐的访谈片段,可以从中观察、分析杨澜在一个新的语言环境中是如何把握话语结构的动态平衡的。

例话

杨澜对巩俐的访谈(片段)

杨澜:一年多以来看你的电影,只拍了《荆轲刺秦王》《中国盒子》,节奏没有前两年那么快,是故意放松还是家庭太幸福,进取心减少了呢?

巩俐:不是,可能挑剧本(的时间)比较多一些,自己喜欢的(剧本)比较少,陈凯歌导演的《荆轲刺秦王》一拍就是五个月,所以也没太多时间。

杨澜：(如果)再挑选下一部戏的剧本、导演或制片，你的标准(是什么)?

巩俐：我是比较喜欢我没有演过的，当然我没有演过的太多了，现在需要一种动力，这对一个人来说是挺难的，我也希望尝试没有合作过的导演。大概9月中吧，我会拍一部城市题材的片子，和一个年轻的导演合作，具体内容现在保密。我拍电影，喜欢和一些新的导演、演员(合作)，这样会有一些新的思路，想和大家一起合作找出一种新的感觉。

杨澜：过去你演的角色大部分都是外表很单纯或很贤淑，但处在很压抑的环境下，内心又很有激情，有很强的个性在里面——这和你的性格有点像。

巩俐：有一样的地方，也有不一样的地方，比如说吧，《大红灯笼高高挂》《霸王别姬》里面的女主角，外表不是那么强，她们对事物的看法和解决方法都是小说里写的，我觉得要是我的话，我也会那么做。

杨澜：(笑)就像以前采访中你说你的个性比较像蛇。在草里要是别人不碰它，它就不动；但要是侵犯它，就上去咬一口。

巩俐：(沉默)我是觉得我还是不太喜欢主动去做太多的事情。那回我跟他们讲我是冬天的蛇，是睡觉的蛇。我觉得蛇是很温和的动物，如果不去侵犯它，它不会主动攻击别人。对我来说，我觉得挺像的。

杨澜：前不久法国授予你文化艺术勋章，说你是法国人心目中最美的中国女性，怎么法国人那么欣赏你?

巩俐：(平静地)我觉得他们说的这种美是内心的，不是说外表怎么漂亮，可能是整体的美，包括工作、为人、做人、言谈举止、文化水平等。当别人说你漂亮时，我觉得不好意思，中国人一般是谦虚啦……不知怎么回答……

杨澜：你现在就很谦虚……

(据《杨澜工作室》)

这是意味深长的访谈，稍加语用分析就可以发现其中的妙处。

在访谈中，杨澜一开始就直率地提出“是不是进取心减少了”、表演的角色与巩俐本人性格“有点像”，这对采访对象有点冒犯，不过“平衡”尚可以维持；进一步说巩俐“个性比较像蛇”、有时会“上去咬一口”时，语境的“平衡”出现倾斜，这显然是杨澜“释放”的变数，故意使语境出现不平衡。巩俐用沉默掩饰对“上去咬一口”之说的不快，却在找机会“纠偏”。首先她轻描淡写地用“我是觉得我还是不太喜欢主动去做太多的事情”，言下之意是：你说的“个性像蛇”的人其实很安分；然后转到对蛇的正面评价——强调蛇的“温和”，而自己是一条爱“睡觉”的“冬天的蛇”，“不会主动攻击”，等等。

细心的杨澜显然察觉到巩俐的修正，随即转移话题走向：抛出“法国授予你文化艺术勋章”和“你是法国人心目中最美的中国女性”的赞美性话题，调动巩俐进一步说明的兴趣。果然,巩俐的答语侧重在“文化艺术勋章”是对她“内心美”“整体美”的肯定上。杨澜适时补上一句,“你现在就很谦虚”,顺势纠正了前面所言“上去咬一口”所引起的不快,使访谈出现新的动态平衡。

而这一切,是在两个女人“不显山,不露水”的微妙对话过程中实现的,既显示了这两位知识女性对话的韵味,也体现了杨澜善于掌控话语结构、善于渗透推进的访谈技巧。

第六节　话语操作　把握规律

即兴访谈的吸引人之处在于它的不可预知性,现场突发的话语冲撞和即兴口语的妙语连珠往往被视作是访谈节目最大的“看点”,但这种“即兴”又给访谈节目主持人的现场掌控提出了更大的挑战,访谈会因变量的增加和随时出现的不可控因素而变得复杂,谈话流程的随意、随机和言路的多变会使一切的预先准备成为空谈,因此,如何根据场合的不同,选择合适的语言表达方式,是首先需要关注的问题。

语言表达要注意时机,适应时机。

我国古代文论对此有过许多论述,比如《论语・宪问》中说“……夫子时然后言,人不厌其言”,说的就是运用语言要把握时机,掌握“火候”。陆机在《文赋》中提出“因宜适变”的主张,刘勰在《文心雕龙》中提出“变通适会”的观点,说的也都是要根据不同的时机,做到适时、恰当。

访谈是一个动态的过程,是一个同采访对象进行语言交流的过程。从完成节目制作的角度来说,主持人的话语是一种合理性操作。尽管存在许多的变量因素,我们还是要强调主持人话语出现的合理性、有理性,并从主持人话语的有理性归纳出话语操作的一般规律。

第一,切入准确,主线鲜明。

主持人的访谈切入点必须准确,对话主线必须清晰。主持人要始终把握访谈的“目标值”(语脉主线),运用适当的重复强化某种信息,控制节奏,或通过重复引而不发地推动话题的深入。

第二,把握语脉,接语到位。

准确切入话题以后,嘉宾与观众说的话,有时可能会比较杂乱无章,但是,主持人接语要简练到位,要控制冗余度,不能汇入无序的语流中。面对众多嘉宾、观众的七嘴八舌,主持人要听出语脉,适时为嘉宾梳理思路,在简练地归并、概括以后,顺势提出新问题,推动节目的进程。

第三,及时归并,顺势深化。

主持人的插话不能喧宾夺主,要适度得体,注意“量”的控制。适当的插话,是对现场话语的概括、评价、补充、引申、纠偏，同时还可以调节节奏。主持人的插话可以对嘉宾的话巧加点评；可以提炼矛盾，趁热加温；可以对各种观点适时罗列归并，顺势深化；有时可以适时打断，引入正题；主持人的即时垫话、适度幽默，可以化解尴尬，融洽气氛。

第四，顺势而问，步步为营。

访谈是逐步深化的过程。在这个过程中，把握语势十分重要。语势是话语发展的走向和趋势，主持人必须把握这个趋势，及时顺势而问才能实现顺势深化。在这个过程中，可以改变提问方式和角度，可以迂回切入，可以即时提示，可以就势推进（比如“能不能举个例子”）等，这样步步为营，才能渐入佳境。

第七节 以听代说 穿针引线

艾丰先生曾提醒所有的采访者“在采访时别忘了带上眼睛和耳朵”。在实际访谈中，许多让人印象深刻、意味无穷的细节和内容，都是采访者调动所有感官包括用心灵去感知到的，那心与心的沟通和交流，是因为访谈双方必须有“共同感兴趣的信息符号”，而“听”就是采访者对采访对象所谈内容感兴趣的表现。

即兴访谈中的“听”具有如下特点：

一、采访的“问”由“听”引起

访谈前虽然有大概的采访提纲，但是现场的语境瞬息万变，谈话中很可能会出现比原定主题更精彩、更有价值的内容。这时，主持人要边听边思考，抓住对方回答中有价值的地方及时补充提问。这样的提问，不仅衔接自然，还可以深入开掘谈话的力度。

二、访谈中的倾听是为了穿针引线

“听”需要选择正确的视角进行细致的观察。这个视角可能是宏观的，把握事物相互关联的全局视角；也可能是采访者个人情感、思想的视角；还可能是现场观察时的微观视角。总之，正确的视角加上细致的观察，会让我们获得准确的、直接的、富有特征的资料。采访者在倾听的过程中可以随时判断、随时提炼、随时设计新的问题。

三、访谈中的倾听本身也是“问”

采访者很多时候都是在默默地听，但沉默不等于没有信息量。沉默和倾听有时候会比进一步发问得到更多的信息。一个有用的技巧就是，在得到一个问题的回答之后，故意停顿几秒钟，表达某种期待，这时对方会说出更多的东西。这就是穿针引线式的“默默而问”。因为只有这样，才能不断发现新的提问点，闪现新的灵感，并在头脑中迅速拟出所要提的问题。主持人在听的时候还要注意观察,从对方的表情、动作中揣摩其心理,这有利于问话的进一步继续。

访谈节目中,主持人不应该说太多的话,更不能垄断话语权,要知道“倾听本身就是一种很美的姿态”。访谈节目主持人要做的工作,就是“倾听”和及时地“穿针引线”。

训练设计(41)

(一)话语操作的打断、重复、垫话、插语

答题参考24

1. 下面主持人在访谈过程中的打断,包含什么意思?

在《实话实说·家庭协议》中——

和　晶:跟儿子订合同,他知道合同这个东西吗?

蒲　素:起草这个合同的时候,每写一条我就读给他听,我解释是什么意思。他也同意我也同意,我们就继续写下去;他不同意,我们就根据他提出的意见修改,修改过好几次……

和　晶:(打断)我问的是你怎么跟七岁的儿子解释合同是什么?

蒲　素:他爸爸这样讲,他说,签了合同,双方都一定要照上面写的去做,不能反悔。作为儿子,(你)以后和你的妈妈都要遵守,这样呢,你的自由时间就多了些,你妈妈管你就没有那么严。

2. 下面主持人的打断和重复,包含什么意思?

在《实话实说·其实不想走》中——

和　晶:您请坐,听到这里,我想您能不能说说看我们最有效的第一步怎么做比较好?

费教授:第一步应该是敏感,应该发现到……

和　晶:(打断)应该敏感?

费教授:是的,要敏感,因为大部分自杀是别人不知道他有这种心情而出现的,应该注意自杀的征兆……

3. 下面主持人的垫话,包含什么意思?

主持人:您对他的第一印象是什么呢?

嘉　宾:路上我们俩交谈,谈到什么他都懂,好多的爱好都一样,比如旅游啊,我就觉得这个人还有个情调……

主持人:是志同道合的感觉。

嘉　宾:哎,就是,那就是……

主持人:那用四个字概括,就是有点儿一见钟情。

嘉　宾:(笑)是,是,我们后来就好上了。

4.下面主持人的插话,包含什么意思?

在《实话实说》中——

郝丁:嗨,不是做生意的料,后来……最后还挺可怕的,反正今天也没外人,就是因为跟同学借的钱,后来还不上,我自己也没钱,做生意赔了,最后告到法院,成了被告了。

和晶:你还成被告进法院了?

郝丁:是啊,借了4 000块钱,还不起,成被告了。

(二)话语操作的归并推进

下面是湖北电视台谈话节目《往事:铭刻在雪山》的片段,谈话对象刘连满,在我国1960年首次登珠峰时,因为主动为别人做人梯体力耗尽而未能登顶,后来做了一名普通工人。请思考:这个访谈对话片段的主线是什么?主持人是如何把握对话“目标值”的?又是如何制造话轮结构的不平衡,以及运用重复、归并,引而不发地推动节目深化的?

主持人:刘先生,当时您把氧气瓶留给他们三人,您心里肯定明白自己选择的是死亡,您为什么要这样做?

刘连满:因为当时我认为党和人民需要我这样做。

主持人:您现在一个月多少钱?

刘连满:收入500多,扣一些还剩400多。

主持人:我觉得您很不幸。

刘连满:我觉得还可以。

主持人:是的,您还算幸运。

刘连满:生活吧,就该向低水平看齐,工作可要向高水平去看。生活向高水平看,你永远满足不了,还不如我舒心。

主持人:现在回过去看,您后悔不后悔?

刘连满:后悔?我没什么后悔的。因为我这个出身我要是回忆起来,我能有今天的生活,我应该感谢党和国家。过去我过的是流浪生活,从小就没有了父亲,靠母亲讨饭把我养大,后来我母亲不能要饭了,我八九岁就出去过流浪生活。

主持人:这也很传奇。从小没有父亲,随母亲讨饭,然后成了流浪儿。可您身子板儿这么结实,能当登山教练啊。

刘连满:因为我这个人好动,小时候就特别有劲,年轻时候挑个五六百斤,担子上了肩就小跑。

主持人:您现在还锻炼不锻炼?

刘连满:现在每天早上起来就走十来里地,再走回来。

主持人:我看着你们三位生死兄弟,一位是高级记者,一位是登山协会主席,可你在工厂当工人。

刘连满:不能都当官,都当官就没有士兵了。我有困难的时候,我那些战友,还有学生、朋友,也来帮助我,给我很大的帮助,还有一些不知名的人,也给我一些帮助。

主持人:您老是想着别人的好。

刘连满:人家对我有好处,我怎么能忘记呢?

主持人:我想您能不能跟我们这些后生晚辈讲一句大实话,您这辈子究竟图的什么,最看重什么?

刘连满:感情。我认为是感情。我图的是那份感情。刚才说那个救助的问题,帮助别人的问题,我想在当时来说,登山队我认为每个队员都能做到这一点,不是说登山队就我一个人能把氧气舍出来给别人。

(三)话语操作失当分析

试分析崔霞访谈时语言失当的原因,并为她重新设计,她该怎么说?

中央电视台2008年《抗震救灾 众志成城》直播,主持人和前方记者视频连线,报道震中北川地区灾民的生活。记者崔霞正在采访一户人家。

崔霞:各位观众,现在一家人正在吃饭,这后面是临时搭建的厨房,我来看看他们吃的都是什么。啊,吃的是粉条、茄子,吃的还比较丰富。(将话筒对着一个孩子)你好,好吃不好吃?

孩子:(摇摇头)不好吃!

崔霞:(停顿数秒)……小孩说不好吃,主要是他刚才跟我讲,主要是因为这些菜是他自己家里从田里拿过来的,他们也是自己种植的。他还跟我说他特别想吃肉,可能现在没有肉,可是因为条件所限,所以他跟我说不好吃。其实,从我了解的情况来看呢,现在受灾群众的安置还是不错的……

第十一章　即兴主持

——训练目标：临场发挥　活泼灵动

由于文化产业的勃兴、电视频道的增加，节目制作方式和制作流程出现了很大的变化。一些广播电视节目的生产要求主持人担当更多的工作，包括节目策划和文案创作。主持人往往拿不到完整的文本，主创者有时只提供一个框架、一个意图、一个设想，或者提供一些语料，节目主持现场的话语基本上要求主持人在节目进行的过程中产生，这就是即兴主持。

节目主持人的定义是："节目主持人是在大众传播活动的特定节目情境中，以真实的个人身份和交谈性言语交际行为，通过直接平等的交流方式主导、推动节目进程，体现节目意图的人。"即兴主持就是要完成这样的角色任务。

即兴主持，是对一个主持人专业能力的全面检验。即兴主持的语言是主持人思维、智慧和即兴口语能力的展现。

即兴主持是有规律可循的，主持人节目由不同的环节构成，环节语就是主持人的工作用语，包括开场语、交流语、衔接语、问询语、点评语、应变语、终结语等。当然，节目环节语也不完全是孤立存在的，它们相互之间经常有着密切的联系，比如开场语可能包含应变，终结语里可能有点评，点评语里也不可能没有交流，这样的划分只是为了便于寻求规律、利于训练。

第一节　即兴主持：开场语

开场语又称开场白、导入语，是主持人在节目刚开始时说的话。开场语很重要，我们通过它的功能可以发现它的重要性：

第一，开场沟通。主持人通过简要讲述，架设相互信任的桥梁。

第二，开场道情。开场时充满激情地说一段话，有人称之为"活场"。

第三，开场预设。交代话题由来和相关背景，预设节目的基调。

第四,开场布疑。一开始就设置悬念,很快把大家带进节目。

第五,开场引趣。用趣味性的讲述,引发受众对节目的兴趣。

开场语可以有如下几种基本类型:

开门见山式。主持人用三言两语的开场语进入节目。

迂回入题式。主持人借助相关或不太相关的内容,预设某种前提或调动受众的兴趣,使观众在不知不觉中进入节目。

引发思考式。主持人创设悬念,构筑一个便于受众积极参与的"思维场"。

情绪渲染式。主持人抒发情感、感慨万千,用自己的情感"点燃"受众的情感,并确定节目基调。

开场语一般是一个相对完整的语段(包括对话方式)。由于它在整个节目中具有提纲挈领、开场定调的重要作用,所以即兴主持时应根据节目的主旨将开场语打好腹稿再上场。

训练设计(42)

(一)开场语赏析

下面几段开场语有什么特点?

1. 上海电视台举办的一次文艺晚会的开场语:

今天,5月27日,是英雄的城市上海解放××周年的喜庆日子。此刻,灯火璀璨的夜上海沉浸在节日的欢乐中。面对陈毅同志的塑像,倾听黄浦江悠远的涛声,此情此景,我们更加缅怀新中国诞生后的第一任上海市市长、伟大的革命家、政治家、元帅、诗人陈毅同志……

2. 中央电视台新闻频道《世界周刊》介绍当天播出的《监狱黑帮》内容时,主持人康辉的开场语是这样的:

最近一段时间,真有不少朋友对于美国监狱黑帮内部的争斗产生了浓厚的兴趣,起因当然就是那部风靡全球的美国电视剧《越狱》,所以,我在和我的朋友谈到这一期《世界周刊》要播出的故事的时候,他们都非常感兴趣地问:"美国监狱里的黑帮,真的是和那部电视剧里说的一样吗?"其实,在现实生活中,类似雅利安兄弟这样的美国监狱里的黑帮,他们的势力范围,以及所产生的恶劣影响,应该说比这部电视剧所表现的还要突出。

3. 下面是一次新闻专题节目的开场语:

观众朋友,如果您听说北京市人均水资源是国内人均水资源的八分之一,北京缺水程度与沙漠地区的以色列相似,您会吃惊吗?如果您听说北京去年洗车用水量相当于13个昆明湖蓄水量的总和,您会相信吗?节水和遏制北京水资源浪费,就是我们今天要谈的主要问题。

(二)开场语设计训练

1.请以引发思考、迂回入题的方式,为你们班级的中秋节文艺晚会主持人设计一段开场语。

2.请以情绪渲染的对话方式,为校友联欢会主持人设计一段开场语。

第二节　即兴主持:交流语

主持人的语言活动,从本质上说是一种交谈性言语行为。这样,交流就成为节目主持最基本的语言方式,交流语渗透于节目的全过程。

交流语的语用原则:

1.合作原则。设身处地为对方着想,诚心诚意为受众服务。

2.礼貌原则。树立以对方为中心的意识,尊重受众的主体地位。

3.认同原则。减少话语的对抗性,表述尽量向对方靠拢。

4.商询原则。不下武断的结论,不同观点在商询中争取认同。

这些原则看似简单,实践起来却很容易被忽视,稍有不慎就可能遭遇尴尬。

一、用商询的方式交流,引起大家的思考

在各种节目中,主持人很少对各种问题得出一人"说了算"的结论。他们经常在自问自答的探询式的交流中得出结论。比如"是不是这样呢……不是……那么是不是这样呢……也许是……",这是经常运用的交流方式。

二、运用垫话、补说进行即兴交流

垫话就是"接话茬"。一般情况下接话茬是不礼貌的,但是当对方的话语表达出现"卡壳儿"时,主持人运用语脉接引的方法做接语式的衔接,可补救对方表达的困惑和尴尬。

例话

"垫话"与"补说"

在中央电视台《正大综艺》节目中,有个"世界真奇妙"的猜谜环节。

在一期节目里,大家对阿拉伯某小国的公园里常常见到摇着铃铛走东串西的武士模样的人,做了许多猜测,都浑然不知为何人。最后,揭开的谜底出乎大家的意料——卖茶水的人。这时主持人杨澜用"补说"和观众进行交流:

"看来,这个地方的水是太宝贵了,卖茶水的人也穿戴得这么漂亮,所以把我们都搞迷糊了……"

接着,她在节目中用“垫话”为嘉宾化解尴尬和迷惑:

杨澜:塞舌尔王国很有趣,到了这个国家,下飞机时,每个旅客都可以领到一块小木板。这是为什么呢?大家想一想。好,这位嘉宾说一说。

嘉宾:塞舌尔王国是印度洋的一个岛国,既然是岛国,那雨水一定很多,经常下雨,下了雨地上就很泥泞,那么脚下就……就……(语塞)

杨澜:(垫了一句)是刮泥板,是吧?

嘉宾:(笑)是的……

(据节目录音整理)

在上面的节目片段中,主持人的“补说”和“垫话”可圈可点。

“看来,这个地方的水是太宝贵了,卖茶水的人也穿戴得这么漂亮,所以把我们都搞迷糊了……”几句话缓解了大家困顿的情绪,尤其是“把我们都搞迷糊了”用了“移情同化”策略,给大家一个台阶,是一种饱含热诚的交流;另外,主持人用这样的“垫话”和“补说”也可以维护应有的节目气氛。

三、用“听”交流,用“回馈语”交流

在节目主持过程中,主持人除了运用话语和观众、嘉宾交流外,还经常运用“倾听”推进节目的进程。主持人的“听”是角色化的主持行为,所以不应是默不作声的听,及时进行话语呼应是很重要的。这种回馈性的话语就是回馈语。

第一,回馈语的形式,一般是使用应答附加语,如“是的”“好的”等,表示认同,形成交流;有时还可以将对方的话予以顺接式重复,比如对方说“我难受极了”,回馈语可以是“啊,你很难受”,或者“是啊,这很难让人接受”等。

第二,回馈语的主要特点是:客观上不是打断,主观上也没有索取说话权的意图,而是鼓励对方继续讲述;话语形式简短,内容上不提供新的信息。所以,回馈语应该是听的一个组成部分。

四、以“我”的介入实现真情面对的交流

罗曼·罗兰认为:“真实是人生最罕见的美德。只有真实,才会有内心的充盈和坚定的自信。”

主持人不能超然于节目之外,有时以真实的“我”为话由,用质朴的表述融入节目,可以引起共鸣。可以说,在所有的交流中,这是最有深度的交流,也是主持人节目“人格化传播”的体现。当然,“我”的介入不是“自我突出”“自我放大”。把“我”摆进去,是为了与受众进行完全平等的交流。但是,受众是主持人节目的主体,主持人要特别注意控制“我”这个词出现的频率,出现过多,可能会引起受众的抵触心理,可以适当地用

“我们”使之淡化。

既要有“我”的介入，又要淡化“我”，二者并不矛盾。

中央电视台主持人王雪纯有她自己的体会。她认为，对于“我”的介入“既要不露痕迹地把‘我’的感觉说出来，又要把‘我’字淡化；主持人的每句话似随口而出，却全是‘我’想说的……”王雪纯的看法很有价值。

训练设计(43)

交流语案例分析

1.《相约夕阳红》要做一期老年人家庭生活和爱情生活的谈话节目，他们选择了一对结婚55年的恩爱夫妻。节目开始时，主持人说了如下一段话。这段交流语的设计有什么特点，体现了主持人的什么意图？

答题参考25

……前不久，我在街上听到这么一首歌，有两句歌词我印象特别深，大概是这么唱的：“我能想到最浪漫的事，就是和你一起慢慢变老，一路上收藏点点滴滴的欢笑，留到以后，坐着摇椅，慢慢聊……直到我们老得哪儿也去不了，你依然把我当成心里的宝。”后来回来我跟我们办公室一个年轻的同事说了，他说：“哎哟，你不知道啊，这首歌现在小青年也都爱唱！”我想，今天在座的老年朋友听了这首歌，恐怕更有自己切身的感受和体会吧。今天我向大家介绍两位新朋友，他们是一对老夫妻，我们请他们坐在这张不能摇的椅子上，聊聊他们一起变老的故事，好吗？

2.下面是美国总统林肯的一段演讲。思考一下，这段交流语有什么特点？

南伊利诺伊州的同乡们，肯塔基州、密苏里州的同乡们，听说在场的人中有些人要同我为难，我实在不明白他们为什么要这样做。我和你们一样是爽直的平民，为什么我不能和你们一样有发表意见的权利呢？好朋友，我不是来干涉你们的人，我也是你们中间的一个。我生于肯塔基州，长于伊利诺伊州，和你们一样，是从艰苦环境中挣扎出来的。我认识南伊利诺伊州和肯塔基州的人，我也认识密苏里州的人，因为我是他们中间的一个，而他们也应该更清楚地认识我。如果他们真的认识我，他们就会知道，我并不想做一些对他们不利的事情……

第三节　即兴主持：衔接语

节目主持人是节目现场的组织者，他要推动节目的进程，实现节目的意图，使节目的各个部分成为一个整体，因此，主持人就要既能应对新情况，又能将不太相关的节目环节和节目内容组合在一起。在这样的情况下说的话，就是衔接语，也有人将之称作串联语、串场词。

衔接语可以是独白形式，也可以是对话方式。它的主要语用功能是：

1. 承上启下。运用语言对节目的不同环节、不同内容进行“上挂下连”的组接,使人们感受到它们之间的内在联系。

2. 设置悬念。主持人用提出疑问,或者用类似相声里的“抖包袱”的趣味方式,衔接前后的内容。

3. 搭桥铺路。在节目进行过程中,当某些环节遇到障碍时,主持人为推动节目的进程而随机应变。

比如,中央电视台“心连心”艺术团到江西革命老区演出,场面非常热烈。歌唱家关牧村登台演唱《多情的土地》时,天上乌云密布,落下了阵阵雨点。歌声一停,主持人登台,他的即兴衔接语是:

乡亲们,关牧村动情的歌声,把她自己的眼睛唱湿润了,也把老区乡亲们的眼睛唱湿润了,连老天爷的眼睛也给唱湿润了!乡亲们,谢谢你们的盛情,我们的演员已经商量好了,如果雨下大了,只要大伙儿不走,我们的演员就不会走,就继续为大家演出……

主持人的即兴衔接语,蕴含着浓浓的情意。他先用几个“湿润”做铺排,上挂下连,将“心连心”之情顺势推向动人的境界,也将节目气氛推向高潮。

由此可见,高明的衔接语是从节目的语境中产生的。主持人从节目中及时捕捉有价值的信息,不露痕迹地糅进衔接语中,以此勾连后续的节目。衔接语运用有时需敏锐观察,相时而动,即兴发挥,不能完全依赖预先的话语设计。

训练设计(44)

(一)衔接语案例分析

分析下面主持人节目中衔接语的表达形式和语用功能:

1. 在中央电视台《正大综艺》节目中——

杨 澜:……好,咱们现在过最后一关——

赵忠祥:杨澜啊,我们这猜谜只是为了增长知识,不是“过关”。什么“最后一关”,把事情说得太严重了吧?

杨 澜:赵老师,你瞧,我们现在就是要过最后一关——嘉峪关!

赵忠祥:啊,你早说呀!(接着开始下一段节目)

2. 在《希望杯十佳健康儿童评选》节目中,两位主持人有这样一段对话:

鞠萍:(突然)哎,董浩,我说你是不是长得胖点儿了?

董浩:我……我……(摸肚皮)我还好呀,不怎么胖呀!

鞠萍:瞧你这身材,是不是有点“将军肚”了?(压低声)你不能再胡吃海塞了呀!

董浩:我……我还好呀,你往那边看,那个孩子长得才叫胖哩……

(走出一个胖乎乎的孩子)

答题参考 26

（二）创意衔接语赏析

“金盾之春”文艺晚会。评书演员袁阔成讲完《三国演义》片段下场后，叶惠贤上场，他学着袁阔成的说书语调主持节目。试分析这个衔接语的高妙之处。

叶惠贤的评书式衔接语

上一回说到赵子龙主意已定，心中暗喜，低头一看，一张粉红色的请柬搁在桌上："金盾之春"文艺晚会。哎呀呀，差一点把大事忘了！来人哪，快把我那辆桑塔纳轿车备好！就听"嘀——"一辆小车直奔友谊宾馆。赵子龙下得车来，匆匆上了二楼，打开说明书这么一看：啊，京剧清唱，演唱者是天津市青年京剧团×××，这不是前些天在全国青年京剧演员大奖赛时，因生病失去夺魁良机的×××吗？据说，她还是京剧前辈张君秋老先生亲授真传100天的名角儿，这真是，来得早不如来得巧，我赵子龙来了不能白来，来了就得大声为她叫好——啊呀，她这不是来了……

第四节　即兴主持：问询语

提问和询问是主持人最常用的言语行为方式，我们将它们统称为“问询”。主持人的问询形式多种多样，可以归纳为以下几种：

一是设问。是明知故问，是自问自答方式的“问”，它的作用是加强表述过程中的交流与沟通。比如“用金钱刺激孩子的学习积极性好不好呢？肯定地说，是不好的。该用什么办法呢？我认为，最好的办法是调动他们的学习兴趣。”

二是提问。即主持人提出问题，问而不答，等待对方回答。提问一般用于采访和访谈，在谈话节目中可以引起现场参与者的思考和讨论。

三是反问。是“寓答于问”的“问”，它不需要直接回答，答案已在问语之中。比如“难道人人都穿价格非常昂贵的时装就是我们应当追求的‘时尚’吗？果真如此，岂不是富人才有‘时尚’的权利吗？”反问是用疑问的语气表达与话语表面相反的意义，它的作用是加强语气，强调结论的确定性。

四是反问作答。前面说到，反问是“寓答于问”式的“问”，不需回答，但有的反问不是这样，比如“难道我们能够容忍不法厂商用假冒伪劣产品坑害消费者吗？当然不能，因为这样下去，我们民族工业就会信誉扫地，我们的市场经济就乱套了。”这个反问句的答案虽已包含在问句之中，但表达者偏要详尽作答，其用意显然是为了强调，并引发进一步的阐述。

五是反问答反问。即用反问句回答反问。比如“靠背熟别人写好的讲稿怎么能主持好节目？这样下去，主持人不成‘活话筒’了吗？”第二个反问句是对第一个反问句所显示内容的强调，使反问句的语势更进一步。

例话

杨澜:我以提问为生

杨澜在她的《凭海临风》一书中记录了这方面的体会。

现在,我已经非常习惯于提问了,实际上,我已经以提问为生了。说得通俗一点,我是靠提问吃饭。我是记者。我甚至认为,人生本身就是一场问答。比如,有一个问题人人必须面对:"你为什么活着?又将怎样活着?"每个人的生活本身,就在回答这个问题,不管你有没有意识到。上帝是宽容的老师,五花八门的答案他都照收不误。至于给各人打多少分,就不得而知了。

……

如今,我用年轻的生命,一天又一天地写我自己的答卷,这份答卷是由无数细节组成的。其中有不少时候我感到困惑难解或绝望无助,或干脆就答得跑了题。好在上帝给我们安排的这场考试是开卷的,你可以问别人是怎么回答的。"杨澜工作室"就是一个可以公开讨论答案的地方。有不明白的,我问,以求明白;有时明白了,还要明知故问,因为我估计电视机前的有些人也想明白。

……

有感而发,有感而问,是节目走向成功的第一步。

第五节　即兴主持:点评语

所谓点评,就是抓住一点不及其余,对评论对象的某一方面进行要言不烦的评价或评论。点评语是主持人重要的语言表达方式,而且常常是即兴式的表达。

一、点评语的语用功能

第一,意义揭示功能。点评语通过由此及彼、由表及里的议论,或点明要害,或启发思考,有助于揭示或提升节目所要表达的主题。

第二,节目结构功能。主持人的点评语出现在节目与节目的衔接处,成为节目的结构支撑,在节目中起着过渡、呼应和深化的作用。

例话

直播报道:驻港部队冒雨入港

1997年6月30日晚,中央电视台主持人白岩松在深圳皇岗口岸直播报道驻港部队冒雨入港过程时,突然出现未能预料的断档。

他灵机一动，对眼前的一幢邓小平生前曾经来过的房子发表点评：

“各位观众，在我们这里往前面看，可以看到一幢白色的楼房，这是皇岗口岸办公楼。当年，邓小平同志曾在那里登楼眺望香港，现在那幢楼里还挂着他视察口岸的大幅照片……我想，今天晚上，当驻港部队跨过这条边界线的时候，在所有为部队送行的人群中，肯定有一位老人深情注视的目光……”

这个点评虽然是随机应变的临场发挥，但绝不是信口开河的评说。它的高妙之处在于，既是即景抒怀，又勾连了节目内容，同时还将报道的主题进行了升华。

第三，个性展示功能。点评语常常是主持人的有感而发，虽然主持人是整个节目“出面的主笔”，要“忠实”于节目“台本”，但是主持人在节目中的话语身份是“真实的自我”，这就为主持人运用点评语彰显个性创造了条件，当然这也是主持人思想水平和价值取向的体现。

例话

白岩松点评中国雇工下跪

1996年，主持人白岩松在点评“韩国女老板罚中国雇工下跪”的新闻时说：

“关于老板罚中国雇工跪下的事，在这里我不想再议论这个女人了，因为她连被议论的资格都没有。这不禁让我想起了47年前毛主席在天安门城楼宣布，中国人民从此站起来了。然而，这些人面对的不是战场，更不是刺刀、枪口，而是面对一个口袋里满是金钱的女人。我不禁要对同胞们说，曾经的贫穷，不该是我们觉得比别人低一等的理由，金钱更不是使我们双膝发软的原因。我要说，咱们在奔向富裕的道路上，站直喽，别趴下，更不要跪下！”

（据中央电视台《东方时空·面对贫穷》）

白岩松的点评，体现了他正义凛然的个性。主持人从近代史的角度提示人们，民族屈辱的时代已经过去，在刺刀、枪口面前从不屈服的民族，有理由藐视“口袋里满是金钱的女人”。最后的呼告情真意切，颇有深度和力度。

二、点评语的语用策略

1. 点有选择，评有针对。点评不能兴之所至，妄加评说。在什么地方安排点评，针对什么点评，要达到什么目的，应心中有数。

2. 把握分寸，点到为止。点评必须实事求是，不能偏激，更不能信马由缰。要有语意的“过滤意识”，说话要准确、精练。

3. 有感而发，随机切入。点评一般是即情即景的有感而发，主持人需要适时把握时机，当然，这就需要灵活的思维和领悟能力了。

4. 借助语势,顺题立意。点评不完全是主持人一个人说,有时需要与嘉宾或现场的观众共同来完成,这时,可以顺应对方的观点或关键词语,来个语脉接引,适度引申补充,完成点评。

5. 形式多样,力求贴近。点评可以是议论,也可以是抒情;可以有深刻的哲理,也可以是百姓话语式的褒贬或调侃。点评不是高高在上的"评判",主持人有时可以把自己"摆进去",结合自己的认识和体验完成点评。

第六节　即兴主持:应变语

节目主持人在动态语境中的适应性表达,是语境催迫下表现出的敏锐与快捷。即兴主持的应变是"捷才",不论语境出现什么变化,均能相时而动、巧语解困、妙语服人、出口成趣。但是,即兴应变并非是与生俱来之才,需要日常积累,需要训练,而形成这种应变能力的前提条件,是要具备良好的心理素质和思维素质。

一、"应变"要有自信力

没有自信力的人,即兴主持常常处于"被动挨打"的境地。究其原因,很大程度可能是过于"谦虚谨慎",内心深处自叹弗如,甘居平庸。如果敢于对自己说"我能行",你会惊讶自己蕴藏的应变能力——

例话

从"七步成诗"到"三步成诗"

历史上有许多所谓"天才""奇才"是不大"谦虚"的。

袁虎凭借才气和自信,有"倚马千言"之才,但是诗人李白就很不"谦虚",他口出"狂言":"日试万言,倚马可待。"

史书记载,曹植"七步成诗",传为美谈。后来史青听了笑曰:"曹植七步成诗,尚为迟涩,请五步成之。"他请人当场出题,果然五步成诗一首。

后来柳公权知道了这段佳话,却对史青"五步成诗"不屑一顾。他让别人出题,这位书法家竟然"三步成诗","刷新"了"五步成诗"的纪录。

(据《人生不设限》)

这些都说明,每个人都有尚未开掘的潜能,而自信力则是打开潜能宝库的钥匙。有了自信,就可能在应变性表达中处于主动的地位。

二、"应变"要有意志力

意志是自觉地确定目的,并根据目的支配、调节自己的行为,以实现预期目的的心理过程。意志力可以使人以积极主动的态势，以昂扬顽强的情绪驱动自己对表达作恰当的适应性调控。如果缺乏意志力，情绪消极懈怠，态度犹豫不决，畏葸胆怯，就会处于被动、压抑状态，这样就谈不上即兴主持的随机应变了。

三、“应变”要有注意力

“注意”具有指向性、集中性的特点，具有选择、保持、调节的功能。要养成在节目语境中始终保持注意力高度集中的习惯，这样可以自觉排除或抑制干扰，增强抗干扰能力；通过有效的听辨和反馈，在意识处于敏锐的状态下，保证思维活动能积极应变表达需要。

四、“应变”要有创造力

即兴主持中的应变，是一种创造性的语言活动。既然要应变，思维就必须处于高速运转状态，这样脑子才会“急转弯”，使形象的、逻辑的、集中的、扩散的思维活动和谐配合，使记忆“仓库”里的材料骤然涌出，并通过分析、综合、联想、推测，产生新的思维成果，这时才会有审时度势的精言妙语。

胡一虎是凤凰卫视主持人。他主持《一虎一席谈》多年，有一期节目以西安一家自发组织调查第三者的“女子侦探所”为话题，讨论过程中，嘉宾方青卓（演员）误解了“女子侦探所”的张玉芬女士的一句话，勃然大怒，要求对方道歉，并愤然准备退场，局面几近失控。但是胡一虎处变不惊，以静制动，最后化干戈为玉帛，而且还使节目的题旨获得了深化，取得了意想不到的效果。

例话

胡一虎即兴应变，力挽狂澜

张玉芬：方老师，我提一个意见，你是不是演戏演得太多了？我看你任何时候都在戏里头，你要面对现实。

方青卓：你这样说，我觉得是侮辱我，我马上就走。你这样说绝对是侮辱我！

张玉芬：不是，你听我说是因为什么，因为我们是面对现实的，我遇到的都是多种多样的婚外情的遭遇。

方青卓：我知道……

张玉芬：我平均一天接 164 个电话，大多数是求助，这个数字说明了什么？

方青卓：你为什么不帮助她？

张玉芬：我就是在帮助她！

方青卓：不。

张玉芬：我假如不帮助她，不取到这个证据，她连起码的一半财产都得不到！

方青卓：也许是因为我不知道，因为我扮演的人物……你说你接 164 个电话，那我演了31年戏了,亲爱的朋友!我正因为演这样的戏,跟你的处境是一样的,我才告诉你,爱是看不住的,亲爱的朋友!我刚才为什么说你侮辱我?因为我认为,我方青卓的一个本质是什么呢?我演戏,我希望生活当中我绝对不演戏!这是我做人的准则。你要觉得我演戏,那么我改一个。咱们是女人,我说我退回来了,不要说你侮辱我。我现在请求退席。

胡一虎:等一等。

方青卓:我一定要走,因为她不相信我说的是真的。

胡一虎:不,请坐!我们欢迎你坐下来!

方青卓:我不能坐!她必须向我道歉!说她刚才没有这么说,她必须这么说!

胡一虎:等一等,方姐,你先等一下。我相信你(指张玉芬)刚刚那个"演戏"的意思(对方青卓),她不是指这个意思。我想,我作为一个主持人,我可以非常确定她刚刚不是这个意思。她的意思是说她所接触到的大部分人当中,受害妇女很多。

张玉芬:对。

胡一虎:对,她的意思主要是在这里。

胡伟(对立面嘉宾):她说现实的对应词的话呢……

方青卓:(大声)不!侮辱一个方胖子,无所谓啊!

(现场混乱,对话唇枪舌剑。胡一虎观察现场,力求避免矛盾激化。)

胡一虎:(提高声调)首先,第一个,女人不要哭泣,你那上面打着"女人不要哭泣"(指方青卓手中拿的书);第二个,美丽的女人,天边的彩云(引用方青卓前面说过的话)请,请坐下,热烈的掌声,谢谢!

方青卓:(坐下)好,我不要掌声。

胡一虎:等一下。我这样子,我是来讲真相的。(对张玉芬)她刚才提到的那种方式,你们是不是也采取过?本来是刚开始就去找证据,但是之后就做了一些调整,才发现这种方式可能不好,反而开始劝和,有没有这样的例子?

张玉芬:有。

方青卓:对,我同意你这样,我希望这样,我特别希望的是什么意思呢?就是我们是女人,我们本来也受害了,难道你就敢说是百分之百的"二奶",都是她们勾引了别人的丈夫吗?为什么没有想过我们自己?我们有空单独谈。我说什么意思呢?希望你现在全部的武器,希望你现在全部的精力用在快乐上。

张玉芬:你不管怎么说,这个家庭走到尽头了,该走的就走。就像你们刚才说的"扔垃圾",可以,但是你该承担的责任,你一定要承担,因为是你造成了这个家庭的破裂。但是在现实生活中,尤其到了法院,没有这个证据……男人一旦踏出这个家门,很难很难回头的,法院它是注重证据的,如果没有这个证据,即使这个家庭不存在了,女人的主张、女人的权益一定要得到啊!

胡一虎：大家的看法如何？有没有因此而改变？（对方青卓）你呢？

方青卓：我得考虑一下。

胡一虎：好，考虑一会儿。

方青卓：刚才我说……因为我就是这样的性格。但是我现在不知道，这个社会怎么乱成这样了？

胡一虎：那你是要加入她的行列，加入她的“女子侦探所”？

方青卓：不不，我要是开侦探所，我就叫婚外……等于一个什么温暖家庭吧，像“马大姐”那个意思，多么仇恨的事情，比如她进来了我这个谈话所，我要温暖她的心，也融化她丈夫的心。我要改成这样的机构，而不是侦探。

张玉芬：我们现在，就在转型的时期。

方青卓：对，转型，我同意。最后，我们俩成为好朋友。

胡一虎：（对张玉芬）好，你可以招募新会员了。（全场热烈鼓掌）

（据节目录音整理）

胡一虎用机智、风趣的语言缓解双方的言语冲突，幽默地调节现场气氛。用方青卓的话“美丽的女人，天边的彩云”及时提示她控制情绪；与此同时，放大方与张之间“异中求同”的共同点，不仅化解双方矛盾，也力挽狂澜，从而成功主导了节目的走向。

训练设计(45)

（一）即兴点评训练

（1）有人问美国第28届总统伍德罗·威尔逊，准备一份十分钟的演讲稿需要花多少时间？他说要花两个星期。那人问准备一个小时的演讲需要花多少时间？他说要花一个星期。“那么，请您讲两个小时呢？”威尔逊回答说：“不用准备，可以立刻开讲。”请点评这段话。

（2）请以“小事不小”为话题做点评练习。所谓“小事”指司空见惯而又对公众利益有危害的事情。比如一边开车一边用手机和别人通话、游览景点看到游人刻写“××到此一游”、垃圾箱里发现白面馒头……

（二）点评语评析

试分析下面这段点评语的不当之处：

2008年北京奥运会第二天，射击小将郭文珺获得了金牌，颁奖时她比较平静地登上领奖台。现场中央电视台记者兴奋地点评道：“郭文珺的心理素质真不错，到底是射击运动员，需要心理沉稳，在这样激动人心的时刻仍然这样，不像刘翔，在奥运会上获得金牌就嘭的一下冲上领奖台……”

答题参考27

(三)即兴应变语设计

在一次演讲比赛中,最后登场的演讲者看台下评委、观众已有倦意,就灵机一动说了一段话,不仅赢得了掌声,也引起了评委、观众继续观看的兴趣。他该怎么说?请为他设计一段应变语。

第七节 即兴主持:终结语

俗话说“编筐编篓,全在收口”。一档节目,内容丰富却比较庞杂分散,观众对节目的内容需要消化,这时主持人的终结语就是为实现节目的意图、为满足观众的接受期待而必须设置的了。因为人们欣赏节目的习惯都希望有头有尾,所以终结语是一道不可或缺的程式。在我国传统文化传播活动中,终结语的选词用语一般都比较固定,比如宋代演艺活动的主持人(当时称作“竹竿子”)在演出活动结束时,一定是赋诗一首,然后以“歌舞既阑,将相好去”作结。

节目主持终结语的特点是:

第一,概括。在运用议论终结节目时,重点在于对整个节目的内容进行简明扼要的归纳,用提纲挈领的语言予以清晰的表述。

第二,确定。在广泛的“群议”之后,对毋庸置疑的或已经取得共识的结论性认识,主持人应以肯定的语气,用准确简洁的语言作结。

第三,强调。在必要的情况下,可以不做面面俱到的归纳总结,而是抓住重要的或关键之处,通过深化的议论和“点睛”之语,给予强调。

第四,升华。通过议论的拓展,设疑引思,给人以启迪;或通过热烈抒情的表述,把节目的主题提升到一个新的层面。

例话

“优生优育”节目终结语

在中央电视台一期关于“优生优育”的节目中,内容比较丰富,既表现了幸福的恋爱和家庭生活,也展示了不注意优生优育而造成残疾孩子的生活片段,这样,终结语的设计就显得尤为重要了。这个节目的主持人是这样说的:

“看了刚才的节目,给我印象最深的,不是那些恩恩爱爱、温情脉脉的一对对情侣,而是那些残疾的孩子。尽管我们的编导用心良苦,尽量不给大家以视觉上的刺激,让那些叫人心痛的画面一闪而过,但是,它还是深深刺痛了我的心。记得我孕育生命的时候,内心深处有一个最隐秘的想法:祈祷上苍一定让我生一个健康的孩子。我同几个过来人谈到这个想法时,大家不约而同地说:‘哎呀!咱们担心的怎么那么一样啊!’是啊,生小孩比不得买东西,东西买得不理想,比如一件衣服不合意，我们可以狠狠心不要了，但孩子那可是自己的骨肉啊！有的朋友看到自己的残疾孩子实在可怜，又有点内疚，所以给他加倍的呵护。其实，这些悲剧，只要我们掌握一些医学科学知识，早一点加以注意，有许多是可以避免的。所以说，只要是建立家庭、想当父母，那么就一定要从准备结婚那一刻起，有意识地注意优生这个问题。”

（据节目录音整理）

训练设计(46)

终结语赏析

1. 汶川大地震发生不久，中央电视台新闻主持人奔赴灾区，和灾区的孩子朝夕相处，他们大多是灾后留下的孤儿。节目录制完成，她的终结语是这样的：

我想我会永远记得这群孩子出现在我眼前的那一瞬间，它永远是一个五彩斑斓的画面，每一个孩子的脸上都放着光，那也是我在北川第一次听到的欢声笑语。感谢那位来自深圳的志愿者彤彤，是他唤起了孩子们心中的快乐。但这快乐不是来自孩子们得到了怎样的帮助，或是收到了什么样的礼物，而是来自他们都在为自己、为周围的人在做一些事情。感谢彤彤，更感谢孩子们，感谢你们带给我的五彩斑斓。

2. 鲁豫在访谈节目《鲁豫有约》中，有这样一段终结语：

说到海迪，我听到过这样两种声音：有的人说，像她这样一个聪明的、有才气的女子，却要承受身体上这么大的痛苦，老天实在太不公平了；但是也有人说，张海迪什么都有了，有名气、有地位，出了那么多的书，还要求什么呢？但张海迪跟我说，她愿意放弃所有这一切，只希望有一个健康的、正常的身体。我想这一点普通人是很难理解的。和海迪在一起，我们谈到了死亡。

我问她，如果自己来撰写自己的墓志铭，她会写些什么？

海迪说，她会这么写：这里躺着一个不屈的海迪，一个美丽的海迪。

第十二章　即兴幽默

——训练目标:出口成趣　妙语连珠

我国相声大师侯宝林说:“没有笑声的生活是一种酷刑,没有笑声的生活不成其为生活。”英国戏剧家萧伯纳也说过:“没有幽默的语言是一篇公文,没有幽默感的人是一尊雕像,没有幽默感的家庭是一间旅店。”

快乐的人生是健康的人生,快乐的社会是稳定的社会。创造快乐,是我们的社会责任,更是广播电视及其主持人的责任。

幽默作为一种文化现象,既是说话人的审美选择,也是社会交往的润滑剂。

例话

在老同学聚会上的谐趣致辞

有首歌唱的是“明天会更好”,是为了给人信心与鼓励。其实现实生活里,明天会不会更好不知道,但明天会更老是确定的。

岁月要走过才知道,到了某个年纪不得不承认地球引力的厉害。器官样样俱在,只是都在下垂,所谓的“万般皆下垂,唯有血压高”。

老年后的身体起了很大变化,坐着打瞌睡,躺着睡不着。想记的记不起来,想忘的忘不掉。更糟的是,哭的时候没眼泪,笑的时候一直擦泪。

头上是“白发拔不尽,春风吹又生”。

记忆力明显衰退,从一个房间走到另一个房间,就是想不起到这儿来要做什么。忘了刚刚说过的话,一位老先生说,他有一次竟然笑到一半忘记为啥笑。

少年夫妻老来伴,老年夫妻怎么办?有人形容食之无味,弃之可惜,彼此的坏习惯改不了,争争吵吵。婚前“好有话说”,婚后“有话要好好说”。

每个来到世间的生命,像“整存零付”一样,一点一滴地离去。意气风发的少年,一转眼变成中年,有人讥笑我们老年人是“知识退化,器官老化,思想僵化”。所以,我们要人老心不老,皱纹长在脸上,不长在心上。生活态度也要调整,以前用健康换金钱,现在要用金钱换健康。

有所谓人生三历：少年争取好学历，中年成功看经历，年纪大了就要保存好病历。我祝亲爱的老同学健健康康，快快乐乐，心如顽童，笑口常开！

（据《报刊文摘》）

这是“段子”串成的致辞。即兴而成，而且是以“语言游戏”的形态出现。

不过，关于“语言游戏”的文化价值，现在人们的观点不尽相同。

有人认为：“语言游戏，是人们对现实的逃避，是对自己的催眠，进而麻木自己的情感，放弃自己的责任，将公共议题娱乐化反而会模糊焦点……”

这是值得商榷的观点。没有“语言游戏”怎么会有幽默？这些聚会的人，可能都年届花甲、古稀，面对“明天会更老”，却用豁达的自嘲方式说话，是“逃避现实”吗？是“自我催眠”吗？是“感情麻木”吗？

中国文人的教化意识使他们普遍存在“意义焦虑”，其实“意义”是多元的，只要不过于低俗，茶余饭后说个段子“聊博一粲”，也是一种“意义”。

“语言游戏”是维特根斯坦从语言哲学和心灵哲学角度提出的概念，认为语言不仅是交流思想的工具，也可以是一种娱乐、一种游戏，如同打牌、下棋一样，就是用说话“逗乐儿”。许多“脱口秀”就是将“语言游戏”作为节目资源的。

既然是游戏，就该有游戏的规则。但是规则太多、太细反而容易束缚手脚，所以在“语言游戏”中，偏离语用规则制造乐趣的情况屡见不鲜。可以这样说，没有对语用规则的偏离与悖反，就没有“语言游戏”。

比如下面崔永元与读者的对话，明显偏离了“礼貌原则”“合作原则”，但语言的“幽默”出来了。他的“语言游戏”也深藏智慧与机敏。

例话

崔永元羊城遇诘难

主持人崔永元到广州参加第十届全国书市开幕式，他在购书中心门口与读者见面，遭到了几位观众的诘难：

小伙子：崔哥，你们《实话实说》怎么没过去好看了？

崔永元：（愣了一下）不错，我也觉得没过去好看了，我们有责任——不过，主要的责任还在你。

（大家很诧异）

崔永元：（笑问）小伙子，你结婚了没有？

小伙子：没有。

崔永元：我告诉你，结婚的感觉和恋爱的感觉是不一样的。

(哄笑,鼓掌)

女青年:崔老师,我们学校要开辩论会,您教我几招儿吧!

崔永元:你们辩什么题目?

女青年:IQ和EQ哪个更重要?

崔永元:你说哪个更重要?

女青年:我也不知道,问你呀!

崔永元:好吧,我给你出个主意,讲IQ和EQ的书很多,书市上都在卖,你进去问问营业员,哪个卖得快,卖得快的就重要。

(哄笑,鼓掌)

大学生:都说你崔永元的语言了得,你会说广州话吗?不会?我会多种方言,你敢同我比试比试吗?

(大学生当场说了几句广州话、客家话和潮汕话,问崔永元能听得懂吗?崔说一点儿也听不懂。大学生十分得意。崔永元趋前"谦虚"地请问他叫什么名字、哪个学校的、学校在什么地方、哪个班级、住哪个宿舍等,大学生都一一回答。)

大学生:(突然,警觉地)你问这么详细干什么?

崔永元:(坏笑)啊,没什么,我回北京,想抽个时间向国家语委报告,在广州的某一个学校,有个不提倡讲普通话的角落,请他们赶快来查一查……

(众大笑,鼓掌)

(据《广东电视报》)

幽默是一种健康的语言品格。它激起普遍的欢乐和快感,把大家带进愉悦的氛围。崔永元就是这样的人。他在广州突然面对有点恶作剧的诘问,却用轻松的玩笑方式说话,体现了一种平民化的语言性格。他谐趣的妙接妙对,闪烁着智慧,比如他用恋爱与结婚作类比,妙解"现在节目为什么不好看"(答小伙子);他借"境"发挥,将辩论的"出招儿"与书市的销售挂钩(答女青年);他从比试方言"岔"到推广普通话上面去(答大学生)——开始时,他似乎是宽容大度地"接受"对方强加的尴尬,却在对方"暗自窃喜"时突然"狡猾"地来个逆转,迂回地让对方也"分享"了一点尴尬,此所谓"善戏谑兮,不为虐兮"。

这也说明,即兴幽默的构成需要三个要素:一是语境,二是性情,三是语言。尤其是语言,要在瞬息构思上下功夫,所以被看作是一种"快语的艺术",一种高妙语智和生活情怀的展现。这是因为:

第一,幽默要对生活充满热情。

幽默风趣不是做作出来的,幽默是一种思维方式,是一种生活态度,是对世事达观而又充满感情的性格渲染,是本色的流露,是交感的会意。

卡莱尔说:“真正的幽默多出于热情而少于理智。幽默并非鄙夷,在于爱,它不是出现在哄笑里,而是出现在安详的微笑里。”

第二,幽默是智慧的言语活动。

幽默要突破惯性思路,遵循反常原则,有时讲的就是“歪理”,所以经常要“突发奇想”,掌握语用变异的规律。想得快,说得快,触景即发,涉事成趣,既在意料之外,却又在情理之中。

第三,幽默要运用口语修辞手段。

幽默既有极度的夸张、反常的妙喻,也有精巧的对仗、强烈的对比;既有怪异的移就、顺拈的借代,也有含蓄的反语、荒诞的类比……

幽默讲究选词俏皮、句式奇特,表达时辅以特殊的语调、语气和语速;说话有时半遮半掩、浓淡相宜,引而不发、委婉圆巧……甚至,一个手势动作、一个心照不宣的微笑,都可以是意味深长的幽默风趣。

第四,幽默需要知识,也需要感悟。

即兴幽默,要求我们留意现实生活,尤其留意俯拾皆是的素材——丰富多彩的现实生活几乎每天都会出现有趣的语言材料,但它们一般是无意识地进入我们的意识和记忆,如果做个有心人,我们的语料库存就会丰富起来,这对即兴幽默是很有用处的。然而,更重要的是对生活的感悟,是洞悉人生的深刻。

第一节　超越常规　段子引趣

思路如果是一条直线,不太容易出现幽默,如果转个弯,退一步、让一步,不动声色地转移别人的惯常思路,幽默就出来了。当然这不容易,因为一切语言风格都植根于人的性格,这就是所谓的“性格语言”或“语言性格”。

比如“小时候,爸妈到幼儿园来接我回家。走在路上,他们把我牵在中间,我就唱起了‘左手一只鸡,右手一只鸭……’我爸一听瞪着我,就差扇我嘴巴了。这时妈妈接唱了一句:‘中间还有一只癞蛤蟆呀,咦呀咦德儿喂……”

这位母亲很幽默,会转移思路,用逗乐的方式维系了家庭和谐的气氛。幽默能使紧张转为缓和、对抗转为和谐,这就是幽默的好处。

一、段子:新媒体时代的中国式幽默

“段子”本是相声中的术语,指的是相声作品中一节或一段艺术内容。现在随着人们对“段子”一词的频繁使用,其内涵也悄悄地发生了变化。

新世纪以来,“段子”在我国成为自媒体时代的伴生物。

一种新的媒介的产生,意味着一种新的社会生活和行为方式的出现。新媒体时

代,网络上的"段子"成为人们特殊的交流方式,这些"民间文艺"有些乡土气息,也有些朴陋,它们鱼龙混杂、良莠莫辨,普遍的特点是"短平快、奇趣逗"。

例话

大爷取钱看病

有位大爷去银行取钱,直接走到窗口,保安过来说:"大爷,按号。"

大爷愣住了:"啥?"保安大声说:"按号!"

大爷心想,不愧是大银行,取钱还要暗号,于是低声对保安说:"天王盖地虎。"保安无奈,帮他按了一张排队票。大爷心想:"吓死我了,我蒙对了!"

后来,他顺路去医院,医生给他开了药,然后对他说:"早晚各一片,药效12小时。"大爷点点头,笑着走了。他边走边笑,回到家还在不停地笑。

老伴感到很奇怪,就问:"你今天怎么回事啊?"老头说:"这医生开的药啊,早晚吃一片,要笑12小时。哎呀,我笑得快累死了!"

这是因为"误听"而生出的"段子",让不少人笑得前仰后合。

"段子"堪称新时代的中国式幽默,人们喜笑颜开地说段子、写段子,可谓百花齐放,百家争鸣,这成为社会语言生活的一大热点。家长里短、茶余饭后,"段子"口口相传,娱人娱己,其碎片化和天然的草根性,也使段子水平参差不齐。

二、段子,是大众文化多样性的体现

老百姓是真正的语言大师。"段子"使用的语言文字虽浅显,但是隐含的诘问和无奈却不言自明。有人指出:"它是民间文化与官方文化碰撞、博弈的结果,网络段子是一个交叉口,不仅给大众以文化享受,也使文化环境更加开放多元。"

有些优秀的"段子"富于思想性和哲理性。这类"段子"以轻松幽默的姿态,在潜移默化中输出正能量。它们被称作"红段子"或"绿段子",大多是励志短句、哲理箴言、警句良言。例如"大风大浪是必然的,风和日丽只是偶然的,在生活中拼搏,只要你没有倒下,就值得给自己鼓掌。"

好"段子"至少有三个基本的要求:一是洞察人生的深度,能触及现象后面的本质;二是遣词造句的能力;三是"抖包袱"的技巧。

例如"人生在世屈指算,最多三万六千天;家有房屋千万所,睡觉只需三尺宽;总结起来四句话:说人好比盆中鲜花,生活就是一团乱麻,房子修的再好那也是个临时住所,那个小盒才是你永久的家!"这个"冷段子"对人生的"总结"有些冷峻,却也发人深思。

但是更多的段子很"接地气",紧贴日常生活又超越常规,它们截取一个个生活片段,或放大显其荒谬,或自嘲,是一幅幅充满草根气息的漫画。

例话

今天段子真不少

今天在外面吃早餐的时候，隔壁桌的一个孕妇对她老公说，这肚子里的孩子是个男孩就不要了。她老公一听，急问为啥？孕妇说："为啥你心里没点数啊，你爷爷爱赌，你爸爸爱赌，你也爱赌，你是想生个男孩下来你家四世同堂凑一桌呀！"

在水果摊买水果，和同事聊今天的新闻。卖水果的大婶问："乔布斯是谁啊？"同事说："卖苹果的。"大婶很黯然，说："唉，水果生意不好做啊。"

今天一个外国人向我问路，我和他交流一下英语打了一个平手。我说的他听不懂，他说的我也听不懂。

今天见到她了。我说嫦娥约会八戒了，天鹅也见癞蛤蟆了，织女也听从王母之命移情别恋了，你也别挑别拣别等别盼了，凑合凑合将就将就爱我算了。

三、段子的社会功能和文化功能

"段子"其实是一种语言文化的历史存在，像王尔德、塞格林、鲁迅、林语堂，甚至苏轼、蒲松龄都是"段子"好手。清代冯梦龙的《笑府》、李卓吾的《笑倒》、石天基的《笑得好》都是"段子"的汇集。

所以说，如今"段子"这么热，应该说也是文化的一种传承。随着时代的发展，"段子"发挥着不可忽视的社会功能和文化功能。

第一，有些"段子"传递社情民意。"网络段子"，是民意最简洁、最直接的反映，也是不同阶层沟通的桥梁。从中我们可以听到民众最真实的呼声，也可以看到某些社会问题的症结所在。尤其有些"段子"反映了底层人民的生活现状，表达了大众对某些政府部门工作效率的不满。有网民评论 2016 年最令人伤感的"段子"，是关于"魏则西事件"的："'你百度一下会死啊?!''会!'"

第二，有些"段子"具有社会减压功能。这些"段子"，在集体情绪中起着一种平衡的作用。人们在面对无法解决的问题时会选择逃避，创作"段子"给人们提供了一个发泄的渠道。这时，"网络段子"相当于一个大众情绪的解压阀，用"段子"与网友嬉笑怒骂，从而获得一种心理的快感，让某些问题看起来不那么严重和难以解决。

第三，潜移默化的教育功能。"段子"不只是说几句俏皮话。好"段子"都是金句，是洞察人生的总结，这种正能量"段子"需要我们关注，需要搜集和推广。它在群众的自我教育中，可以潜移默化地改变社会的文化氛围。

值得注意的一个现象是，"段子文化"也在影响着主流媒介的语用方式。

例话

央视“段子手”朱广权

在2018年6月24日的足球世界杯报道中,央视“段子手”新闻节目主持人朱广权再曝“金句”,他以打油诗的方式进行了相关报道:

“北京时间昨晚到今晨,在D组和E组的三场比赛中,巴西、瑞士、尼日利亚分别战胜了对手哥斯达黎加、塞尔维亚和冰岛取得了宝贵的3分。其中,巴西遭到了顽强抵抗,哥斯达黎加的防线像铜墙铁壁一样,尤其是门将。门将纳瓦斯化身‘那堵墙’,他主要防守的是巴西前锋内马尔——‘那个人’。那个人要越过那堵墙,那堵墙偏要挡住那个人;那个人左冲右突,那堵墙高挡低扑。一边满眼的内马尔、外马尔,一边全是这瓦斯、纳瓦斯。巴西90分钟的猛攻全都白搭,直到补时阶段,斜刺里插上的库蒂尼奥完成绝杀,才算拼得对手墙倒屋塌。内马尔随后打进一球锦上添花,巴西人终于跳起了桑巴,2∶0战胜了顽强的哥斯达黎加。”

这是一段“段子味儿”很浓的体育报道。回过头看朱广权担任主播的《共同关注》栏目往期的内容,不难发现,诸如此类的“段子”可谓层出不穷。

譬如“英雄可以不问出处,但是不能没有归宿”,“别挑概念挺玄的,选那物美价廉的”,“喝少了是助兴,喝多了不出事儿是万幸”,“儿童用药,吃药基本靠掰,用量基本靠猜”……

网友纷纷留言表示:“这样的主持我很喜欢”,“广权兄的段子真是每次说来就来呀”,“好喜欢你呀,你多做点节目吧!”

(据《综艺时报》)

改革开放以来,市民亚文化对主流媒介话语的渗透和影响形成一种潮流,这一潮流推动了央视的“语态变革”,也推动了新闻改革。“段子文化”也不例外。这位主持人出于新奇,出于对多元文化的认同,勇于改变观念,积极对语用方式和语用风格做出某种尝试性的调整,值得鼓励。

第二节　趣味思维　择语俏皮

幽默是主持人节目的创作元素之一。但是,一个人的“幽默细胞”不是一眨眼就会有的,就我国人民的语言习惯而言,幽默和“趣说”“戏说”紧密相连,因此要从说话风趣开始训练,最常见的是选词择语俏皮,不用陈词套语说话,而要绕个弯子或者换个说法,用俗语、谚语、外来语,或用比喻、委婉、比拟、反语、双关、移用等把话说得俏皮一些。说俏皮话,是一种即兴的幽默。

例话

巴基斯坦老演员的幽默

在一个晚会上，头发花白的巴基斯坦老演员雷利被请上舞台。

主持人：您还经常去看医生吗？

雷　利：是的，常去看。

主持人：为什么？

雷　利：因为病人必须常去看医生，医生才能活下去。

（台下爆发出热烈的掌声和笑声）

主持人：您常请教医院的药师有关药物的服用方法吗？

雷　利：是的，因为药师也得赚钱活下去。

（台下又是一阵掌声……）

主持人：常吃药吗？

雷　利：不，我常把药扔掉了。

主持人：为什么？

雷　利：因为我也要活下去。

（台下哄堂大笑声、掌声）

（据《环球博览》）

训练设计(47)

答题参考 28

（一）分析下面几个段子反映了什么社会现象

（1）挣钱如逆水行舟，累啊累；花钱如顺流而下，爽啊爽。挣钱时度日如年，难上加难；花钱时昙花一现，快如闪电。朋友，多挣钱，合理花钱，祝财源滚滚。

（2）你一闪而过，令我热血沸腾，心潮澎湃。望着你的背影，真想把你留住。我告诉自己，不能再让你离开，绝不……抓贼啊！

（3）一天上课，同桌偷偷玩手机，正好被在教室外面巡视的班主任发现。班主任掏出自己的手机，发了条信息："你怎么不认真听课？"同桌疑惑地回复道："你是谁？"班主任又发了一条："你看窗外。"同桌看了一眼窗外回复："多谢提醒，等会儿聊，我们班主任在窗外盯着呢！"

（二）分析艺人凌峰的"语言游戏"

在一次综艺晚会上，艺人凌峰登台——

凌峰:大家好！我叫凌峰，凌峰的凌，凌峰的峰。(众大笑)

凌峰:你们听过凌峰的歌没有?(有的回答"听过",有的回答"没有")

凌峰:没有听过凌峰唱歌的朋友，终身遗憾。(众笑)听了凌峰唱的歌，遗憾终身。(众大笑)

(三)说俏皮话训练

1. 接对歇后语。一人讲出歇后语的前半部分，另一人快速说出歇后语的后半部分。看看在限定的时间内能够接对多少歇后语。

题例:床底下吹喇叭——低声下气

(1)水仙不开花——

(2)七窍通了六窍——

(3)干河道里的牡丹花——

(4)轮胎上的气门芯——

(5)猪八戒照镜子——

(6)两脚塞进一只皮靴——

(7)澡盆里扎猛子——

(8)麻袋里装菱角——

(9)套马杆子勾月亮——

(10)背着油桶救火——

(11)挑着棉花过刺林——

(12)小猴子偷黄连——

(13)一块土打下两只斑鸠——

(14)藏民穿皮袄——

(15)拽着胡子过马路——

(16)老鼠进书房——

(17)对着镜子行礼——

(18)杀鸡用牛刀——

(19)骑驴看唱本——

(20)小葱拌豆腐——

2. 试将下面的话说得俏皮一点。例如胆子特别大，什么都不怕，可以这样说:"他是吃了豹子胆",或者说"老虎屁股他也敢摸";再如，拒绝能人调入本部门，可以说:"他们是'武大郎开店'"。请完成下列练习题:

(1)说话爱罗列现象，可以这样说:____________

(2)相互包庇、勾结，可以这样说:____________

(3)很小气，很吝啬，可以这样说:____________

(4)脾气极坏,常吵架,可以这样说:________

(5)迎着困难上,可以这样说:________

(6)说话不能兑现,可以这样说:________

(7)吃吃喝喝成了朋友,可以这样说:________

(8)很小很小的官,可以这样说:________

(9)思想顽固不化,可以这样说:________

(10)妒意顿生,可以这样说:________

(11)想到哪儿,说到哪儿,可以这样说:________

(12)外表好看,但不学无术,可以这样说:________

(13)身边极危险的人物,可以这样说:________

(14)缺点慢慢暴露,可以这样说:________

(15)两边都不讨好,可以这样说:________

(16)工作你推我、我推你,可以这样说:________

(17)领导不齐心,可以这样说:________

(18)只能前进却不能后退,可以这样说:________

(19)单位歧视妇女,可以这样说:________

(20)这个人存心不良,可以这样说:________

第三节　引而不发　酿造幽默

契诃夫说:"不懂得开玩笑的人是没有希望的。这种人即使额高七寸,聪明绝顶,也算不上真有智慧。"谐趣轻松的妙接妙对,闪烁着智慧的光彩,是调节人际关系的润滑剂,也可以折射出一个人美好的品格。

一个富于口才的人经常会有充满谐趣幽默的妙接妙对。

表面上看,似乎把人说笑起来就是幽默了,但是分析幽默语段,我们会发现,完整的幽默一般由四个环节组成:悬念、渲染、反转和突变。

例话

没有悬念,就没有幽默

例1.今天带两岁的儿子第一次吃臭豆腐。儿子咬了一口:"妈妈,这是谁拉的,这么好吃!"老公听了低声说:"这几天好好看着他,别拉了屎自己吃了!"

例2.小孩哭着来找妈妈。妈妈问道:"怎么了宝贝?"孩子:"爸爸不小心用榔头砸到自己手指头了。"妈妈:"那你哭什么?"孩子:"因为我刚才笑了。"

例3.小明刚回家,爸爸就问:"今天这么晚回来,又挨老师罚了吧?"小明点点头。

爸爸问:“为什么?”小明说:“老师问我 2+3 等于几,我说等于 5。”爸爸:“没错啊?”小明说:“后来老师又问 3+2 等于几?”爸爸:“这他妈不是一样吗?”小明:“我也是这么说的……”

例 1 的悬念是“两岁的儿子第一次吃臭豆腐”,然后渲染儿子怎么吃,反转是老公说“好好看着他”,最后“拉了屎自己吃”是突变。

例 2 和例 3 都是先设置悬念,然后渲染,在不知不觉中反转,最后一句突变:“因为我刚才笑了”和“我也是这么说的”,产生强烈的幽默效果。

当然,在幽默的语言现实中,有的环节在不同的语境中可以半遮半掩或“意在不言”地省略,但是四个环节是或明或暗存在的。

这样,归纳幽默话语表达的要领就是:轻描淡写地制造悬念,引而不发地加以渲染,语气稍稍加重地反转,一带而过地进入突变。

幽默表达最忌讳的是“幽默预告”。有位主持人喜欢对观众说:“现在,我想向他提一个幽默的问题。”这一说,“幽默”就被破坏得荡然无存了。

训练设计(48)

(一)幽默构成研究

答题参考 29

分析下面两则幽默语段,指出构成幽默的四个环节。

(1)有位教师这样批评学生在游泳池中吐痰的不良行为:“大家请看,清清的池水上面飘荡着几块黄黄的浓痰。你说吐痰的人不讲卫生?我看他很讲个人卫生。他把那口痰推开,让它慢慢飘远点,飘到别人身上。不过我又觉得他还是不懂卫生,因为他习惯于在大痰盂里游泳……”

(2)火车上,教授与农夫相对而坐。教授说:“我出一道题你若不知,你给我 5 元;你出一题我若不知,我给你 500 元,如何?”农夫同意。教授问:“月亮距地球多远?”农夫摇头递给教授 5 元钱。农夫问:“上山三条腿下山四条腿,什么动物?”教授苦思无解,给农夫 500 元。农夫收钱欲睡觉。教授追问:“啥动物?”农夫递给教授 5 元钱,睡觉去了。

(二)幽默对话设计

请用幽默谐趣方式做对话练习:

(1)在电影院看电影,你前面一排有一对情侣叽叽咕咕说个不停,怎样用谐趣方式劝说?

(2)一位青年向著名学者钱钟书讨教,问他怎么做到著述等身、图书馆竞相收藏的?钱教授就“图书馆收藏”一说,将词序变化了一下,做出含蓄谐趣的应对。他是怎么说的?

(3)**司机**:"我只喝了一点酒就被拘留3天?"

法官:"是啊……"

法官后面的话说得很风趣,他是怎么说的?

第四节　极度夸张　歪理正说

幽默是一种轻松愉快的情感。只有轻松愉快的时候,才可能产生幽默。而轻松愉快地把歪理说圆了,是常用的幽默技法之一。

比如侯宝林在相声里说,经他的考据,《三国演义》里张飞的母亲应该姓吴。为什么呢?他说:"有句老话叫'无事生非',因而,是吴氏老太生了张飞。"

所以,幽默是不怎么讲道理的,幽默里的"道理"常常是"歪理",但歪理要讲圆了,就是幽默,即"歪理正说"。

例话

梅汝璈"歪理"取胜

1946年,中国法学家梅汝璈先生作为中国出席远东军事法庭的代表,参加了对日本战犯的审判。当时同盟国有11个国家的代表出席,法庭审判的座次怎么排,引起了激烈的争论。

实力较强的国家提出以实力排座次;国名英文字母排列较前的,主张按照国家的名称排列;中国提出应该按照日本投降时签字顺序排列。梅汝璈据理力争,讲了许多理由,不只因为这样中国可能比较靠前,更重要的是,中国抗战时间最长,中国受害最深……虽然很在理,但是其他国家不愿意接受。

这时梅汝璈站起来说:"既然理由再充足都不能说通,我建议,我们称体重排座次吧。"话一说出口,大家都笑起来了。庭长也很幽默,说:"这个建议非常好,不过只适合拳击比赛。"梅汝璈坚持说:"还是按体重排座次吧,我体重没有优势,比不过诸位,会排在后面,不过,我可以请我们国家派一个大胖子来接替我……"这一说,众法官都笑出了声,气氛很快缓和了下来。

后来大家举手表决,梅汝璈原先的方案获得通过,中国排在第二位。

(据《演讲与口才》)

梅汝璈的这个幽默案例,至今仍被人们提起,是因为他太了不起了。在严肃的国际法庭,敢讲"歪理",没有一点勇气,没有一点水平,是做不到的。外国人说中国人缺乏幽默感,但梅汝璈先生的这个幽默让他们叹为观止。更重要的是,聪明的梅先生是用荒谬对付荒谬,用极度夸张的"不讲理"对付一些国家的"蛮不讲理",是智慧的较量,这就可能让他们慢慢冷静下来反思自己的方案,进行比较之后,才发现中国提出的方案比较合理。

第五节　由庄而谐　走题岔说

幽默来自"泛趣味化思维"方式。这种思维方式的特点是善用"错位思维"发现、捕捉社会生活中的喜剧因素。他们经常不按照常规思路想问题,总是想方设法地"岔"到有趣的方面上。比如,有位叫罗伯特的演说家是个光头,人们总喜欢揶揄他出门别忘记戴帽子,他却说:"你们不知道光头的好处,我是天下第一个知道下雨的人。"罗伯特不为别人揶揄他的光头而苦恼,反而"美化"光头,他用的就是"泛趣味化思维方式"。

主持人可经常运用这一方法营造喜剧气氛。

例话

崔永元的走题岔说

崔永元:这位朋友,你谈谈,喝酒有什么好处?

男士一:以酒会友嘛。几个人原来不认识,到一块喝酒以后,就能交上朋友。以后还可能继续一块儿喝酒。

崔永元:你有许多喝酒吃肉交上的朋友吗?(笑声)

男士一:(窘)不……不是很多。(笑声)

……

崔永元:那您说说,养鸟有什么乐趣?

男士二:作为老人来说,它催人早起,鸟儿天明则叫……

崔永元:您说的情况,我听着有点像养鸡……(笑声)

(据节目整理)

崔永元是我国电视谈话节目的开拓者,虽然现在他已不再主持节目,但是他的"由庄而谐,走题岔说",堪称"崔式幽默"的一个特色。谈到喝酒、养鸟,他话到嘴边却绕个弯子,快速用反语、夸张、移用修辞手段"走题",加以趣味化改造,然后"轻描淡写"地说出来,就显得很俏皮。

比如,他可能要说喝酒交友是交"酒肉朋友",但他根据语境故意地半遮半掩弱化语势,"岔"到"喝酒吃肉交上的朋友",趣味就出来了;对养鸟能"催人早起",他"岔"到"我听着有点像养鸡",脱口而出,显出一种大雅若拙的直率和质朴,同时也让人感受到其中的智趣。

第六节　故意曲解　顺推成趣

走题岔说是“岔”出来的趣味，在对话中，运用故意的曲解可以“推”出趣味来。所谓“顺推成趣”就是利用语意外延的多义性，用仿拟手法把对方的话“顺推”到荒谬有趣的方面来。叶惠贤善用语脉接引“推”出趣味来。

例话

叶惠贤：“推”出来的趣味

在电视娱乐节目《家庭演唱大奖赛》上——

叶惠贤：今天又是一个新的组合形式，是老丈母娘带好女婿出赛。（问岳母）女婿待您怎么样？

岳　母：好，当然好。

叶惠贤：就是平时所说的那句话，“丈母娘看女婿……”

岳　母：越看越有趣。（众笑）

叶惠贤：今天谁先唱？

女　婿：我先唱。

叶惠贤：唱什么？

女　婿：《再见吧，妈妈》。

叶惠贤：哎，这你就不对了，有了丈母娘就“再见吧，妈妈”，这不大合适吧……（众笑）

（女婿唱完《再见吧，妈妈》）

叶惠贤：听得出来，你对妈妈也是很有感情的。（鼓掌）

（据《叶惠贤主持艺术论集》）

叶惠贤利用语境，在与岳母交谈时，巧妙“预设”了丈母娘与女婿的良好关系，这些铺垫是为后面的顺推成趣“蓄势”；当女婿说要唱《再见吧，妈妈》时，叶“推”了一句“有了丈母娘就‘再见吧，妈妈’”，幽默效果就出来了。显然他是故意曲解，将语意“推”向对妈妈的疏远。但是由于这个调侃的内核是善意的，所以叶惠贤这一段幽默“收口”处的“顺推”（“听得出来，你对妈妈也是很有感情的”）就另有一番情趣了。

第七节　欲贬虚褒　巧说反语

说反话，是言语活动的变异技巧，也是古代罗马修辞学家所说的“欲褒则虚贬，欲贬则虚褒”幽默表达方式。它通过由褒而贬、由贬而褒的转化，让听者的期待陡然化为虚无,产生幽默。它使人们在诙谐的反语中获得领悟,而“虚晃一枪”的揶揄调侃,更有助于构筑一种和谐的氛围。

比如,当说一个人水平不高时,幽默的说法可以是:“他是一个谦虚的人,拥有许多让他谦虚的理由”;在说一个人长得不漂亮时,幽默的说法是:“他长得很有特点,看的时间长了就顺眼了”。这些说法属于戏谑性的“软幽默”。将“缺点”说成“拥有许多让他谦虚的理由”;“不漂亮”说成“有特点”,“不顺眼”不直接说出来,而是说“时间长了就顺眼了”让人去体会。这都属于“虚褒”。

常言道“有话好好说”,为什么要“说反话”呢?是不是“不真诚”?

不是。“说反话”要视不同的语境而定。

比如有人说:“张姐,就怪你牵线搭桥,让我同他白头偕老,把咱姐俩拆散了,真太不够意思了。”张姐说:“不是你俩有缘,我就是架一座长江大桥你俩也走不到一块儿啊!”这里的“把咱姐俩拆散了,真太不够意思了”这样的反语,是“虚贬”,本意是真诚的。因为反语的运用并不完全取决于外在信息的真实与否,而在于内心是否真诚。当内心的真诚超越外在的真实时,说反话可以看作是真实情感的一种强化。

在有的节目中,主持人“搞”一点“笑”,只要不过分低俗,就无可厚非,但是我们要把幽默趣说与油滑浅薄,或者一味地损人、耍贫嘴区别开来。有的主持人擅长出语荒诞离奇,设置语言陷阱,或语出讥讽,误导别人上当,以获得“一笑了之”的快感,这是错误的。我们需要的是另一种格调的幽默。

训练设计(49)

(一)“走题岔说”幽默设计

答题参考 30

请用“走题岔说”的技巧完成下列幽默:

(1)**教师**:猪很有用,肉可以吃,皮可以做鞋子。猪还有什么用处?

学生:____________________

(2)**甲**:请问,进警察局怎么走?

乙:____________________

(3)将军问一位战士:马克思是哪国人?

战士说:是……是法国人吧?

将军煞有介事地说:____________________

(4)**男**:我觉得,看到我,您的眼里就会包含……某种特别的东西。

女:____________________

（二）“欲褒虚贬”或“欲贬虚褒”幽默设计

请用“欲褒虚贬”或“欲贬虚褒”的方式说一段话：

(1)做父母的都有点“傻”。

(2)他有一个“缺点”。

(3)他这个人有一个“优点”。

（三）“顺推成趣”幽默设计

请用“顺推成趣”方式完成下列幽默对话：

(1)**男**：玲玲，我钓了一条大鱼，请来我家吃吧！

玲玲：________________

(2)**顾客**：我的油炸蜗牛还没有做好吗？

侍者：我去看一下，请稍等片刻。

顾客：(生气)我已经等了半个小时了！

侍者：________________

(3)**男**：请问《女人是男人的奴仆》这本书有没有？

女：那好像是一本幻想小说。

男：你读过？太好了，请借我一读。

女：________________

(4)**甲**：糟糕，“皇上”上场拍戏忘了摘下手表。

乙：________________

(5)有个私塾老先生在教学生时打瞌睡，后来竟然睡着了。他醒来后，学生问他怎么睡着了，老师说：“我刚才听到孔夫子的声音，就去和他见了面，说了几句话。”

后来________________

(6)**甲**：真倒霉，新房子前面有个厕所！

乙：厕所那么远，而且转了个弯，不会臭的。

丙：不，________________

第八节　巧设停顿　妙趣顿生

幽默趣说需要口语修辞技巧。一句很幽默的话，如果不会说，幽默也出不来。在幽默的表达中，说话者经常故意地设置一个意味深长的停顿，把听者引向一个惯常的方向，然后一个突转，将听者的期待引向意外的方向，造成话语表里反差的碰撞与错位，从而产生一种幽默效果。

比如有一则幽默是：“昨天去哥哥家，看到一向脾气很好的嫂子暴揍4岁的小侄子,一问真相我笑疯了。嫂子提前回家,看到令人抓狂的一幕:小侄子在客厅拉了一泡便便,然后一勺一勺地喂给狗狗吃,已经持续一个多月了。而嫂子每天下班回家第一件事情就是抱起小狗亲一亲。”

在说的时候,如果在“已经持续一个多月了”后作较长的停顿,就会把听者的期待引向很荒诞的方向,然后才说出“而嫂子每天下班回家第一件事情就是抱起小狗亲一亲”,这就造成话语表里反差的碰撞与错位,产生的幽默就颇为强烈。

例话

曹可凡戏说陈佩斯的光头

在一次节目中,主持人曹可凡说到陈佩斯的“光头”——

曹可凡:现在中国艺术界丑星颇为走红,现在已有人把你也归入这一行列,你有什么想法?

陈佩斯:我觉得挺愤愤不平的。我的脑袋很圆正啊,而且也比较匀称。鄙人剃光头的一个重要原因是我的脑袋确实长得精彩。你想,一般人剃了光头以后,本质就暴露出来了,这儿凸一点,那儿凹一点,不怎么好看。而我的脑袋很圆,佛教上讲圆则通,所以我这个人做什么事都一帆风顺。

曹可凡:是啊,光头也是智慧的象征。俗话说得好:聪明绝顶。

(据《上海电视报》)

曹可凡在对陈佩斯“愤愤不平”的“安慰”中,说到“聪明”二字时故意设置停顿,将语势上扬、音节延长,然后戛然而止,俏皮地道出语意双关的“绝顶”二字。由于运用“突停”,这个巧妙“移植”的趣味就出来了。

训练设计(50)

(一)“停顿”幽默训练

下面的话怎么停顿,才可能产生幽默?

(1)一个小伙子经过不懈的努力,终于使那位年轻貌美的姑娘向他点了点头。小伙子问她有没有男朋友。

(2)公园里,一位妇女抱着孩子:“好了,不要这样,不要把面包往这位叔叔嘴里塞——对不起,刚才我带他去动物园了。”

(3)妻子怀孕7个月就生了。丈夫怕早产儿养不大。朋友劝他:“这个无妨。我爷爷也是7个月出生的。”丈夫很惊讶:“那你爷爷后来养大了没呀?”

答题参考31

(4)古时候,有个人到朋友家赴宴,朋友招待得很差劲,只给喝了点米酒。临走，他恳求主人在他的腮帮子上重重打几记耳光。他说："这样打红了，我老婆就会知道，我已经酒足饭饱了。"

(5)记者："请问您第一份工作是什么？"路人乙："在大学门口卖早餐，后来不干了。"记者："为什么呢？是早上起不来吗？"路人乙："我能起来，大学生起不来。"

(6)我送儿子去幼儿园，有一群小女孩在舞台上跳舞。我就站那儿看，小女孩突然全都不跳了，而音乐还在继续。我正奇怪，有人拍我肩膀，我回头一看是位老师。她说："小朋友是看我的动作跳的，你挡住我了……"哦，原来如此。

(二)幽默案例分析

有一种幽默带有进攻性，堪称"幽默炸弹"。这样的幽默以贬损对方为特征，甚至使对方痛苦。下面两则幽默是如何使对方难堪的？

(1)美国幽默大师马克·吐温对玩弄政治手腕的国会议员深恶痛绝，公开说"美国国会有些议员是婊子养的"。这一下可不得了了，国会议员表示抗议，要马克·吐温澄清事实、登报道歉，不然就打官司。过了几天，马克·吐温登报道歉，他在逻辑上玩了点花样，但内容没有变。

你知道马克·吐温是怎么"道歉"的吗？

(2)有位女记者对日本前总理大臣吉田茂进行"纠缠性采访"，首相无可奈何地回答了她一连串的提问。最后女记者问："我最后还想提个问题，阁下对女人有什么想法？"

设想一下，吉田茂是怎么回答的呢？

训练提示

主持人的幽默应是有节制的，也应该是善意的，属于"软幽默"，不能随意调侃别人。注意尽量减少"贬损元素"的出现，幽默的力度要控制得恰到好处，要在说笑中维系和谐快乐的气氛。带有进攻性的幽默是"硬幽默"，有着居高临下的俯视意味，这种幽默是危险的，主持人必须避免。

第九节　漫画语言　趣说自己

趣说自己，是风趣地介绍自己的缺点、优点、特有的经历等。

趣说自己的缺点，是自嘲。缺乏自信的人不会自嘲。"自嘲"的人内心世界充盈，有洞悉人生的智慧，所以"自嘲"是"最高层次的幽默"。

"漫画语言"是一种谐趣夸张的语言，用这样格调轻松、俗而不陋地"丑化"自己的语言，是夸张式的"自嘲"。自我丑化，以此娱乐他人，不能看作是自轻自贱，而是闲适自处的超脱、大智若愚的通达，甚至是一种和善宽容、返璞归真的人性美的体现。有的时候，趣说自己是一种高妙的应变技巧。

例话

相声演员马三立的自嘲

我叫马三立。三立，立起来，被人打倒了；立起来，又被人打倒了；最后，又立了起来了——但愿不要再被打倒。

我这个名字叫得不好，祸也因它，福也因它。我今年85岁，体重86斤。明年我86岁，体重85斤。我很瘦，但没有病。从小到大，从大到小，体重没有超过100斤。现在，我的脚往后踢，可以踢到自己的屁股蛋儿，还能做几个“下蹲”。向前弯腰，我可以够着自己的脚。头发黑白各占一半。牙好，还能吃黄瓜、胡萝卜，别的老头儿老太太很羡慕我。

我们终于赶上了好年头。托共产党的福，托三中全会的福。我不说了，事情在那儿明摆着，会说的不如会看的。没有三中全会，我肯定还在北闸口农村劳动。其实种田并不是坏事，只是我肩不能担，手不能提。生产队长说：“马三立，拉车不行，割麦也不行，挖沟更不行。要不，你到场上去，帮帮妇女干点什么，轰轰鸡什么的……”惨啦，连个妇女也不如。

也别说，有时候也有点用。生产队开个大会，人总到不齐，队长在喇叭上宣布：“今晚开大会。会前，由马三立说一段单口相声。”立马，人就齐了。

（引自《马三立单口相声选》）

相声演员马三立早已去世，但他留下的自嘲，堪称幽默精品。

他亦庄亦谐，幽默里透着真诚：说自己的名字，将坎坷经历风趣地包含在“三立”之中；然后几组跌宕反衬的语段先抑后扬，详述自己的“特点”：奇瘦却无病，85岁却“牙好”，能做几个其他老人羡慕的“踢到自己的屁股蛋儿”、下蹲、弯腰等姿势动作，颇有点儿沾沾自喜……说到“好年头”用在农村受煎熬、“妇女也不如”反衬“有时候也有点儿用”，言语俏皮而又意味深长。

一个人如果能轻松有趣地说不堪回首的痛苦往事，能让人忍俊不禁的同时又觉着一丝悲凉，就是一种“冷幽默”。

例话

凌峰的自嘲

在下凌峰。……这两年，我大江南北走了一趟，男观众对我的印象特别好，因为他们见到我就有了点优越感，本人这个样子对他们没有构成威胁，他们很放心（大笑）。其实，本人长得很中国（笑声），中国五千年的沧桑和苦难都写在本人脸上了（笑声）。

一般说来，女观众对我的印象不太良好，有的女观众对我的长相已经到了忍无可忍的地步(笑声)。她们认为我是人比黄花瘦,脸比煤球黑(笑声)。

但是我要声明,这不是本人的过错,实在是父母的错误,当初并没有征得我的同意就把我生成这个样子(笑声、掌声)。

但是,时代在变,潮流也在变,现在的男人基本可分为三种:第一种,你看上去很漂亮,看久了也就那么回事,这就像我的好朋友刘文正这种;第二种,你看上去很难看,看久了以后,是越看越难看,这种就像我的好朋友陈佩斯这种(笑声);第三种,你看上去很难看,看久了以后就发现,他另有一种男人的味道,这种就是在下我这种了(笑声、掌声)。鼓掌的都表示同意了!鼓掌的都是长得和我差不多的(笑声),啊呀,真是物以类聚、人以群分啊!(笑声、掌声)

(引自《中国电视报》)

凌峰趣说自己,风格与马三立迥异。他追求现场火爆的喜剧效果。格调不算很高雅,但妙趣横生、俗而不陋,体现了难能可贵的爽朗与智慧。我们需要这样的幽默和风趣,它能激起观众普遍的欢乐和快感,把大家带进轻松愉悦的氛围——这难道不是一种美好的语言品格吗?

凌峰的这段话,前半部分极尽自贬之能事,明显是编造男女观众对其“丑”的评价以自嘲。他以“漫画语言”描绘自己的老、瘦、黑,将自己的长相嘲讽得无以复加,包括对父母的“埋怨”。然后,他设置了一个“突转”,节外生枝地提出所谓“男人分类”的“理论”。依据这个“理论”,他在嬉笑中“顺理成章”地既笑贬别人又顺带地“美化”自己,最后竟然将顺贬“波及”为其鼓掌的观众——这是寓庄于谐、意味深长的自嘲的泛化。话语的结构跌宕起伏,巧妙地将全场“同化”于幽默的氛围之中。

第十节 学说笑话 学说相声

笑话是笑料编成的幽默语段。笑话不强调故事情节的完整性,只截取最能致笑的故事片段或人物特征,用对话、悬念、极度夸张的手法揭示生活中的某些不协调,以引起人们的发笑。

笑话可分为逗乐型和讽喻型两类。逗乐型笑话目的只是引人发笑,并无深意;讽喻型笑话针砭时弊,体现某种意向。笑话再好笑,如果说得不好,“包袱”没有抖“响”,听者便会因为“扑空”而失望。

例话

趣说减肥

我怎么都控制不住体重,喝凉水都长肉。于是我就去找我熟悉的王医生。他给我开了个方子:"你每天只能吃两片面包!"好啊,什么药都不要,只吃两片面包!有的人用那减肥药,抹啊抹啊,万一抹出一点儿什么毛病来呢!我挺高兴,就走了。走了老远,我赶紧转了回来,怕人家下班,就赶紧跑着喊:"老王——王医生,我有点儿事……"我有点不好意思。人家不是说遵医嘱吗,可我有些话得问清楚呀!我就问:"您开的药方子,让我吃两片面包,倒是挺好的。可是,是饭前吃呢,还是饭后吃?"

这则幽默故事寓雅于俗,颇有点意趣——自己明明中年发福,偏拿自己发胖的体形做文章,说明这位故事讲述者能用豁达开朗的心境看待自己。

笑话是夸张的艺术,夸张的语气、语调、动作、神态皆可引起笑声。但是夸张要注意分寸——夸而有节,讲究火候,才会收到强烈的现场效果。

说笑话关键要会"抖包袱"。至于如何"抖包袱",以下提出几点建议:

第一,淡入淡出,不动声色。

切不要做"笑的预告"。别人未被所叙述的故事引笑时,自己要保持常态。重在对表情、动作、情绪的感染,说的时候要在不经意中引向高潮。

第二,注意语境,现场剪裁。

在现场要根据现实语境,边说边对原材料进行剪裁加工,对故事主角只作简笔勾勒,故事背景只作概括介绍,以突出主要的情节。做到短小精练、突出重点,注意与听故事者的交流,以增强现场效果。

第三,语言轻松,重视修辞。

语言要简洁,多使用动词、形容词,不必有过多的修饰。说的时候要精神饱满,语流轻松明快,能推动气氛的营造;注意运用语调、节奏等口语修辞手段增强夸张的语用效果。

相声是民间艺术,它起源于北宋民间表演的"参军戏"。"参军戏"有两个角色:一是"参军",一是"苍鹘"。两人口齿伶俐,调笑打诨,完成滑稽诙谐的表演。唐代李商隐《骄儿诗》有云:"忽复学参军,按声唤苍鹘。"到了清末咸丰年间,这一民间文艺形式被称作"相声"。

"相声"有三种类型:

一是单口相声。此类相声的选材一般是民间故事或笑话,表演时一个人站在台上,通过风趣的"白描"式的讲述和自问自答的对话,完成一个充满笑料的故事。

二是对口相声。在表演时两个人并列而立,左边是逗哏,右边是捧哏。逗哏是相声的中心人物,捧哏是辅助角色。逗哏是故事的叙述者或"剧中人"(即所述事件的主要人物),捧哏的任务,用相声术语来说是"垫砖""搭桥""接腿""平肩膀""翻包袱"等。"包袱"是相声里的笑料,把笑料巧妙地说出来叫"抖包袱"或"翻包袱",令人发笑的结尾叫作"包袱底儿"。对口相声是逗哏和捧哏在妙趣横生的对话过程中"抖包袱"的过程。

三是群口相声。此类相声由三个人或更多的人表演。除了逗哏、捧哏外，增加的演员都叫“泥缝儿”(即“腻缝儿”)，他们的任务是陪衬和铺垫。群口相声容量较大，气氛热烈，有点像喜剧小品。

说相声，趣味全在“说”上面，应注意以下几点：

第一，轻松明快，语流清晰。

相声是对话的艺术，两个人完全靠话语完成演出，因此讲究声声入耳、字字清晰。相声即便说得再快、再火爆(如“贯口”)也不能拖泥带水、含糊不清，每句话都要让人一听就懂，显示出一种通俗明快、活泼轻松的语言风格。

第二，亦庄亦谐，注意交流。

相声里面有许多令人捧腹的笑料，因此，表演时要沉住气，一般是以“中性”的“表情底色”讲述，不能话未出口而人先笑。为了增强现场效果，表演者要特别注意现场的交流，这种交流主要是：一是表述内容里虚拟角色之间的交流；二是表演者之间的交流；三是表演者与观众之间的交流。当这三者的交流融为一个整体时，相声表演的气氛和效果就出来了。

第三，适度夸张，活用体态。

相声是夸张的艺术，演绎相声的内容充满了惟妙惟肖的夸张表演，表演者语气、语调的夸张，表情、神态、动作的夸张，都能引起观众的笑声。但是夸张要注意分寸，讲究火候。

训练设计(51)

(一)“自嘲”案例赏析

分析下面几则幽默自嘲，说说这些自嘲各有什么特点？

答题参考 32

(1)民国时期，上海某大学有位姚明晖教授，体弱清瘦，穿戴总是宽袍大袖。他入冬畏寒，便头戴大风兜。远看这位教授，只露出大大的眼镜、尖尖的鼻子和一撮山羊胡须，样子很滑稽。一天上课，他一进教室就看见黑板上不知谁画了个酷似他本人的猫头鹰。姚教授看了一会，毫无愠色，拿起粉笔，在旁边写了一行字：“此乃姚明晖之尊容也。”

(2)空军俱乐部招待空军英雄，一位将军在座。有个士兵开啤酒瓶，喷涌而出的啤酒猛然喷到将军的光头上。士兵很紧张，不知所措。将军拍拍他的肩膀说：“老弟，你认为这是治疗秃顶最好的办法吗？”

(3)20世纪60年代，我国有位优秀乒乓球运动员徐寅生，打球以善用心计著称，大家称他是“智多星”。徐寅生写的《怎样打乒乓球》受到了毛泽东的赞扬。但是，他在做报告时说：“我不是什么智多星，你们看，我的脸上有很多黑痣，我是‘痣多星’。”

(二)幽默趣说训练

1. 试进行趣说自己的话题练习。以“说说我这个人”为话题，趣说自己。几位朋友在一起，各人轮流着说，看谁说得最幽默、最风趣。

2. 趣闻“对侃”。所谓“对侃”是几个人各人都说一套，把一个话题说深说透。训练即兴口语不能放过一切“侃”的机会，要大胆地“侃”，饶有兴味地“侃”，互不相让地“侃”。找几位志同道合的朋友“对侃”下面的话题。“侃”的时候要力争做到“出口成趣”。

(1)“花钱买罪受”

(2)聪明人办傻事

(3)我遇到过这么一个小偷

(4)初出国门

(5)方言土语趣谈

(三)“说笑话”案例研究

下面是同一个笑话的两种讲法，哪一种较好？体会说笑话的妙旨。

“老外”贺婚礼

第一种讲法：

我来讲个笑话给你们听。这个笑话是由一个中文的词语引起误解闹出来的。是说有个外国朋友，也就是我们常讲的“老外”，那天他穿得西装笔挺，开着小汽车，到一个人家去，因为当天有一对年轻人要结婚。他们因为相互认识，他也受到了邀请，于是去参加隆重的婚礼。

他去了，看到婚礼很排场、很豪华，真是宾客盈门、高朋满座，大家谈笑风生，好不热闹。有人看到外国朋友来了，就热情地把他带到新郎、新娘那儿，他彬彬有礼地向一对新人表示祝贺，并送上带来的礼物。后来他同新娘的父亲交谈了几句，并且根据国外的礼节，很有礼貌地说新娘很漂亮。新娘的父亲表示谦虚，说：“哪里，哪里。”没有想到，这位外国朋友不懂“哪里，哪里”并不是真的要指出“哪里”漂亮，它只是我们的一种自谦之词。但外国朋友认为，新娘的父亲讲“哪里，哪里”一定是不满意笼统的赞美，非要指出什么地方漂亮才行。于是他就说：“我认为，新娘的头发、眉毛、眼睛、耳朵、嘴巴，都很漂亮。”最后说“你的女儿统统的美！”他这一说，引得大家哄堂大笑。

第二种讲法：

有一位“老外”应邀参加一对新人的婚礼。他在新娘的父亲面前夸奖新娘的容貌：“您的女儿很美。”新娘的父亲笑着说：“哪里，哪里。”“老外”心里想，中国人对笼统的赞美可能不满意，必须说具体点，就说：“您的女儿眼睛很美。”新娘的父亲客气地说“哪里，哪里”。“老外”赶忙加了一句：“她的鼻子很美，头发也很美……”新娘父亲又说“哪里，哪里”。“老外”急了，赶快追加“嘴很美，眉毛美，耳朵美……”新娘的父亲又说“哪里，哪里”。

“老外”急得直冒汗，憋老半天，用手画了个圈：“你的女儿统统的美！”

(四)说笑话、说相声训练

开一个小型的“笑话晚会”，每人讲一两个笑话、说一两段相声，看谁能引起满堂哄笑。

这里提供几则笑话、相声，供训练时参考使用。

县官学狗叫

有个书生叫侯白，拜望新上任的县官，县官对他很傲慢。

出了衙门，他对几个读书人说：“狗县官，有什么了不起！我让他学狗叫！”

大家说他吹牛，于是他们打了赌，输了要请酒。

侯白转身又进衙门拜见县官，几个读书人在外面细听动静。

县官见侯白又来了，问：“你怎么又来了？有什么事吗？”

侯白说：“大人！你初到本县，我记起民众有事求您。就是，您没上任前，县里盗贼太多，扰得小民不得安宁。请大人下一道命令，让家家养狗，盗贼一来，狗都叫唤，这样，盗贼自然而然就少了。请大人明察！”

县官一听，说：“你们县城果真盗贼如此之多吗？那我家也得养几条会叫能咬的狗了——可这狗哪儿去找呢？”

侯白说：“我家养了一群狗，大人如想要，我给送几条来。只是，我家养的这群狗，不知怎的，叫声同别的狗不同。”

县官说：“怎么个叫法？”

侯白说：“是恸恸恸恸地叫！”

县官说：“看来你还不认得什么是好狗，什么是孬狗。怎么能恸恸恸恸地叫呢？那不是好狗。好狗这么叫：‘汪！汪！汪汪！’”

县官声音叫得很响，几个读书人在外听到县官学狗叫，都掩口笑了。

侯白见好就收，对县官说：“照大人这么叫，这狗您还是得另找了。”

认“一”字

有个人教儿子认字。他用笔在纸上写一横，教儿子认。又写了几遍，儿子认识了，他很高兴。第二天他带儿子上茶馆向别人说他儿子能认字了，说着就用手指头蘸着茶水，在桌上画了一大横让儿子认，儿子横看竖看却不认得了。

那人气呼呼地责骂儿子：“太笨了！这不是昨天教的那些个‘一’字吗？过一夜怎么不认识了？”儿子一听，很委屈地说：

“我不明白,这个字过了一夜怎么长得这么大、这么粗了?”

蛤蟆鼓儿(对口相声)

甲:我有件事不明白,想跟您打听打听。您要知道的话,可要告诉我。

乙:好,您说吧,只要我知道,我一定告诉您。

甲:昨天,我上北海玩儿去啦,在水边看见一个怪物。

乙:怪物?什么样儿?

甲:这么大(手势),四条腿、白肚皮儿、花脊梁背儿、金眼圈儿、大嘴巴,一叫唤呱儿呱儿的。您说说,那是什么东西?

乙:咳,那不是怪物,那叫蛤蟆。

甲:蛤蟆?那叫出来的声音怎么那么大?

乙:因为嘴大脖子粗,叫出来的声音就大。懂吗?

甲:哦,万物都是一个理儿?

乙:是啊,万物都是一个理儿。

甲:只要嘴大脖子粗,叫出的声音就大?那我们家的字纸篓子,嘴大,脖子也粗,怎么不叫唤啊?

乙:字纸篓有叫唤的吗?字纸篓是竹子做的,怎么叫唤啊?

甲:竹子做的就不响?那和尚吹的笙也是竹子做的,怎么响呢?

乙:你没有看见上边有窟窿吗?竹子有窟窿就响。

甲:哦,竹子有窟窿就响。筛子那么些窟窿,我吹半天怎么不响呢?

乙:有吹筛子的吗?筛子是圆的扁的,圆的扁的不响。

甲:哦,圆的扁的不响。那戏台上打的锣,也是圆的扁的,怎么响呢?

乙:锣不是有脐儿吗?有脐儿的就响。

甲:哦,有脐儿的就响。我们家的铁锅,这么大的脐儿,怎么打了半天也不响呢?

乙:锅不是铁的吗,铁的不响。

甲:哦,铁的不响?庙里挂的那口钟,也是铁的,一打怎么响呢?

乙:钟不是挂着吗?铁的挂起来就响。

甲:我们家那个秤砣挂三年了,一回也没响过呀。

乙:秤砣不是死膛儿吗?死膛儿的不响。

甲:炸弹不是死膛儿,怎么响呢?

乙:炸弹里面不是有药吗?有药就响。

甲:药铺怎么不响呢?

乙:药不是入口的吗?入口的不响。

甲:那泡泡糖、口香糖怎么响呢?

乙：泡泡糖、口香糖不是有胶性吗？有胶的就响。

甲：胶皮鞋怎么不响呢？

乙：胶皮鞋不是挨着地的吗？胶皮挨着地的不响。

甲：自行车挨着地，车胎放炮怎么响呢？

乙：这……你有完没完哪？

电话里的一出戏（单口相声）

叮铃铃——电话铃声响了。

"喂，找谁？"

"李科长在吗？"

"我就是。"

"李科长，我们四大队值班，夜里冷，想领三床毛毯……"

"不行，库房里早就没有毛毯了。"

"科长，您不能看着咱们一夜冻到天亮吧？"

"天亮了，不就暖和了吗？"

"可三更半夜，寒气逼人……"

"我管不了那么多！"

咣当，电话挂上了——刚拿根香烟要抽，电话又响了。

"讨厌，一刻也没有安宁！"李科长不耐烦地拿起话筒。

"闹什么，你闹什么。没有，没有毛毯……"

"你是老李吗？"

"是，你是……哦，哎呀，您是严局长呀，对不起，我……"

"库房里有毛毯吗？"

"啊，毛毯……毛毯……有，有，要多少？"

"要三床毛毯，你马上送到四大队去！"

"四大队，这个……"

"怎么，有困难吗？"

"不不不，没有困难，我马上就送，马上！"

"好，办事就要这样干脆。"

"局长您过奖了，您亲自过问的事，我坚决照办。"

训练提示

1."趣说自己"可以说自己成长过程中的趣事，也可以用漫画方式介绍自己的性格、脾气、爱好，说说自己的缺点、弱点，说说这些给自己带来的好处或值得汲取的教训,还可以说说自己一段有惊无险的经历。

2.说相声要会抖“包袱”。对方“包袱”甩出来,马上就要“搭桥”“垫砖”,或者“顺杆儿爬”(“接腿”),有时故意“打岔”,运用类比“平肩膀”,在一逗一捧之中抖开“包袱”,而且要淡入淡出,才有趣味。

3.说笑话、说相声全是“说”的技巧,语流要轻快、活泼,最好不让人感觉是在说笑话。要让别人在不知不觉中进入对故事情节的关注,渐渐地引向高潮。要重视笑话的结尾。结尾是致笑的关键部分,要讲得清晰,结得干净利落。就像烧饭一样,“不到火候不揭锅”,切莫“一步到台口”。

4.《蛤蟆鼓儿》是对口相声,逗哏显得自以为是、好为人师,捧哏要有点儿故意“抬杠”的劲儿,趣味全在环环相扣、句句相接的斗嘴中展现出来。单口相声《电话里的一出戏》需要仿拟李科长接电话面对不同对象时的不同语调和语态,可以适当运用对比性夸张,以活画出这类欺下媚上官员的嘴脸。

参考文献

陈望道.修辞学发凡[M].上海:上海教育出版社,2001.

陈原.社会语言学[M].上海:学林出版社,1983.

张颂.朗读学[M].北京:北京广播学院出版社,1999.

张颂.情声和谐启蒙录[M].北京:北京广播学院出版社,2004.

陈建民.汉语口语[M].北京:语文出版社,1984.

刘焕辉.言语交际学[M].南昌:江西教育出版社,1986.

于根元.留心各种语言现象[M].北京:中国经济出版社,2003.

陈家琪.话语的真相[M].上海:上海人民出版社,1998.

林兴仁.实用广播语体学[M].北京:中国广播电视出版社,1994.

云桂宾.语言行为和语言技能[M].北京:北京广播学院出版社,1998.

郑可壮.叶惠贤主持艺术论集[M].上海:上海三联书店,1992.

吴礼权.修辞心理学[M].昆明:云南人民出版社,2002.

HAUSMAN,等.美国播音技艺教程:第5版[M].王毅敏,刘日宇,译.上海:复旦大学出版社,2007.

特鲁.论幽默[M].陈永富,等译.成都:成都科技大学出版社,1988.

维果茨基.思维与语言[M].李维,译.杭州:浙江教育出版社,1997.

赫根法.现代人格心理学 历史导引[M].文一,郑雪,郑敦淳,等编译.石家庄:河北人民出版社,1988.

附 录

纪念张颂先生

张颂先生于 2012 年 11 月 10 日去世,转眼 8 个年头过去了。

记得那时我刚完聘深圳大学教职回广州,晚饭后打开电脑,冰冷的噩耗赫然蹦出,我很错愕,很难过。76 岁,先生那样的体魄,怎么说也还有一段生命的时光,如今却“奄忽若飙尘”,是体力透支还是什么生命密码的定数?

当时就想为他写一篇文章,但见网络炒作新闻,只好作罢。我翻开张颂先生前几年为《主持人即兴口语训练》写的序言,觉得他的音容笑貌如在眼前。

先生远行,时值深秋,我伫立白云山居屋的窗前,想起“生如夏花之绚烂,死如秋叶之静美”的诗句,觉得可以是张颂先生的人生写照。

如今,拙著第 3 版修订付梓,附上笔者对逝者的回忆,以资纪念。

一

美国作家赫克斯科说:“每个人的记忆都是自己的私人文学。”

诚哉斯言!我与张颂先生 20 余年亦师亦友,许多往事、许多聚会的瞬间、交谈的细节,都清晰地存入我的记忆档案了。

我们初次相识,是 1991 年参加全国汉语口语研究会学术年会,地点在天津市幼儿师范学校。因为是暑假,年会为节约经费,来自全国各地的学者、教授都住在简陋的学生宿舍。记得那天早晨,我见一位白发老者站在公用水池边洗漱,有人指点说那就是张颂教授。我过去问候,他回过头,率真、诚朴的笑脸映入我的脑海。我自报家门,他笑着说久仰久仰,顺手把湿毛巾搭在肩上,同我握手,说在杂志上已经“拜读”了我为 CCTV 写的主持人系列评论,边走边聊,他说从个案入手研究主持人理论是对路子的,应该坚持。

那些天夜晚,我们有过几次长谈,谈坎坷经历、学术研究路径,记得我们还讨论当时刚传入我国的信息论、系统论和威尔伯·施拉姆的《传播学原理》。但是我们对年会研讨“口语”概念界定，存在分歧。我不赞成先生所谓“张口所言皆口语”的说法，反问道：“读文件也是‘张口所言’，算口语吗？”

先生愣住了，不再说话。初次相识就这么不咸不淡，我有些后悔，但是后来，他在会上联名推荐我担任新一届学会副理事长，是颇有些意外的。

——仁者宽厚，是张颂先生给我最初的印象。

1993年，他为我的第一本研究主持人节目的著述撰写了序言。华丽畅达的文字蕴藉着丰富的学术思想，先生在序言结尾处鼓励我“以此为基点，拓展研究领域，加强评论力度，‘辞令褒贬，导扬讽喻’”[①]。

后来，他听人说我将应聘南下从教，急急地写信给我，信中有“广州那个地方放不下一张安静的书桌”的句子。然而我还是“南下”了，又为了创办新闻系，硬着头皮到“北广”(即北京广播学院，现更名为中国传媒大学)取经。先生见我来，调侃我的普通话“串广味儿了”，还笑说“北有北广，南有南广”。他领我参观他们的教学设施，在“小课”教室观摩学生“字正腔圆”朗读魏巍的散文《谁是最可爱的人》。临行话别，他将他们的全套教学计划复印了一份塞给我带走。

记得我曾专程去北京，“攀”上他住的居民楼，请他担任我们的兼职教授，并“强行”在他简陋的居室举行“颁发聘书仪式”，还拍照为凭……

后来，听说先生来广州开会，我追过去在宾馆找到他请他“履职”，给广州大学新闻传播系的学生举办讲座。他仰面哈哈一笑，掐灭了烟蒂：“你这是有计划有步骤地让我上套儿啊！好的，我去，不过，我讲我的那一套。”

我们使用的是“北广”教材，当然要听先生“那一套”。不过听他的语气，我断定他注意到我最近发表文章有些内容是“冲”着他去的了。一直没回应，颇有些惴惴。听他今天这么一说，我反倒觉得先生心胸豁达，不以为意，何况他有言在先，鼓励我“加强评论力度，‘辞令褒贬，导扬讽喻’”呢。

那些年，我到北京都尽量抽空到他府上陪他“喝几杯小酒”畅叙别情。他言语间对播音主持理论研究现状不满意，说学问做得不深，有的不是泡沫是粉末。我笑着说我的也是，他摇摇头没说话。那些年各有各的工作，有时几年不见面。

有一次通知到东方宾馆开会，听说先生也到会了。我一进门，正拿眼睛寻人呢，先生几乎是扑到我的面前，同我握手拥抱。我们的眼眶都湿润了。

我们最后一次见面是在深圳大学。系主任邀请他举办讲座，见他面色憔悴，腰椎间盘突出闹得他弓腰曲背、步履蹒跚。我说身体不好就别出来跑了，他笑着说“这一趟是顺路”……想起那些年开会，常见先生登台朗诵毛主席诗词，那容光焕发的昂扬挺拔，如今已成过往，不禁怅然。

---

① 张颂.CCTV主持人的艺术风采：序言[M].广州：广东教育出版社，1995.

二

张颂先生去世后,我注意到互联网上一些感人的微博留言。

比如"上学那会儿,在食堂遇见先生给出早课的孩子们买早点,还记得他乐呵呵地抱着一堆肉饼、豆浆的样子……"

"想到老爷子身体那么不好还坚持给我们这届学生开了讲座,那殷殷叮嘱里的拳拳深情,怎能不让人感动?张老师家的那盆虎皮兰分根后,分给了很多老师和学生,我有幸也照料过其中的一盆。先生虽已去,但相信他的精神会像这虎皮兰一样,博厚悠远、生生不息!"(王媛喆的回忆)

张颂先生诲人不倦、爱生如子的真情感人至深。在那所名闻遐迩的学府,我很难想象先生工作的繁忙和辛劳——半个世纪的岁月里,他率领教师团队创建中国播音学学科理论体系,建立了播音主持教育训练的模式,沿用至今。

先生著述颇丰,他的《朗读学》堪称本专业的"扛鼎之作",是我国第一部阐述语音修辞原理的著作,初步建立了一套概念系统,总结了朗读创作的规律和文体诵读的技巧,其理论体系具有无可置疑的原创性,至今无出其右者。

在此基础上,先生于1985年出版了《播音创作基础》;1986年,先生受"美国之音"邀请,担任为期半年的高级顾问,指导美国播音员播音,声名远播海外。1994年,标志着学科阶段性成果的《中国播音学》问世。我注意到,他关于播音方面的著述,其修辞理论资源基本是从《朗读学》来的。

据我所知,张颂先生是在人生处于低谷状态下开始理论研究的。作为中央人民广播电台一线播音员,由于父亲"历史问题",他被"下放"到"北广",后来连遭批斗,再次被"下放"到农村。但是,多舛的命运没有挫伤他理论探索的热情。他在老乡的茅屋里,坐小板凳就着炕沿儿完成了他的处女作。

三

毋庸讳言,尽管张颂先生理论建树有口皆碑,为我国的播音主持理论铺就了第一块基石,但我们的语言观和方法论不尽相同,学术理念存在一定的差异。有人称之为"广院派"与"岭南派"之争。对于这个说法,我是不赞成的,它模糊了分歧的焦点,将学术理论的探讨引向门户之见、意气之争。

但是这一切,并没有妨碍我对先生的敬仰。我甚至隐然觉得,先生有生之年,对于我们"跨世纪"分歧应该有个了结。于是在完成《主持人即兴口语训练》初稿的那个夜晚,我去了一个电话,请他撰写序言,附带对我来个"学术清算"。

先生沉吟了片刻,欣然应允。

他看了我的书稿,很快发来一篇文情并茂的序言,这篇写于2009年的文字,重述了他的某些观点，其中，也包含了先生对我近乎溢美的“评价”。

先生的鼓励弥足珍贵，但我有自知之明。序言中也提及我们的分歧，但也只是提及而已——我们初次相识就为一个概念的界定争论，20多年来学科理论研究路径相左，却始终论而不争，谈笑风生，可谓友情甚笃。我想，先生是珍惜我们之间的情谊，担心卷入“语言的魔圈”出不来——这样，我的“畅所欲言”淹没于“海纳百川”，而“求同存异”也凝固了没有结论的分歧。

——先生已去。此时无言胜有言。我将永存先生带有温度的记忆。

在我的眼里，先生是棱角分明的人。美好往往与缺憾并存，片面的深刻呈现多元，我们面对某种固执的守护，有时近乎面对断臂维纳斯。后来知道，先生有推动理论前进的期待。我偶然读到赵琳博士的一篇文章，文中透露，先生曾说：“我们的播音学完成了，我们没有话说了——不客气地说，这都是懒汉和懦夫的思想！”他甚至尖锐地指出：“没有批评的学科是即将衰亡的学科。”[①]

张颂先生是睿智的学者。他懂得，在学术领域不存在不可撼动的一家之言、一定之尊，学科建设需要更多人参与，理论探究是“永远在路上”的事情。

张颂先生的生命轨迹锲刻着一个时代的年轮，他的遽然“退场”象征着中国播音理论界精神符号的淡出。但是，播音主持鲜活生动的实践还在继续，学科理论必须前进。我们对这位赍志以没的前辈的最好纪念，应该是继承他的敬业精神、探究精神，应该是对他的审视、追问和对他构筑的理论藩篱的超越。

应天常

2019年12月12日 于广州

---

① 赵琳．半个世纪的开拓[J]．影剧新作，2009(1)．